21世纪应用型本科金融系列规划教材

证券投资学

Securities Investment

丁梓楠 岳玉霞 主 编

王晓云 尹梦秋 副主编

东北财经大学出版社
Dongbei University of Finance & Economics Press

大连

图书在版编目（CIP）数据

证券投资学 / 丁梓楠，岳玉霞主编. —大连 ：东北财经大学出版社，
2025.8. —（21世纪应用型本科金融系列规划教材）. —ISBN 978-7-
5654-5731-9

Ⅰ. F830.91

中国国家版本馆 CIP 数据核字第 2025TU8121 号

证券投资学

ZHENGQUANTOUZIXUE

东北财经大学出版社出版

（大连市黑石礁尖山街 217 号　邮政编码　116025）

网　　址：http://www.dufep.cn

读者信箱：dufep@dufe.edu.cn

大连永盛印业有限公司印刷　　　东北财经大学出版社发行

幅面尺寸：170mm×240mm　字数：397千字　印张：19　插页：1

2025 年 8 月第 1 版　　　　　　2025 年 8 月第 1 次印刷

责任编辑：田玉海　吴　焕　　　　责任校对：何　群

封面设计：张智波　　　　　　　　版式设计：原　皓

书号：ISBN 978-7-5654-5731-9　　定价：45.00元

前　言

党的二十大报告明确指出："健全资本市场功能，提高直接融资比重。"这一战略部署标志着我国资本市场进入全面深化改革、服务实体经济高质量发展的新阶段。资本市场作为资源配置的枢纽，其功能的完善不仅关乎市场效率提升，更关系到国家创新驱动发展战略的落地和实施。近年来，随着注册制改革全面推进、多层次市场体系不断完善，我国资本市场服务科技创新和实体经济的能力显著增强，而资本市场的健康发展离不开成熟、理性的投资者群体，这既是保护投资者合法权益的内在要求，也是提升市场稳定性和韧性的重要基础。

随着《国务院关于进一步促进资本市场健康发展的若干意见》《国务院办公厅关于进一步加强资本市场中小投资者合法权益保护工作的意见》等文件相继发布，投资者教育工作被赋予了前所未有的战略地位，将投资者教育纳入国民教育体系、建立长效机制工作提升到新的高度。十年树木，百年树人。本书希望通过校企合作方式，构建覆盖全生命周期的教育体系，形成"知识普及—风险警示—实践赋能"的闭环，培育具备资本市场实务能力、风险合规意识及科技金融视野的专业人才，持续服务于实体经济转型升级与国家金融安全战略布局。

本书正是基于上述理念，由沈阳理工大学教师团队与中天证券股份有限公司联合编写。本书旨在紧密结合我国证券市场的最新动态、证券投资学理论和实践的前沿进展，深入剖析党的二十大精神在资本市场的实践路径，结合近年来将投资者教育纳入国民教育体系的典型案例，揭示投资者思政教育对资本市场功能提升的关键作用，探讨通过证券投资教育，培育长期资金、优化市场结构、防范金融风险，最终实现"资本—技术—产业"的良性循环，助力资本市场高质量发展。

本书共分四篇十二章，系统阐述证券投资的核心内容。第一篇证券投资工具篇，介绍股票、债券、证券投资基金及金融衍生产品的概念、分类、风险与收益，帮助投资者熟悉和选择投资品种，为后续学习奠定基础。第二篇证券市场篇，剖析证券发行与交易市场的运行机制、法律规则和监管体系，展现证券市场的前沿动态，助力投资者正确认识市场运作。第三篇证券投资分析篇，讲解证券投资的价值分析、基本分析和技术分析理论与方法，构建实用的分析框架，这是证券投资实践的核心指南。第四篇证券投资组合管理篇，探讨现代投资组合理论、不同证券的投资组合策略及量化投资方法，助力投资者优化组合配置，科学投资。

本书在编写过程中，力求凸显以下特色：第一，立德树人，课程思政深度融合。每章都明确了课程思政目标，并由中天证券精心挑选经证券监管部门审核通过的专题课程思政素材，引导读者深刻领会党的二十大精神，筑牢正确的价值观与职业操守。第二，从业导向，内容体系全面重构。紧扣证券从业资格考试核心内容，更新证券市场最新制度变化内容，助力读者在掌握专业知识的同时，顺利通过相关考试，为进入证券行业奠定基础。第三，实践为本，理论与操作紧密结合。充分发挥高校的理论研究优势与证券公司的实务操作经验，确保教材内容既具有扎实的理论基础，又贴近实际市场情况。第四，增值赋能，融合多元数字资源。每章均配有教师团队的慕课视频、中天证券专业团队的理论应用视频及其他链接资源，助力读者更直观地掌握证券投资的复杂理论与实操流程，提升学习效果。

本书各章节编写分工如下：第一、二、三、四、七、八、九章由丁梓楠编写，第六、十、十二章由岳玉霞编写，第五章由王晓云编写，第十一章由尹梦秋编写。理论应用视频和课程思政视频由中天证券团队负责编写、制作。全书最终由丁梓楠总纂定稿。

站在新的历史方位，资本市场的高质量发展需要政策、监管、市场与投资者的协同共进。本书既是对国家战略的响应，也是对行业实践的总结，旨在为资本市场参与者提供理论支撑与行动指南，为读者进入证券投资领域奠定基石，助力构建"规范、透明、开放、有活力、有韧性"的现代金融体系。在未来的教学与实践中，我们将持续关注证券市场的发展动态，不断更新和完善教材内容，以适应时代的需求。

为方便教师授课，本书配有课件，授课教师请登录东北财经大学出版社网站（www.dufep.cn）免费下载。

作　者

2025 年 5 月

目　录

第一篇　证券投资工具篇

第一章　证券投资导论 / 1

第二章　股票 / 12

第二篇 证券市场篇

第三篇　证券投资分析篇

第九章　证券投资价值分析 / 138

第十章　证券投资基本分析 / 160

第十一章　证券投资技术分析 / 216

第四篇　证券投资组合管理篇

第十二章　证券投资组合管理 / 271

参考文献 / 291

视频目录

第一篇　证券投资工具篇

第一章
证券投资导论

思维导图

```
                                                          ② 一般意义的证券
                                        ① 证券的定义
                                                          ① 法律意义的证券
                                        ③ 证券的要素
                                        ① 证券的分类    ③ 无价证券
                                                        ① 有价证券
                        证券概述
                                                          ① 商品证券、货币证券、资本证券
                                        ① 有价证券的分类
                                                          ② 上市证券、非上市证券
                                                          ③ 证券的产权性
                                                          ① 证券的收益性
                                        ② 有价证券的特征  ① 证券的风险性
                                                          ③ 证券的流通性
                                                          ① 证券的机会性

                                                          ② 证券投资的定义
                                        ② 证券投资的定义和要素
                                                          ② 证券投资的要素
                                                          ② 制定证券投资政策
第一章 证券投资导论                                         ② 进行证券投资分析
                                        ② 证券投资的步骤  ② 组建证券投资组合
                        证券投资概述                       ② 修正证券投资组合
                                                          ② 评估证券投资组合业绩
                                        ① 证券投资与证券投机  ② 证券投机的定义
                                                             ① 证券投资与证券投机的区别

                                                          ① 证券投资工具
                                                          ① 证券市场
                                        ① 证券投资学的研究内容  ① 证券投资分析
                                                          ② 证券投资组合管理
                        证券投资学概述                       ③ 综合性科学
                                        ② 证券投资学的研究性质  ③ 应用性科学
                                        ③ 证券投资学的研究方法
```

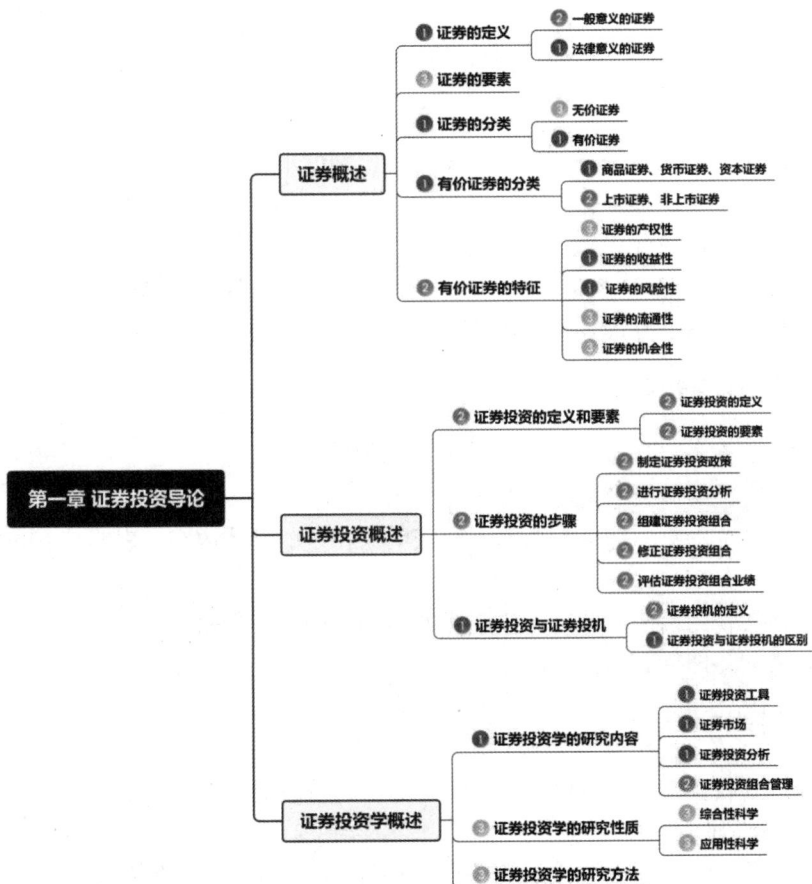

①掌握；②熟悉；③了解。

第一节 证券概述

视频1-1

证券

一、证券的定义

一般意义上，证券是指用以证明或设定权利的书面凭证，它表明证券持有人或第三者有权取得该证券所拥有的特定权益，或证明其曾经发生过的行为。法律意义上，证券是各类记载并代表一定权利的法律凭证。它用以证明持有人有权依其所持凭证记载的内容而取得应有的权益。它是各类经济权益凭证的总称。凡根据一国政府有关法规发行的证券都具有法律效力。

二、证券的要素

证券的要素主要有：

（1）持有人，即拥有证券的主体；

（2）证券标的物，即证券票面上所载明的特定的具体内容，表明持有人权利指向的特定对象；

（3）标的物的价值，即证券所载明的标的物的具体价值；

（4）权利，即持有该证券所拥有的权利。

三、证券的分类

证券按其收益不同，可以分为无价证券与有价证券。

（一）无价证券

无价证券又称凭证证券，是指具有证券的某一特定功能，但不能作为财产使用的书面凭证。由于这类证券不能流通，所以不存在流通价值和价格。无价证券的特征是政府或法律限制它在市场上流通，并不得通过流通转让来增加持券人的收益，如借据、收据等。

（二）有价证券

1.有价证券的含义

有价证券是指标有票面金额，证明持有人有权按期取得一定收入并可自由转让和买卖的所有权或债权凭证。

有价证券代表一定的财产权利，持有人可以凭该证券直接取得一定数量的商品、货币或取得利息、股息等收入，可以在证券市场上买卖和流通。但实际上，有价证券不是生产经营的物资，不能在生产经营过程中发挥作用，因而它不是真正的资本，是"资本的纸制复本"，是虚拟资本。

2.有价证券的分类

（1）按证券的用途和持有者的权益不同，有价证券可分为商品证券、货币证券和资本证券。

商品证券是对货物拥有权利（如提取权）的证明，它证明持有人可以凭所持证券处分证券上所列明的货物。

货币证券是指本身能使持有人或第三者取得货币索取权的有价证券，可以代替货币使用，是商业信用工具。货币证券在范围和功能上与商业票据基本相同，即货币证券的范围主要包括汇票、支票和本票，其功能主要用于企业之间的商品交易、劳务报酬的支付以及债权债务的结算等经济往来。

资本证券是拥有一定数量的资本所有权和收益索取权的凭证，是由金融投资或与金融投资有直接联系的活动而产生的证券，主要包括股权证券（所有权证券）和债权证券。股权证券具体表现为股票，有时也包括认股权证；债权证券则表现为各种债券。资本证券还包括证券投资基金、金融期货、金融期权等金融衍生产品。

有价证券有广义和狭义之分。广义的有价证券指商品证券、货币证券和资本证券；狭义的有价证券指资本证券。

（2）根据上市与否，有价证券可分为上市证券和非上市证券。

上市证券是指经证券主管机关核准，并在证券交易所注册登记，获得在交易所内公开买卖资格的证券，所以又称挂牌证券。为了保护投资者的利益，证券交易所对申请上市的证券都有一定的要求和标准，只有符合标准的证券才被允许在场内公开挂牌交易。当上市公司发行的股票或债券不再符合上市公司的标准时，交易所有权取消其上市资格，即将其摘牌。

非上市证券是指未申请上市或不符合证券交易所挂牌交易条件的证券。非上市证券不允许在证券交易所交易但可以在其他证券市场交易，所以又称场外证券。与上市证券相比，非上市证券筹资成本比较高，不利于扩大公司的影响力。

证券的分类情况可如图1-1所示。

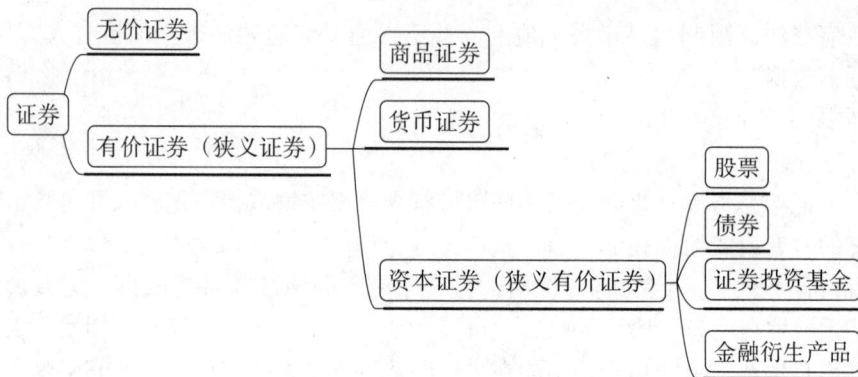

图1-1 证券的分类

四、有价证券的特征

（一）证券的产权性

证券的产权性是指有价证券记载着权利人的财产权内容，代表着一定的财产权利，拥有证券就意味着享有财产的占有、使用、收益和处置的权利。

（二）证券的收益性

获取收益既是投资者进行证券投资的直接目的，也是筹资者进行证券筹资的基本动机。收益的大小决定了投资与筹资双方的积极性。当然，对投资者而言，收益是指购买证券所取得的利息、股利和买卖证券的价差收入；而对筹资者而言，收益则表现为通过证券筹集资金，从而扩大生产规模，提高企业获利能力或改善财务状况。

（三）证券的风险性

证券的风险性是指证券持有者面临着预期投资收益不能实现，甚至连本金也遭受损失的可能。与证券投资相关的所有风险可分为系统风险和非系统风险。

1.系统风险

系统风险又称宏观风险，是由全局性的政治、经济、社会等宏观因素引起的证券投资收益变动的不确定性。这种因素以同样的方式对所有证券的收益产生影响，因此也称不可分散风险。

（1）政治风险。政治风险是指国家的政治关系、外交政策、政局变动、政权更替、领导人的变更等对证券市场造成的影响。

（2）政策风险。政策风险是指政府经济政策和管理措施的变化，整体性影响企业利润水平，引起投资收益变化的风险，政策变化直接引起证券价格变动。一些看似无关的政策变化，比如房地产政策变化，也可能影响证券市场的资金供求变化。政策变化会对证券市场产生一定影响，当影响较大时，会引起市场整体性的较大波动。

（3）购买力风险。购买力风险又称通货膨胀风险，是指在证券市场上，由于投资证券的回报是以货币的形式来支付的，在通货膨胀时期，货币的购买力下降，投资的实际收益下降，给投资者带来损失的可能。

（4）利率风险。利率风险是指市场利率变动引起证券市场资金供求关系变化，从而影响证券价格变动的风险。利率风险对不同证券的影响是不同的，一般来说，市场利率提高时，证券价格就会下降，而市场利率下调时，证券价格就会上升，这种反向变动的态势在债券市场上尤为明显。

（5）汇率风险。汇率风险是指由于汇率变动引起进出口企业利润变动，从而影响证券价格变动的风险。汇率变动还通过资本流动引起资金供求变化，从而影响证券价格。

（6）市场风险。市场风险是指由市场供求变化引起的基础资产价格和衍生产品价格变化的风险。

2.非系统风险

非系统风险又称微观风险，是指由特殊因素引起的，只对某个行业或个别公司的证券产生影响的风险。这种因行业或企业自身因素改变而带来的证券价格变化的风险，不会影响其他证券，可以通过分散投资来抵销，因此又被称为可分散风险。

（1）信用风险。信用风险又称违约风险，指证券发行人在证券到期时无法还本付息而使投资者遭受损失的风险。信用风险实际上揭示了发行者在财务状况不佳时出现违约和破产的可能，它主要受证券发行者经营能力、盈利水平、稳定程度及规模大小等因素的影响。

（2）经营风险。经营风险指企业的决策人员与管理人员在经营管理过程中出现失误导致企业亏损、破产而使投资者遭受损失的可能性。经营风险来自内部因素和外部因素两个方面。经营风险的内部因素包括项目投资决策失误风险、产品周期风险、技术更新风险、市场风险。经营风险的外部因素包括产品关联企业的不景气造成的风险、竞争对手的变化造成的风险。

（3）财务风险。财务风险是指公司财务结构不合理或融资不当导致的丧失偿债能力或预期收益下降。其中，财务结构不合理包括资产负债比例、期限比例和债务结构等方面的不合理。

（四）证券的流通性

证券的流通性又称变现性，是指证券持有人按自己的需要转让证券以换取现金的便利性。流通性是证券的生命力所在，流通性不但可以使证券持有人随时把证券转变为现金，还使持有人根据自己的偏好选择持有证券的种类。证券的流通是通过承兑、贴现、交易实现的。

（五）证券的机会性

证券的机会性又称价格波动性，机会性主要表现为证券交易价格的不断波动能够为投资者带来价差收益，即投机收益。更加重要的是，有价证券的机会性是证券市场发挥资产定价功能的基本条件，这在期货市场上表现得尤为突出。

第二节 证券投资概述

视频 1-2

证券投资

一、证券投资的定义和要素

（一）证券投资的定义

证券投资指经济主体投入货币资本，购买股票、债券等有价证券以获取收益的投资活动。

（二）证券投资的要素

证券投资的要素包括收益、风险和时间。证券投资收益与风险永远无法预测，二者的关系存在不确定性，即使存在长期稳定关系，短期内也可能会出现变化。而收益、风险和时间又是相互联系、相互影响的，不同的投资者面对收益和风险时所持有的角度和态度也不同，在兼顾收益和风险的同时，看准时机果断交易才有机会获得高额投资回报。

二、证券投资的步骤

一般的证券投资过程通常包括以下步骤：

（一）确定证券投资政策

证券投资政策是投资者为实现投资目标所遵循的基本方针和准则，包括确定证券投资收益目标、投资规模、投资对象等内容及应采取的投资策略和措施等。

（二）进行证券投资分析

证券投资分析是通过多种渠道的信息进行宏观经济形势、市场行情、行业情况、个股情况等分析，判断其对证券价格发生作用的方向和力度。

（三）组建证券投资组合

组建证券投资组合是在证券投资政策允许的范围内，选择多种证券作为投资对象，以达到在保证预定收益的前提下使投资风险最小或在控制风险的前提下使投资收益最大的目标，避免投资过程的随意性。

（四）修正证券投资组合

修正证券投资组合是指，根据市场行情的变动及外部因素的改变对证券投资组合进行调整，形成合理的资产组合，以期实现同等风险水平下的资产收益最大化。

（五）评估证券投资组合业绩

证券投资组合业绩评估是指投资者持有证券投资组合一段时间后，对投资组合的风险和收益进行综合分析和评价，可以通过业绩评估指数，如夏普指数、阿尔法系数等去评估业绩表现情况。

三、证券投资与证券投机

（一）证券投机的定义

证券投机指证券市场的参与者利用证券价格的波动，短期内频繁地买进卖出证券，以获取证券买卖价差收入的行为。

最典型的证券投机为买空和卖空。买空是指当证券价格低时，投机者估计今后会上涨，而大量融资买进，等到价格上升以后再卖出证券还款。卖空是指当证券价格高时，投机者估计今后价格会下降，于是先融券做空卖出证券，等到证券价格下降后再买进证券平仓。证券投机需要有证券交易的专门知识和经验，能对证券行情进行准确分析和预测，并能承担别人不愿或不敢承担的风险（价格剧烈波动）。

（二）证券投资与证券投机的区别

证券投资与证券投机是证券市场两种常见的交易行为，都是为了获得收益，但它们的区别十分明显。

1.持有期限和目的不同

证券投资一般是长期持有，着眼于长远稳定收入，期望获得股利收入和资本增值收益。证券投机是短期持有，买卖迅速，期望获得短期价差收入。但是，在某一具体的投资活动中，证券投资者的持有期限和目的也可能随形势而变，有些短期周转性交易不一定全是投机行为；投机者也可能由于买入即套牢，而不得已由短期投机变成了长期投资。

2.承担的风险不同

证券投资一般倾向于选择一些预期收益相对稳定、本金相对安全的品种，风险相对较低。证券投机选择的主要是高风险、高收益的品种，风险相对较高。

3.证券实际价值重视程度不同

证券投资重视内在价值，更关心所投资公司的经营业绩、财务状况和发展前景等。证券投机重视市场价格，更注重证券市场的行情变化，希望从该证券的价格涨跌中获利，所投资公司本身有没有潜力并非其进行买卖的主要标准。

4.分析方法不同

证券投资注重证券的质量分析，侧重利用基本分析方法作出投资决策。证券投机注重市场的变动、价格的走势，侧重利用技术分析方法作出投资决策。

实践证明，通过证券投资获得成功的概率更高，股市中的"常青树"也以长期价值投资行为居多。成熟的证券投资者应树立理性证券投资理念，适当克制投机心态。

第三节 证券投资学概述

视频1-3

证券投资学

一、证券投资学的研究内容

证券投资学的研究对象是证券投资的运行及其规律。其具体内容包括：证券投资者如何正确地选择证券投资工具；如何规范地参与证券市场运作；如何科学地进行证券投资决策；如何成功地使用证券投资方法与技巧；国家如何对证券投资活动进行监督管理等。

根据证券投资学研究对象的内容，本书的内容主要分为以下四大部分：

（一）证券投资工具

证券投资工具主要介绍股票、债券、证券投资基金和各类金融衍生产品的概念、分类、风险和收益等内容，帮助投资者认识证券投资品种，以便进行比较和选择。

（二）证券投资市场

证券投资市场主要介绍证券发行和交易市场的运行过程和规则，帮助投资者正确认识证券市场的运行机制、基本规律和各项法规制度，了解证券市场的发展动态。

（三）证券投资分析

证券投资分析主要介绍证券投资的价值分析、基本分析、技术分析的基本理论和方法，为证券投资的实践操作提供分析框架和操作指南，这是证券投资学研究内容的重中之重。

（四）证券投资组合管理

证券投资组合管理主要介绍现代投资组合理论、证券组合管理策略和量化投资策略，这部分内容具有一定难度和深度，有兴趣的同学可选择性学习。

证券投资学的研究领域是十分广阔的，本书的内容只涉及证券投资学的核心内容。作为大学本科教育教材，本书旨在完成基本理论、基本方法的阐释和基本技能的培养。

二、证券投资学的研究性质

（一）证券投资学是一门综合性学科

证券投资学的综合性学科性质主要反映在它以众多学科为基础进行研究。

首先，证券投资作为金融资产投资，是整个国民经济运行的重要组成部分，国民经济形势的好坏，对于证券市场的走势具有重要的决定性影响，因此，一般的经济学范畴也是证券投资学的研究范畴。

其次，证券市场是金融市场的重要组成部分。因此，研究证券投资必然涉及金融知识，需要研究货币供应、市场利率及其变化等对证券市场价格以及证券投资者收益的影响。因此，金融学理论与专业知识是证券投资学必不可少的基础知识。

再次，证券投资者进行投资时必然涉及具体企业的选择，决定购买哪个企业的股票或债券时，需要进行深入的调查分析，掌握其经营状况及财务情况，从而作出投资判断。因此，管理学、会计学的专业知识也是证券投资学所必需的基础知识。

最后，证券投资学研究问题时，需要进行大量的定量分析。

证券投资的市场分析、价值分析、技术分析、组合分析等内容需要采用数学模型进行量化分析，因此数理方法和金融科技是证券投资学的专业基础。

（二）证券投资学是一门应用性学科

证券投资学侧重于对经济事实、现象及经验进行分析和归纳，而不是注重概念、范畴原理的抽象推理研究。

证券投资学研究的主要内容是进行证券投资所需掌握的具体方法和技巧，而不是原则性的基本陈述。

三、证券投资学的研究方法

研究证券投资学，要运用正确的方法，这样才能探索和揭示其中的客观规律并指导具体实践。

（一）尊重实践，理论联系实际

证券投资活动的实践经验，是本学科产生和发展的基础，也是其理论的主要来源。进行证券投资学研究，必须坚持实事求是的科学态度，充分重视证券投资活动对促进社会再生产的积极作用，把理论和实践结合起来。本学科研究必须大力加强对证券投资活动的调查研究，掌握新形势、新事物和新情况，系统总结实践经验，力求把这些经验升华为理论，探索、概括和阐明证券投资活动固有的规律，以切合实践的证券投资原理和方法，不断丰富本学科的研究内容，并用这些经过检验的科学理论去指导证券投资实践。

（二）系统分析，动态研究

研究证券投资学，必须运用系统分析的方法，同时与动态分析研究相结合。

系统分析，指的是从整体的联系和过程的联系来认识事物，证券投资活动本身就是一个完整的系统，它是国民经济的有机组成部分，对经济运行质量有着不可估量的影响。

动态研究，指的是强调运用发展变化的观点来分析证券投资问题。证券投资活动是不断发展变化的，要着眼其发展趋势和未来，加强对预见性和指导性的研究。对影响证券投资活动的各种因素的发展变化情况进行估量和分析研究，以期在动态活动中作出正确的判断。

（三）规范分析与实证分析相结合

证券投资学的研究应遵循规范分析与实证分析相结合的原则。所谓"实证分析"，是指作出与经济行为有关的假定，分析与预测行为的经济后果，它力求说明"是什么"的问题；所谓"规范分析"，是指以一定的价值判断作为出发点，提出行为的标准，并研究如何才能符合这些标准，它力求说明"应该是什么"的问题。

理论应用 ☑️ ⦁━━━━━━━━━━━━━━━━━━━━━━━━━━⦿

视频 1-4

证券行业专业人员水平测试

综合练习 ☑️ ⦁━━━━━━━━━━━━━━━━━━━━━━━━━━⦿

1.下列关于证券的说法，错误的是：（   ）。

A.证券在一般意义上是指用以证明或设定权利的书面凭证

B.法律意义上的证券是各类记载并代表一定权利的法律凭证

C.证券是各类经济权益凭证的总称，具有法律效力

D.证券的定义仅限于股票、债券等金融工具

2.下列关于证券分类的说法，正确的是：（   ）。

A.证券分为无价证券和资本证券

B.有价证券分为商品、货币和资本证券

C.证券分为上市证券和非上市证券

D.有价证券分为股票、债券和衍生产品

3.有价证券是（   ）的一种形式。

A.真实资本   B.虚拟资本

C.货币资本   D.商品资本

4.狭义的有价证券是指：（   ）。

A.金融证券   B.商品证券

C.资本证券   D.货币证券

5.以下不属于有价证券的是：（   ）。

A.商品证券   B.货币证券

C.资本证券   D.借据

6.关于证券风险的表述正确的是：（   ）。

A.系统风险是微观风险，不能分散

B.系统风险是宏观风险，不可分散

C.非系统风险是宏观风险，可以分散

D.非系统风险是微观风险，不可分散

7.关于有价证券的风险性说法错误的是：（　　　）。

A.系统风险是由宏观因素引起的，对所有证券都有影响

B.非系统风险可以通过分散投资来抵销

C.购买力风险属于非系统风险

D.信用风险主要受证券发行者的经营能力等因素影响

8.关于证券投资与证券投机说法正确的是：（　　　）。

A.证券投资通常短期持有，期望获得价差收入

B.证券投机更注重证券的内在价值

C.证券投资倾向于选择风险较低的品种

D.证券投机不需要对证券行情进行分析

课程思政 ☑

视频1-5

致新入市投资者的一封信

第二章

股票

思维导图

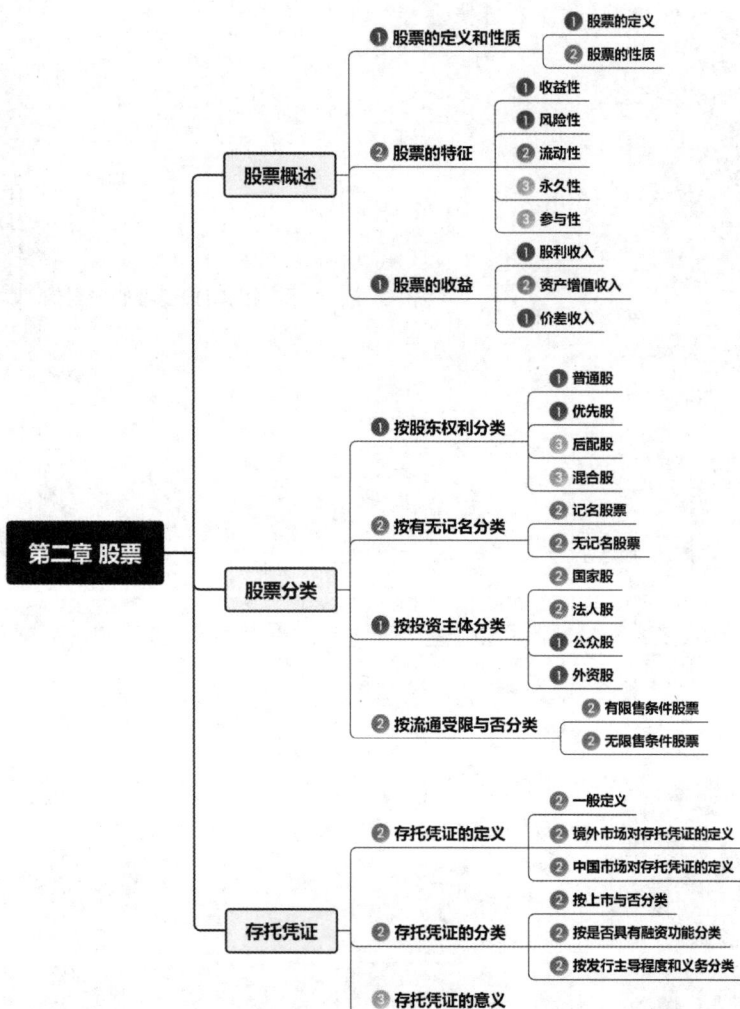

①掌握；②熟悉；③了解。

第一节 股票概述

视频2-1

股票概述

一、股票的定义和性质

（一）股票的定义

股票是一种有价证券，它是股份有限公司为筹集资金而签发的证明股东所持股份的凭证。股份有限公司的资本划分为股份，每一股份的金额相等。公司的股份采取股票的形式来记载。股票一经发行，购买股票的投资者即成为公司的股东。股票实质上代表了股东对股份有限公司的所有权，股东凭借股票可以获得公司的股息和红利、参加股东大会并行使自己的权利，同时也承担相应的义务与风险。

（二）股票的性质

1. 股票是有价证券

股票是一种代表财产权的有价证券，它包含着股东可以依其持有的股票要求股份有限公司按规定分配股息和红利的请求权。

2. 股票是要式证券

股票具备《中华人民共和国公司法》（以下简称《公司法》）规定的有关内容，如果缺少规定的要件，股票就没有法律效力。

3. 股票是证权证券

股票代表的是股东权利，它的发行是以股份的存在为条件的，其作用是证明股东的权利。

4. 股票是资本证券

发行股票是股份有限公司筹措自有资本的手段。因此，股票是投入股份有限公司资本份额的证券化，属于资本证券。

5.股票是综合权利证券

股票持有者作为股份有限公司的股东，享有独立的股东权利。股东权利是一种综合权利，股东依法享有资产收益、重大决策、选择管理者等权利。

二、股票的特征

（一）收益性

股票的收益性指的是持有股票可以为投资者带来收益的特性，它是股票最基本的特征，也是投资者进行投资的根本目的。股票的收益一方面来自股份有限公司的分红和资产增值，另一方面来自在二级市场上赚取的买卖差价。

（二）风险性

风险性是指股票投资收益的不确定性。股票投资者能否获得预期的回报，首先取决于企业的盈利情况，公司如果破产则可能血本无归；其次，股票的价格还受经济、政治、社会甚至人为因素的影响。如果股价下跌，也会使其投资者蒙受损失。

（三）流动性

流动性是指股票可以通过依法转让而变现的特性，即在本金保持相对稳定、变现的交易成本极小的条件下，股票很容易变现。股票持有人不能从公司退股，但股票的流动性为其顺利退出提供了可能。

需要注意的是，由于股票的转让可能受各种条件或法律法规的限制，因此，并非所有股票都具有相同的流动性。

（四）永久性

永久性是指股票所载权利的有效性是始终不变的，因为它是一种无期限的法律凭证。股票的有效期与股份公司的存续期间相联系，二者是并存的关系。股票代表着股东的永久性投资，当然股票持有者可以出售股票而转让其股权，股东不能要求退股，所以通过发行股票募集的资金，在公司存续期间是一笔稳定的自有资本。

（五）参与性

参与性是指股票持有人有权参与公司重大决策的特性。股票持有人作为股份有限公司的股东，有权出席股东大会，行使对公司经营决策的参与权。股东参与公司重大决策权的大小通常取决于其持有股份数量的多少。

三、股票的收益

所谓股票收益，是指股票持有人所取得的股份有限公司的股利收入以及公司资产增值、市价盈利带来的收益。具体来说，股票投资人所取得的收益包括三方面：一是股份有限公司的股利收入；二是股份公司资产增值带来的收入；三是在股票二级市场获得的买卖价差收入。

（一）股利收入

1.股利的含义

股利包括股息和红利两个部分。股息是优先股股东定期按一定的比率从公司分取的盈利。红利则是在公司分派股息之后按持股比例向普通股股东分配的剩余利润。

2.影响股利发放的因素

（1）公司经营业绩。因为股息和红利是从税后利润中提取的，所以税后利润既是股息和红利的唯一来源，又是公司分红派息的最高限额。在公司分红派息时，其总额一般都不会高于当年的税后利润，除非有之前年度结转来的利润。在公司的税后利润中，其分配顺序如下：弥补以前年度的亏损；提取法定盈余公积金；提取法定公益金；提取任意公积金；支付优先股股息；支付普通股红利。

（2）公司股利政策。股利政策是指股份有限公司对公司经营获得的盈余公积和应付利润采取现金分红或派息、发放红股等方式回馈股东的制度与政策。股利分配形式包括：

① 派现。派现也称现金股利，指股份有限公司以现金分红方式将盈余公积和当期应付利润的部分或全部发放给股东。现金股利的发放使公司的资产和股东权益减少同等数额，导致企业现金流出，是"真金白银"的股利。

② 送股。送股也称"股票股利"，是指股份有限公司对原有股东采取无偿派发股票的行为。送股时，公司的留存收益转入"股本"账户，实质上是留存收益的凝固化和资本化。表面上看，送股后，股东持有的股份数量因此而增长，但实际上股东在公司里占有的权益份额和价值的比重均无变化。

③ 资本公积金转增股本。资本公积金转增股本是在股东权益内部，把公积金转到"实收资本"或"股本"账户，并按照投资者所持有公司的股份份额比例的大小分到各个投资者的账户中，以此增加每个投资者的投入资本。资本公积金转增股本同样会增加投资者持有的股份数量，但实质上，它不属于利润分配行为，因此投资者无须纳税。

（3）国家税收政策。公司的股东不论是自然人还是法人，都要依法承担纳税义务。我国实施上市公司股息红利按持股期限实行差别化个人所得税政策，统一适用20%的税率计征个人所得税，个人从公开发行和转让市场取得的上市公司股票，持股期限在1个月以内（含1个月）的，其股息红利所得全额计入应纳税所得额，实际税率为20%；持股期限在1个月以上至1年（含1年）的，暂减按50%计入应纳税所得额，实际税率为10%；持股期限超过1年的，股息红利所得暂免征收个人所得税。

3.股利派发

（1）股利派发的重要日期。我国上市公司的股利派发常与公司股票再发行结合在一起，公司派发现金股利、股票股息、资本公积金转增股本和配股结合在一起，通常称为分配红利和"送转配股"。

股利派发方面有两个日期必须关注。一是股权登记日，指董事会规定的登记有权领取股利的股东名单的截止日期，股权登记日通常在股利宣告日的两周以后，在股权登记日拥有公司股票的人能够分得股利。二是除权除息日，通常为股权登记日之后的第1个交易日，股权登记日次日买入的股票不再享有本期股利。

（2）除权除息价格。公司股本增加后，每股股票所代表的企业实际价值（每股净资产）有所减少，需要在发生该事实之后的股票市场价格中剔除这部分因素，这称为除权。公司股东分配红利后，每股股票所代表的企业实际价值（每股净资产）有所减少，需要在发生该事实之后的股票市场价格中剔除这部分因素，这称为除息。除权除息价格是作为计算除权除息日股价涨跌幅度的基准，证券的开盘价为当日该证券的第一笔成交价，除权除息日的开盘价并不一定等于除权除息价。其计算公式为：

$$除权除息基准价 = \frac{股权登记日收盘价 - 每股现金红利 + 每股配股价格 \times 配股比例}{1 + 每股送股率 + 每股配股率}$$

（二）资产增值收入

股票投资报酬不仅仅只有股利，股利仅是公司税后利润的一部分。公司税后利润除支付股息和红利外，还留一部分作为公积金以及未分配利润等。这部分利润虽未直接发放给股东，但股东对其拥有所有权。作为公司资产增值部分，它仍属于股票收益。

（三）价差收入

分红派息及资产增值给投资人带来的收益只是股票投资收益最基础的部分。当前，股票投资者获取的收益主要来源于投资人股票转让中的"低进高出"，即价差收入，又称资本利得收入。

综上，可以得到股票投资收益率计算公式：

$$股票投资收益率 = \frac{股票卖出价格 - 股票买入价格 + 股利收入}{股票买入价格 \times 持有年限} \times 100\%$$

第二节 股票分类

视频2-2

股票分类

一、按股东权利分类

按照股东权利，股票可分为普通股、优先股、后配股、混合股。

（一）普通股

1.普通股的含义

普通股是最基本、最常见的一种股票，其持有者享有股东的基本权利和义务。普通股股东能否分到红利以及分到多少红利，取决于公司税后利润及未来发展的需要，且在公司盈利和剩余财产分配顺序上列在债权人和优先股股东之后，因此普通股是标准的股票，也是风险较大的股票。

2.普通股的特征

（1）公司盈利分配权。普通股股东有权按照实缴出资比例分取红利，但是全体股东约定不按照出资比例分取红利的除外。普通股股东行使盈利分配权有一定限制条件。法律上的限制原则是，股份有限公司只能用留存收益支付红利；红利的支付不能减少注册资本；公司在无力偿债时不能支付红利。

（2）公司剩余资产分配权。普通股股东在股份有限公司解散清算时，有权要求取得公司的剩余资产，但必须排在公司债权人、优先股股东之后。若在这二者之后剩余资产所剩无几，普通股股东只能甘受损失。

（3）公司重大决策参与权。股东基于股票的持有而享有的首要股东权利就是可以以股东身份参与股份有限公司的重大事项决策。普通股股东行使这一权利的途径是参加股东大会、行使表决权。股东可以出席股东大会，也可以委托代理人出席。代理人需提交股东授权委托书，并在授权范围内行使表决权。

（4）优先认股权。优先认股权是指当股份有限公司为增加公司资本而决定增加发行新的股票时，原普通股股东享有按其持股比例，以低于市价的某一特定价格优先认购一定数量新发行股票的权利。这种权利能保证普通股股东保持原有持股比例和持股价值。享有优先认股权的普通股股东可以行使权利认购新发行的普通股股票；也可以将该权利转让给他人，获得一定报酬；还可以不行使此权利任其过期失效。

3.普通股的分类

根据风险特征的不同，可以将普通股进行如下分类。

（1）蓝筹股。蓝筹股是一些大公司发行的股票。一般来讲，这些公司的经营状态和资信级别良好，有很强的实力；所发行的股票的红利稳定而丰厚，受到投资者的普遍欢迎；这些公司所处的行业或部门在国民经济中起着重要作用，并且这些企业在行业或部门中起着支配作用。投资这类股票的风险较小，比较适合于中长期投资。这种公司股票受到稳健的投资大众的欢迎。

（2）成长股。成长股是指销售额与盈利在不断增长，并且增长速度快于行业和国家经济增长水平的公司所发行的股票。公司注重科研投入，把留存的大量收益作为扩大再生产的投资，以谋求公司快速发展，所以对股东只支付较低的红利，使得股东当前收益较低，但随着公司的成长，收益不断增长，使得股票价格上涨，从而使投资者从中获得投资收益。

（3）周期性股票。周期性股票是指那些盈利状况随着经济周期变化而波动的公司的股票。这种股票的特点是：当经济周期处于繁荣阶段时，公司的利润恢复和增长，从而股价上升；反之，股价下降。一般而言，周期性股票大都属于下列特定行业的股票：钢铁、水泥、造纸、机械、汽车、航空和铁路等。

（4）防御性股票。防御性股票同周期性股票正好相反，在面临不确定性和经济衰退时公司盈利和红利分配却要比社会平均值高，具有相对稳定性。公用事业，如燃气、自来水、电力等公司的股票，是防御性股票的典型代表，因为即使在经济衰退和萧条时期，人们对公用事业也有稳定的需求。

（5）投机性股票。投机性股票是指股价不稳定或公司前景不确定的公司股票。投机股的股价变动幅度很大，收益和风险均大于一般股票。

（6）概念股。概念股也称为表现股，是指能迎合某一时代潮流但未必能适应另一时代潮流的公司所发行的、股价呈巨幅起伏的股票。由于受多数投资者的垂青，概念股的股价大都偏高，而且波动幅度较大。这种股票是投机者进行炒作的目标，如2025年上半年的"人工智能"等概念。

（二）优先股

1.优先股的含义

优先股是一种特别股票，是在其股东权利、义务中附加了某些特别的条件，使股东享有某些优先权利的股票。

2.优先股的特征

（1）股息率固定。由于优先股股息率事先约定，所以优先股的股息一般不会根据公司经营情况而增减，而且一般也不能参与公司的分红，但优先股可以先于普通股获得股息。对公司来说，由于股息固定，它不影响公司的利润分配。

（2）优先分派股息。股份公司分派股息的顺序是优先股在前，普通股在后。股份公司不论其盈利多少，只要股东大会决定分派股息，优先股就可按照事先确定的股息率领取股息。

（3）优先享有剩余资产分配权。股份公司在解散、破产清算时，优先股具有公司剩余资产的优先分配权，不过，优先股的优先分配权在债权人之后，只在普通股之前。只有在还清公司债权人债务之后仍有剩余资产时，优先股才具有剩余资产的分配权。优先股索偿之后，普通股才参与分配。

（4）一般无表决权。优先股股东一般没有选举权和被选举权，对股份公司的重大经营决策无投票权，但在某些情况下可以享有投票权。如果公司股东大会需要讨论与优先股有关的索偿权，即优先股的索偿权先于普通股，而次于债权人，此时优先股享有投票权。

3.优先股的种类

优先股股票根据不同的附加条件，大致可分成以下几类。

（1）累积优先股和非累积优先股。累积优先股是指历年股息累积发放的优先股。非累计优先股是指股息当年结清、不累积发放的优先股。

（2）参与优先股与非参与优先股。参与优先股是指优先股股东除了按规定分得本期固定股息外，还有权与普通股股东一起参与本期剩余盈利分配的优先股。非参与优先股是指优先股股东除了按规定分得本期固定股息外，无权再参与本期剩余盈利分配的优先股。

（3）可转换优先股与不可转换优先股。可转换优先股是指发行后在一定条件下允许持有者将其转换成其他种类股票的优先股，大多数情况下由优先股转换成普通股，或者由一种优先股转换成另一种优先股。不可转换优先股是指发行后不允许持有者将其转换成其他种类股票的优先股。

（4）可赎回优先股与不可赎回优先股。可赎回优先股是指在发行后可按特定赎回价格由发行公司赎回的优先股。不可赎回优先股是指发行后不能赎回的优先股。

（三）后配股

后配股是指在分配公司盈利和剩余财产等权利上均后于普通股的股票。

（四）混合股

混合股是指将优先分取股息和最后分配公司剩余资产的权利相结合而形成的股票。混合股股票是优先股与后配股的结合体。

优先股、后配股和混合股是公司发行的享有特别权利的股票，合称特别股票。

二、按是否记名分类

按记名情况，股票可分为记名股票和无记名股票。

（一）记名股票

记名股票是指股票票面及股份公司的股东名册上记载股东姓名的股票。记名股票如果发生转让，必须办理过户手续。

（二）无记名股票

无记名股票是指在股票票面及股份公司股东名册上均不记载股东姓名的股票。其转让不用办理过户手续，较为方便。

三、按投资主体性质分类

在我国，股票按投资主体不同可分为国家股、法人股、公众股和外资股等不同类型。

（一）国家股

国家股是指有权代表国家投资的部门或机构以国有资产向公司投资形成的股份，包括以公司现有国有资产折算成的股份。

国家股的股权所有者是国家，由国有资产管理机构或其授权单位、主管部门行使国有资产的所有权职能。国家股股权，也包含国有企业向股份有限公司转换时，现有国有资产折成的国有股份。

我国国家股的构成从资金来源看主要包括三个部分：

（1）现有国有企业改组为股份公司时所拥有的净资产；

（2）现阶段有权代表国家投资的政府部门向新组建股份公司的投资；

（3）经授权代表国家投资的投资公司、资产经营公司、经济实体性总公司等机构向新组建股份公司的投资。

国家股是国有股权的一个组成部分，国有股还包括国有法人股。

关于国家股的形式，在由国家控股的企业中，国家股应该是普通股，从而有利于国家控制和管理该企业；在不需要国家控制的中小企业，国家股应该是优先股或参与优先股，从而有利于国家收益权的强化和直接经营管理权的弱化。

（二）法人股

法人股是指企业法人或具有法人资格的事业单位和社会团体以其依法可经营的资产投入公司形成的股份。法人股股票以法人记名。法人股主要有两种形式：企业法人股和非企业法人股。

1.企业法人股

企业法人股是指具有法人资格的企业把其所拥有的法人财产投资于股份公司所形成的股份。企业法人股体现的是企业法人与其他法人之间的财产关系，因为它是企业以法人身份认购其他公司法人的股票所拥有的股权。

2.非企业法人股

非企业法人股是指具有法人资格的事业单位或社会团体以国家允许用于经营的财产投资于股份公司所形成的股份。

（三）公众股

公众股是指社会公众个人或股份公司内部职工以个人财产投入公司形成的股份。它有两种基本形式，即公司职工股和社会公众股。

1.公司职工股

公司职工股是指股份公司的职工认购的本公司的股份。公司职工认购的股份数额不得超过向社会公众发行的股份总额的10%。一般来讲，公司职工股上市的时间要晚于社会公众股。

2.社会公众股

社会公众股是指股份公司公开向社会募集发行的股票。向社会所发行的部分不少于公司拟发行的股本总额的25%。公司股本总额超过人民币4亿元的，向社会公开发行的比例为10%以上。

国家股、法人股、公众股三种股票形式是由代表国有资产的部门或者机构、企业法人、事业单位和社会团体以及公民个人以人民币购买的，因此又称为人民币A股股票。

（四）外资股

外资股是指外国和我国香港、澳门、台湾地区投资者以购买人民币特种股票形式向股份公司投资形成的股份，分境内上市外资股和境外上市外资股两种形式。

1.境内上市外资股

境内上市外资股是指经过批准由外国和我国香港、澳门、台湾地区投资者向我国内地股份公司投资所形成的股权。境内外资股称为B种股票，是指以人民币标明票面价值，以外币认购，专供外国及我国香港、澳门、台湾地区的投资者买卖的股票，因此又称为人民币特种股票。2001年2月20日，中国证监会正式宣布对内开放B股市场，准许持有合法外汇的境内公民自由开户买卖B种股票。

境内上市外资股在境内进行交易买卖。上海证券交易所的B股以美元交易，深圳证券交易所的B股以港币交易。

2.境外上市外资股

境外上市外资股是指股份有限公司向境外投资者募集并在境外上市的股份。它也采取记名方式，以人民币标明面值，以外币认购。在境外上市时，可以采取境外存托凭证的形式或股票的其他派生形式。境外上市外资股主要由H股、N股、S股等构成。H股是指注册地在我国内地、上市地在我国香港的外资股，香港的英文是HONG KONG，取其首字母而被称为"H股"。依此类推，在纽约、新加坡、伦敦上市的外资股分别称为"N股""S股""L股"。

四、按流通受限与否分类

（一）有限售条件股票

有限售条件的股票是指证券交易所针对上市公司各大股东持有的流通股，为避免对股市和股价造成冲击，其上市流通的数量以及时间受到限制。流通受限股票主要包括：（1）股权分置改革暂时锁定的股票；（2）新上市的股份公司各大股东持有的流通股的股票；（3）上市公司各大股东持有的增发的股票；（4）上市公司各大股东持有的配股送股的股票。

（二）无限售条件股票

无限售条件的股票是指流通转让不受限制的股票。其具体包括：（1）人民币普通股票，即A股，含向社会公开发行的股票及向公司职工配售的公司职工股；（2）境内上市外资股，即B股；（3）境外上市外资股，即在境外证券市场上市的普通股，如N股。

第三节 存托凭证

视频2-3

存托凭证

为进一步便利跨境投融资、促进要素资源的全球化配置，推进资本市场制度型开放，证券交易所通过将境外基础股票转换为存托凭证实现了"产品"跨境，达到两地市场互联互通的目的，这是我国证券市场上出现的新机制。在此，我们对其加以介绍。

一、存托凭证的定义

（一）一般定义

存托凭证（depository receipts，简称DR），是指在一国证券市场流通的代表外国公司有价证券的可转让凭证，由存托人签发，以境外证券为基础在境内发行，代表境外基础证券权益的证券。它属于公司融资业务范畴的金融衍生工具。存托凭证是境外市场上一款比较成熟的证券品种。

通常，DR涉及境外基础证券发行人、存托人、托管人和作为DR持有人的投资者等多方主体。其中，作为DR持有人的投资者实质上享有DR对应的境外基础证券的权益，基础证券一般由存托人以自身名义持有，同时托管于基础证券发行地的托管人。

（二）境外市场对存托凭证的定义

美国证券交易委员会对美国存托凭证（American depository receipt，简称ADR）所下的定义为，代表外国公司证券权益的可转让凭证。

英国存托凭证是指代表特定证券的凭证，是可以获得合同或者财产权利的凭证或者其他金融产品。

（三）中国市场对存托凭证的定义

上海证券交易所与符合条件的境外证券交易所间通过存托凭证建立了互联互通机制，因此上交所出现了新的品种——互联互通存托凭证，包括中国存托凭证和全球存托凭证。

中国存托凭证（China depository receipts，简称CDR）是指符合条件的境外证券交易所上市公司在上交所主板上市的中国存托凭证。

全球存托凭证（Global depository receipts，简称GDR）是指符合条件的上交所的A股上市公司在境外证券交易所发行上市的全球存托凭证。

2018年11月2日，上海证券交易所正式发布实施了上交所与伦敦证券交易所互联互通存托凭证业务（简称沪伦通存托凭证业务）相关配套业务规则。2022年2月，中国证监会正式发布《境内外证券交易所互联互通存托凭证业务监管规定》，优化沪伦通存托凭证机制，同时将德国和瑞士纳入境内外证券交易所互联互通存托凭证业务适用范围。

二、存托凭证的分类

自DR产生以来，经过不断创新发展，已经形成了众多不同的类型。

（一）按上市与否分类

按上市与否划分，有上市型DR和非上市型DR，这一分类主要来自美国的监管实践。其中，进入交易所上市交易的为上市型DR，进入柜台市场交易的为非上市型DR。

（二）按是否具有融资功能分类

按发行DR是否具有融资功能划分，有融资型DR和非融资型DR。DR在产生之初，并不具备融资功能，经过逐步发展产生了融资型的DR。

（三）按发行主导程度和承担义务分类

按外国公司在DR发行的主导程度和承担义务划分，有参与型DR和非参与型DR。在参与型DR的发行中，发行基础股票的外国公司在其中起到主导作用，与存托人签订存托协议，在DR的发行市场根据监管要求承担相应的信息披露义务。

从实际运用来看，境外主要市场常见的是融资型、参与型的DR，也就是外国公司通过发行新的证券作为基础证券，与存托人签订存托协议，在境内公开发行DR并在交易所上市，外国公司通过发行DR募集资金并接受发行地证券监管机构和交易所的监管。

三、存托凭证的意义

经过近百年的发展，存托凭证的作用和意义逐渐显现，也成为跨境上市的主要方式之一，存托凭证的意义主要有：

（1）从处在DR发行地的投资者角度看，相对于直接到境外市场进行投资，通过DR投资于境外公司证券，境内投资者可以按照所熟悉的本地市场规则进行交易，一定程度上可以克服境外交易的成本以及货币兑换与跨境结算等风险。此外，DR也为投资者提供了在全球范围内分散投资风险的工具。

（2）从DR发行地证券市场的角度看，DR有助于扩大本地市场的融资平台作用，提升市场的国际化程度，提高市场的广度和深度。

（3）从发行公司的角度看，发行DR，尤其是融资型DR，可以在获得融资的同时有利于活跃交易，提升企业的市场形象。

理论应用 ✔ ----------------------------------●

视频2-4

股票信息查询方法

综合练习 ✔ ----------------------------------●

1.下列关于股票的说法，错误的是：（　　）。

A.股票是一种有价证券，代表股东对股份有限公司的所有权

B.股票的发行是股份有限公司筹集资金的一种方式

C.股票持有人可以要求公司退还股本

D.股票的转让需遵循相关法律法规

2.股票的永久性是指：（　　）。

A.股票的有效期与公司存续期间无关

B.股票持有者可以随时要求退股

C.股票所载权利始终有效，与公司存续期间相联系

D.股票的收益是永久不变的

3.股票的收益来源不包括以下哪一项：（　　）。

A.股利收入 　　　　　　　　B.资产增值收入

C.价差收入 　　　　　　　　D.股票的票面价值

4.某公司股票前一交易日收盘价为10元，实施每10股送2股，同时10股配3股，配股价为6元/股，则除权价为（　　）。

A.8.2元/股 　　　　B.8.5元/股 　　　　C.7.8元/股 　　　　D.7.5元/股

5.优先股股东通常不享有以下哪项权利：（　　）。

A.优先分派股息权

B.优先分配剩余资产权

C.公司重大决策参与权

D. 固定股息率

6. 下列关于股票分类的说法，正确的是：（   ）。

A. 普通股股东在公司清算时优先于优先股股东分配剩余资产

B. 蓝筹股通常具有较高的投资风险

C. 周期性股票的盈利与经济周期波动密切相关

D. 概念股是指公司经营业绩稳定、分红丰厚的股票

7. 下列关于股票按投资主体分类的说法，正确的是：（   ）。

A. 国家股由社会公众投资形成

B. 法人股只能由企业法人持有

C. 外资股包括境内上市外资股（B股）和境外上市外资股（如H股）

D. 公众股仅限于社会个人持有

8. 关于股票的流通限制，以下说法错误的是：（   ）。

A. 有限售条件股票是指其流通受到限制的股票，通常包括股权分置改革锁定的股票、新上市公司大股东持有的流通股等

B. 无限售条件股票是指可以在二级市场自由流通的股票，如A股、B股和境外上市外资股（如N股）

C. 有限售条件股票的持有者在特定期限内不能自由买卖股票

D. 无限售条件股票的持有者可以在任何情况下自由买卖股票，不受任何限制

9. 存托凭证（DR）是指（   ）。

A. 由存托人签发，代表境外公司基础证券权益的证券

B. 一种在境外市场发行的股票

C. 一种用于融资的债券

D. 一种用于公司内部管理的凭证

10. 下列关于存托凭证分类的说法，错误的是：（   ）。

A. 上市型DR在交易所上市交易

B. 融资型DR具有融资功能

C. 非参与型DR由外国公司主导发行

D. 参与型DR的发行公司需承担信息披露义务

课程思政 ☑ -- ●

视频2-5

小股东凝聚大力量

第三章

债券

思维导图

第三章 债券

债券概述

- ① 债券的定义和性质
  - ① 债券的定义
  - ① 债券的性质
- ① 债券的基本要素
  - ② 债券的票面价值
  - ① 债券的票面利率
  - ① 债券的到期期限
  - ② 债券的价格
- ② 债券的特征
  - ② 偿还性
  - ② 流动性
  - ① 收益性
  - ① 安全性（风险性）
- ② 债券与股票的区别
  - ② 发行主体不同
  - ② 发行目的不同
  - ② 权利不同
  - ② 期限不同
  - ① 收益和风险不同

债券分类

- ① 按债券发行主体分类
  - ① 政府债券
  - ② 金融债券
  - ① 公司债券
- ② 按债券偿还期限分类
  - ② 短期债券
  - ② 中期债券
  - ② 长期债券
- ① 按债券利息支付分类
  - ① 贴现债券
  - ① 附息债券
  - ② 息票累积债券
- ① 按债券有无担保分类
  - ① 无担保债券
  - ① 有担保债券
- ① 按债券信用状况分类
  - ① 利率债券
  - ① 信用债券
- ② 按债券发行地域分类
  - ② 国内债券
  - ② 国际债券
- ① 按债券嵌入条款分类
  - ② 可赎回债券
  - ② 可回售债券
  - ① 可转换债券
  - ① 可交换债券
  - ① 结构化债券（资产证券化）

资产证券化

- ③ 资产证券化的定义
  - ② 狭义的资产证券化
  - ③ 广义的资产证券化
- ③ 资产证券化的类型
  - ③ 资产证券化的一般类型
  - ② 我国资产证券化类型
- ③ 资产证券化的运作
  - ③ 资产证券化的当事人
  - ③ 资产证券化的运作流程

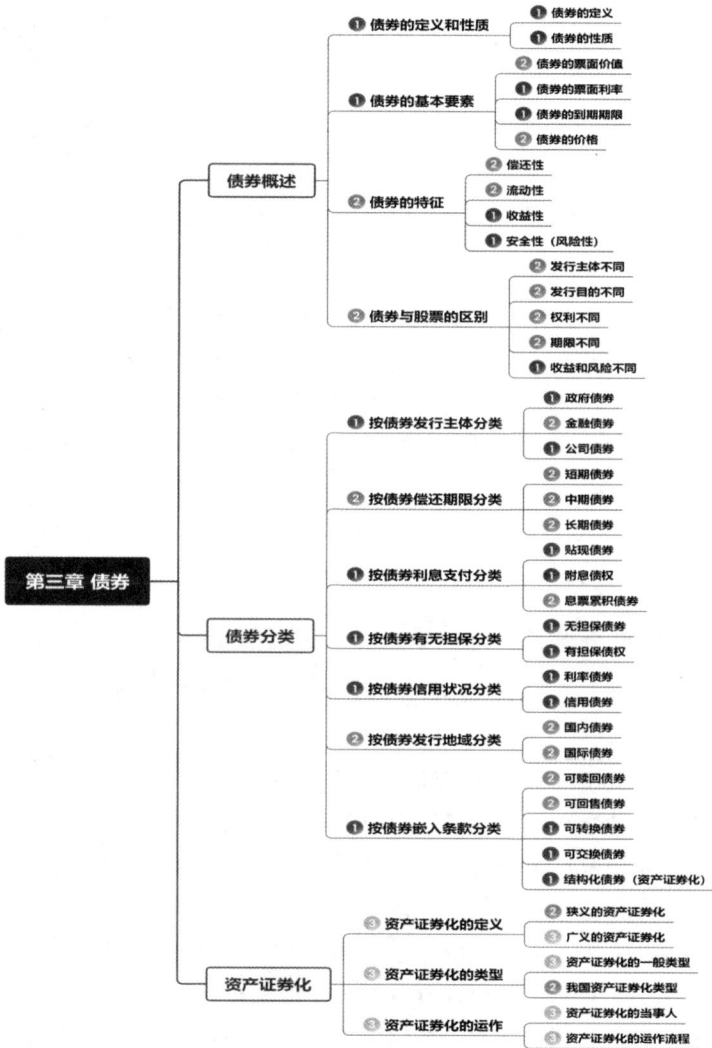

①掌握；②熟悉；③了解。

第一节 债券概述

视频3-1

债券概述

一、债券的定义和性质

（一）债券的定义

债券是一种有价证券，是社会各类经济主体为筹集资金而向债券投资者出具的、承诺按一定利率定期支付利息并到期偿还本金的债权债务凭证。

债券所规定的资金借贷双方的权责关系主要有：（1）借贷货币资金的数额；（2）借贷的时间；（3）在借贷时间内的资金成本或应有的补偿（债券的利息）。

（二）债券的性质

债券主要有以下几个性质：（1）债券属于有价证券；（2）债券是一种虚拟资本；（3）债券是债权的表现。

二、债券的基本要素

债券作为证明债权债务关系的凭证，有以下几个基本要素。

（一）债券的票面价值

债券的票面价值是债券票面标明的货币价值，是债券发行人承诺在债券到期日偿还给债券持有人的金额。债券的票面价值要标明的内容主要有币种和票面金额。

（1）币种取决于发行主体资金需求和投资者群体差异。国内债券发行一般采用本国货币，而国际债券发行一般采用发行地国家货币或国际货币。

（2）票面金额大小不同，可以适应不同的投资对象，同时也会产生不同的发行成本。票面金额小，有利于中小投资者购买，但附带费用等可能较高，如券票印刷费等；票面金额大，有利于少数大额投资者认购，附带费用等会相应减少，但会使小额投资者无法参与。

（二）债券的票面利率

债券的票面利率是指债券利息与债券票面价值的比率，通常用年利率百分数表示。债券利息对于债务人来说是筹资成本，利率高则负担重，利率低则负担轻。同时，债券利息对于债权人来说是投资收益，利率高则收益大，利率低则收益小。影响债券票面利率的主要因素有以下四个方面。

1.借贷资金市场利率水平

借贷资金市场利率水平提高时，债券利率也要相应提高，以避免投资者选择将资金存入银行或购买其他金融资产而放弃投资债券。

2.发行者的资信状况

如果债券发行人的资信状况好、债券信用等级高，投资者的风险就小，债券利率可以定得低一些；反之，如果债券发行人的资信状况差、债券信用等级低，投资者的风险就大，债券利率就需要定得高一些，高利率是对高风险的补偿。

3.债券的到期期限

到期期限较长的债券，流动性差，风险相对较大，利率应该定得高一些；而期限较短的债券，流动性强，风险相对较小，利率就可以定得低一些。

4.资本市场资金的供求状况

资本市场上资金充裕时，发行债券的利率可低些；资本市场上资金短缺时，发行债券的利率则要高一些。

（三）债券的到期期限

债券的到期期限是指债券从发行之日起至偿清本息之日止的时间。债券期限越长，流动性越差，风险越高，因此要求较高的收益率。

债券到期期限的确定一般要考虑以下因素。

1.发行人资金使用方向

如果企业为了解决流动资金不足，则可发行短期债券；如果为了解决建设资金不足，则需要发行中长期债券。

2.债券变现能力

这一因素与债券市场发育程度有关。如果流通市场发达，债券容易变现，那么长期债券的销售就可能好一些；如果流通市场不发达，长期债券不易变现，长期债券的销售就可能不如短期债券。

3.市场利率走势变化

如果利率走势呈下降趋势，可发行较短期限的债券；反之，利率走势呈上升趋势，则可发行长期债券，以尽可能降低融资成本。

（四）债券的价格

债券价格分为发行价格和交易价格。债券的发行价格可能不等于债券面值。当债券发行价格高于面值时，称为溢价发行；当债券发行价格低于面值时，称为折价发行；当债券发行价格等于面值时，称为平价发行。债券的交易价格是指投资者在二级市场转让债券的成交价。有的债券成交不活跃，一些机构投资者通常用第三方估值，如用中央国债登记结算公司、中证指数公司的债券估值来计量债券价格。

三、债券的特征

（一）偿还性

偿还性是指，债券规定到期时间，由债务人按期向债权人支付利息并偿还本金。历史上也曾经有过例外，如无期公债或永久性公债。

（二）流动性

债券的流动性是指债券能够迅速转变为货币而又不会在价值上蒙受损失的能力。

债券持有人若在债券到期前需要现金，可以在证券市场上出售债券，也可以用债券作为抵押品向银行等金融机构申请贷款。

（三）收益性

收益性是指，债券能为投资者带来一定收入，即投资债券的报酬。债券的收益来源包括利息收入、资本利得、再投资收益三个部分。利息收入根据债券发行时的票面利率计算，债权人在债券持有期间按约定条件分期、分次或到期一次性取得利息；资本利得是债券买入价与卖出价或买入价与到期偿还额之间的差额；再投资收益是投资债券所获的现金流进行再投资产生的利息收入，它不受市场收益率变化的影响。

债券的收益通过债券收益率指标进行衡量，可分为以下类型：

（1）票面收益率：是票面利息除以票面金额的比率，即票面利率。

（2）当期收益率：是债券的年利息收入与买入债券的实际价格的比率。

（3）持有期收益率：是买入债券到卖出债券期间所获得的年平均收益率。

（4）到期收益率：是使债券未来现金流现值等于债券当前市价的贴现率，也就是财务学中所称的内部报酬率，相当于投资者按照当前市场价格购买并且一直持有至到期时可获得的年平均收益率。

（5）提前赎回收益率：是债券发行人在债券到期日之前赎回债券时投资人所取得的收益率。其通常以首次赎回率为代表，首次赎回率是指，累计到首次赎回日止，利息支付额与指定的赎回价格加总的现金流量现值等于债券赎回价格的利率。

（四）安全性

安全性是指债券持有人的收益相对稳定，不随发行者经营收益的变动而变动，并且可按期收回本金。

但债券也存在风险性特征，主要表现为：

（1）利率风险：指利率变动引起债券价格波动的风险。债券的价格与利率呈反向变动关系，利率上升时，债券价格下降。

（2）通货膨胀风险：指在通货膨胀时期，货币购买力下降，从而债券投资的实际收益下降，存在给投资者带来损失的可能。

（3）信用风险：包括违约风险和市场价格风险（价差风险）。违约风险指债券发行者因各种原因不能按时兑付债券契约规定的利息和本金而发生违约，由此带给债券投资者的风险。价差风险指由于债务人信用评级下降而导致价格下降的风险。

（4）流动性风险：指债券投资者将手中的债券变现时可能遭受损失的风险。

（5）提前赎回风险：指对于含有提前赎回条款的公司债，发行公司可能在市场利率大幅下降时行使提前赎回权，在到期日前赎回债券，从而使投资者因提前赎回遭受利息损失和降低再投资回报的风险。

四、债券与股票的区别

债券与股票具有相同点，都属于有价证券，是筹措资金的融资工具，而且收益率相互影响。但债券与股票存在以下区别：

（一）发行主体不同

债券的发行主体很多，可以是政府、金融机构、公司企业等。股票的发行主体只有股份有限公司。

（二）发行目的不同

发行债券是因为公司需要增加资金，筹措的资金属于公司的负债。发行股票是出于股份有限公司创立和增加资本的需要，筹措的资金属于公司的资本。

（三）权利不同

债券体现债权债务关系，债券持有者无权参与公司经营决策。股票体现所有权关系，股票所有者是公司股东，一般拥有表决权，可以通过参加股东大会，间接参与公司经营决策。

（四）期限不同

债券有规定的偿还期限，期满时债务人必须按时归还本金，因此是有期限证券。股票通常无须偿还，因此是无期限证券，或称"永久证券"。

（五）收益和风险不同

债券有固定的利息收入，股票的股息和红利收入不固定，一般视公司经营情况而定，因此股票风险较大，债券风险相对较小，股票收益率一般高于债券，是对股票更高风险的相应补偿。

第二节 债券分类

视频3-2

债券分类

随着证券市场上债券品种的不断发展，不同国家和地区对债券的分类方法不尽相同，其基本分类方法主要有以下几种。

一、按债券发行主体分类

根据发行主体的不同，债券可以分为政府债券、金融债券和公司债券。这是最主要、最常用的分类方式。

（一）政府债券

政府债券是指政府部门或其代理机构为筹集资金，以政府名义发行的债券。中央政府发行的债券称为中央政府债券（国家债券），地方政府发行的债券称为地方政府债券（地方公债），政府有关代理机构发行的债券称为政府保证债券（政府支持债券）。

1.国家债券

国家债券是中央政府根据信用原则，以承担还本付息义务为前提而筹措资金的债务凭证。国家债券通常简称为国债。发行国债的主要目的是满足政府投资的公共设施或重点建设项目的资金需要和弥补国家财政赤字。

从债券形式看，我国发行的国债主要有以下4种。

（1）无记名（实物）国债。无记名国债是一种实物债券，是以实物券的形式记载债权的债券，一般特点是不记名、不挂失，可以上市流通。2000年5月后，该类国债在中国国债市场上全面退出。

（2）凭证式储蓄国债。凭证式储蓄国债是指以国债收款凭单形式作为债权证明，一般特点是可记名、挂失，不可上市流通，可质押贷款。凭证式储蓄国债通过银行柜台向个人投资者及中小企业发行，到期一次性还本付息。其可以到购买网点提前兑取，但要支付一定手续费。

（3）电子式储蓄国债。电子式储蓄国债是指财政部门在境内发行，只面向境内中国公民，以电子方式记载债权的不可流通的人民币债券。其一般特点是针对个人投资者发行，采用实名制，不可流通转让，收益安全稳定，付息方式多样，每年或每半年支付一次利息，最后一年到期时支付本金。

（4）记账式国债。记账式国债是指由财政部通过无纸化方式发行的、以电脑记账方式记载债权、可以上市交易的债券，在银行间债券市场、交易所债券市场和商业银行柜台市场均可流通。

记账式国债的一般特点是：①提前兑现不损失利息；②按复利计息，根据不同的年限有不同的付息方式；③价格随市场利率变化。

2.地方政府债券

地方政府债券是地方政府根据本地区经济发展和资金需求状况，以承担还本付息义务为前提，向社会筹集资金的债务凭证。所筹集的资金一般用于弥补地方财政资金的不足或者用于地方性公共设施建设。地方政府债券一般以当地政府的税收能力作为还本付息的担保。

地方政府债券按资金用途和偿还资金来源不同，通常可以分为：

（1）一般债券（普通债券）。一般债券是为没有收益的公益性项目发行的，主要以一般公共预算收入作为还本付息资金来源的政府债券。

（2）专项债券（收入债券）。专项债券是为有一定收益的公益性项目发行的，以公益性项目对应的政府性基金收入或专项收入作为还本付息资金来源的政府债券。

3.政府保证债券

政府保证债券指各国政府有关代理机构发行的债券。它一般由中央政府担保，具有准国债的性质，有较高的信誉。

（二）金融债券

金融债券是指银行及非银行金融机构依照法定程序发行并约定在一定期限内还本付息的有价证券。发行金融债券的主要目的是改善负债结构，增强负债稳定性；获得长期资金来源，扩大资产业务。

目前，按发行主体划分，我国金融债券的种类主要有以下5种。

1.政策性金融债券

政策性金融债券是我国政策性银行（国家开发银行、中国农业发展银行、中国进出口银行）为筹措信贷资金，在银行间债券市场向金融机构发行的金融债券。

2.普通金融债券

由于商业银行和其他金融机构多采用股份公司的组织形式，这些金融机构发行的债券与公司债券一样，受相同法规管理，一般归类于公司债券。

3.商业银行次级债券和资本补充债券

商业银行次级债券是指商业银行发行的、本金和利息的清偿顺序列于商业银行其他负债之后、先于商业银行股权资本的债券。

资本补充债券是指银行业金融机构为满足资本监管要求而发行的、对特定触发事件下债券偿付事宜作出约定的金融债券，包括但不限于无固定期限的资本债券和二级资本债券。

4.证券公司短期融资券和证券公司次级债券

证券公司短期融资券是证券公司以短期融资为目的、在银行间债券市场发行的约定在一定期限内还本付息的有价证券。

证券公司次级债券是证券公司向机构投资者发行的、清偿顺序在普通债之后的有价证券。

5.保险公司次级债券

保险公司次级债券是指保险公司为弥补临时性或阶段性资本不足，经批准募集，期限在5年以上（含5年），且本金和利息的清偿顺序列于保单责任和其他负债之后，先于保险公司股权资本的保险公司债务。

（三）公司债券

公司债券又称企业信用债券，是公司依照法定程序发行的，约定在一定期限内还本付息的有价证券。公司债券分为：境内具有法人资格的企业发行的企业债券；公司制法人（不包括地方政府融资平台公司）发行的公司债券；具有法人资格的非金融企业发行的短期融资债券、超短期融资债券、中期票据和非公开定向债务融资工具等类型。公司债券主要类型的归纳见表3-1。

表3-1 公司债券（企业信用债券）主要类型

类别	发行主体	交易场所
企业债	境内具有法人资格的企业，如中央政府部门所属机构、国有独资企业或者国有控股企业	银行间债券市场，证券交易所
公司债	公司制法人（不包括地方政府融资平台公司）	证券交易所
短期融资券（CP）（1年以内）	具有法人资格的非金融企业	银行间债券市场
超短期融资券（SCP）（270天以内）	具有法人资格的非金融企业	银行间债券市场
中期票据（MTN）（1～10年）	具有法人资格的非金融企业	银行间债券市场
非公开定向债务融资工具（PPN）	具有法人资格的非金融企业	银行间债券市场

二、按债券偿还期限分类

按偿还期限的长短，债券可以分为短期债券、中期债券和长期债券。

（一）短期债券

一般来说，短期债券的偿还期为1年以内。例如，美国短期国库券的偿还期限通常为3个月或6个月，最长不超过1年；英国的国库券通常为3个月；日本的短期国债为2个月。

（二）中期债券

中期债券的偿还期为1～10年。例如，美国联邦政府债券中1～10年期的债券；日本的中期附息票债券的期限为2～4年，贴现国债的期限为5年。

（三）长期债券

长期债券的偿还期为10年以上。例如，美国联邦政府债券中的10～30年期债券；日本的长期附息票债券的期限为10年；英国的长期金边债券为15年以上；在日本，偿还期在15年左右的债券被称为超长期债券。

三、按利息支付方式分类

按利息支付方式的不同，债券可分为贴现债券（零息债券）、附息债券、息票累积债券。

（一）贴现债券

贴现债券（零息债券）是指以贴现方式发行，不附息票，到期按面值一次性支付本金的债券。期限在1年期以下的债券通常称为贴现债券，期限在1年期以上的债券通常称为零息债券。

（二）附息债券

附息债券是指在债券券面上附有息票的债券，或是按照债券票面载明的利率及支付方式支付利息的债券。附息债券可以分为固定利率附息债券和浮动利率附息债券。

（三）息票累积债券

息票累积债券，又称利随本清债券，发行时标明票面利率，到期兑付日前不支付利息，全部利息累计至到期兑付日和本金一同偿付。

四、按债券有无担保分类

按有无担保，债券可以分为无担保债券和有担保债券两大类。

（一）无担保债券

无担保债券也称信用债券，是指仅凭债券发行单位的信用作保证而发行的，没有抵押品作担保的债券。一般来说，国家债券、地方政府债券和金融债券都属于信用债券。

（二）有担保债券

有担保债券又可分为抵押债券、质押债券、保证债券。

1.抵押债券

抵押债券也称抵押公司债券，是指以土地、房屋、机器、设备等不动产为抵押担保品而发行的债券。在实践中，可以将同一不动产作为抵押品而多次发行债券，可按发行顺序分为第一抵押债券和第二抵押债券。

2.质押债券

质押债券也称抵押信托债券，是指以公司拥有的其他有价证券，如股票和其他债券为担保品而发行的债券。

3.保证债券

保证债券指由第三者担保偿还本息的债券。担保人一般是政府、银行及大型企业。

五、按债券信用状况分类

按照信用状况，债券可分为利率债券与信用债券。

（一）利率债券

利率债券主要是指国债、地方政府债券、政策性金融债和央行票据等以政府信用为依托的主体发行的债券，利率债券价格主要受实际利率的影响。

（二）信用债券

信用债券是指政府之外的主体发行的债券，具体包括企业债、公司债、短期融资券、中期票据、可转债等品种，信用债价格除受到实际利率影响外，还受发行主体信用状况的影响。

六、按债券发行地域分类

根据发行地域，可以将债券分为国内债券和国际债券两大类。

（一）国内债券

国内债券是指一国政府、企业或金融机构在本国国内，以本国货币为面值发行的债券。

（二）国际债券

国际债券是指一国借款人在国际证券市场上，以外国货币为面值，向外国投资者发行的债券。

依据发行债券所用货币与发行地点的不同，国际债券又可分为外国债券和欧洲债券。

1.外国债券

外国债券指一国政府、金融机构、工商企业或国际组织等借款人在本国以外的某一国家发行的以该国货币为面值的债券。

2.欧洲债券

欧洲债券指一国政府、金融机构、工商企业或国际组织等借款人在本国境外市场发行的，以发行市场所在国以外的货币为面值的国际债券，如在德国发行的美元债券。

七、按债券嵌入条款分类

根据嵌入条款，债券可分为可赎回债券、可回售债券、可转换债券、可交换债券、结构化债券（资产证券化）。

（一）可赎回债券

可赎回债券是指发行人有权在特定时间以某个价格强制从持有人手中赎回的债券，其收益率高于普通债券。赎回一般发生在利率下降、债券价格上升时。

（二）可回售债券

可回售债券是指允许投资者以事先约定的价格提前回售给发行人的债券，其收益率低于普通债券。回售一般出现在利率上升、债券价格下降时。

（三）可转换公司债券

可转换公司债券是指债券投资人在一定期限内有权按照事先约定的条件将该公司的债券转换成该公司的股票。

（四）可交换公司债券

可交换公司债券是指债券投资人在一定期限内有权按照事先约定的条件将债券转换成发行人所持有的其他公司的股票。

（五）结构化债券（资产证券化）

结构化债券是指以其他债券或贷款组成的资产池为支持，构建新的债券产品形式，是资产证券化的主要品种。

第三节 资产证券化

视频3-3

资产证券化

一、资产证券化的定义

资产证券化是以基础资产未来所产生的现金流为偿付支持，通过结构化的资产重组设计进行信用增级，在此基础上发行可交易证券的一种融资形式。可以进行证券化的基础资产包括实体资产、信贷资产、证券资产和现金资产。证券化的产品一般是可交易的债券。

资产证券化的定义按照基础资产的不同有狭义和广义之分。狭义的资产证券化是指信贷资产证券化，进行证券化的基础资产是信贷资产。广义的资产证券化包括实体资产证券化、信贷资产证券化、证券资产证券化和现金资产证券化。本节研究的资产证券化是指信贷资产证券化。

通过资产证券化，将流动性较低的资产（如银行贷款、应收账款、房地产等）转化为具有较高流动性的可交易证券，提高了基础资产的流动性，便于投资者进行投资；还可以改变发起人的资产结构，改善资产质量，加快资金周转。

二、资产证券化的类型

（一）资产证券化的一般类型

按照基础资产的不同，资产证券化一般分为住房抵押贷款支持证券和资产支持证券。

1.住房抵押贷款支持证券

住房抵押贷款支持证券（mortgage-backed securitization，MBS）是资产证券化的源头，指以金融机构持有的房地产抵押贷款为基础，以其能够定期产生的本息现金流为支撑，由特定目的机构（special purpose vehicle，SPV）发行的证券。在发展过程中，MBS又演化为基于住宅地产的住房抵押贷款支持证券（RMBS）与基于商业地产的商业地产抵押贷款支持证券（CMBS）。

2.资产支持证券

资产支持证券（asset-backed securitization，ABS）是指除房地产抵押贷款之外，以其他一些能够产生可预期稳定现金流的债权资产为标的资产的证券化产品。ABS产品大致可以分为狭义的ABS和担保债务凭证两类。

（1）狭义的ABS。狭义的ABS主要是基于某一类同质资产，如汽车贷款、信用卡贷款、学生贷款、设备租赁等为标的资产的证券化产品，包括期限在一年以下的资产支持商业票据（ABCP）。

（2）担保债务凭证（CDO）。CDO对应的基础资产是一系列的债务工具，如高息债券、新兴市场企业债或国家债券、银行贷款，甚至传统的MBS等证券化产品。CDO又可根据债务工具的不同分为担保债券凭证（CBO）和担保贷款凭证（CLO），前者以一组债券为基础，后者以一组贷款为基础。

（二）我国资产证券化的类型

我国的资产证券化产品主要包括信贷资产支持证券和企业资产支持证券。

1.信贷资产支持证券

信贷资产支持证券由中国人民银行、国家金融监督管理总局主管，原始权益人为银行，基础资产为银行信贷资产，如个人住房抵押贷款、信用卡借款、对公贷款等。

2.企业资产支持证券

企业资产支持证券的原始权益人为非银行机构，包括非银行金融机构以及非金融企业，其基础资产主要为企业债权（存量资产）和企业收益权（未来资产），又分为由证监会主管的资产支持专项计划、由中国银行间市场交易商协会主管的（信托型）资产支持票据（ABN）和资产支持商业票据（ABCN）。

我国资产证券化类型的归纳见表3-2。

表3-2 我国资产证券化类型

信贷资产支持证券	资产支持专项计划	（信托型）资产支持票据
CLO/金融租赁 ABS	房地产类项目	房地产类项目
	消费贷款 ABS	消费贷款 ABN
RMBS/公积金贷款 ABS	信托贷款收益权项目	信托贷款收益权项目
不良资产支持证券	租赁 ABS	租赁 ABN
汽车贷款/消费贷款 ABS	应收账款 ABS	应收账款 ABN
	保理 ABS	保理 ABN

三、资产证券化的运作

（一）资产证券化的当事人

资产证券化运作比较复杂，主要涉及以下当事人：

（1）发起人。发起人也称原始权益人，是证券化基础资产的原始所有者，通常是金融机构或大型工商企业。

（2）特定目的机构或特定目的受托人。这是指接受发起人转让的资产，或受发起人委托持有资产，并以该资产为基础发行证券化产品的机构。选择特定目的机构或特定目的受托人时，通常要求满足所谓破产隔离条件，即发起人破产对其不产生影响。

（3）资金和资产存管机构。为保证资金和基础资产的安全，特定目的机构通常聘请信誉良好的金融机构进行资金和资产的托管。

（4）信用增级机构。此类机构负责提升证券化产品的信用等级，为此要向特定目的机构收取相应费用，并在证券违约时承担赔偿责任。有些证券化交易中，并不需要外部增级机构，而是采用超额抵押等方法进行内部增级。

（5）信用评级机构。如果发行的证券化产品属于债券范畴，发行前必须经过评级机构信用评级。

（6）承销人。承销人是指负责证券设计和发行承销的投资银行（证券公司）。如果证券化交易涉及金额较大，可能会组成承销团。

（7）证券化产品投资者，即证券化产品发行后的持有人。

除上述当事人外，证券化交易还可能需要金融机构充当服务人，服务人负责对资产池中的现金流进行日常管理，通常可由发起人兼任。

（二）资产证券化的运作流程

资产证券化的具体运作流程如下：

（1）组建资产池。资金的需求方即发起人将其要实施证券化的资产组成资产池。

（2）设立特定目的机构。特定目的机构作为证券的发行机构，要保证其能够实现与发起人之间的破产隔离。

（3）资产的真实出售。发起人将其欲证券化的资产或资产池转让给特定目的机构，且转让必须构成真实出售。

（4）信用增级。发起人或者第三方机构对已转让给特定目的机构的资产或资产池进行信用增级。

（5）信用评级。由中立的信用评级机构对特定目的机构拟发行的资产支持证券进行信用评级。

（6）发售证券。特定目的机构以特定的资产或资产池为基础，进行结构化重组，通过承销商采用公开发售或者私募的方式发行证券。

（7）支付款项。向发起人支付其原始资产转让的款项。

（8）管理资产池。证券挂牌上市交易后，由特定目的机构或其他机构作为服务商，对资产或资产池进行日常管理，负责处理账户之间的资金划拨、相关税务和行政事务。

（9）清偿证券。服务商向持有资产支持证券的投资者还本付息，在全部偿付之后若还有剩余，则将剩余现金返还给发起人。

资产证券化的运作流程如图3-1所示。

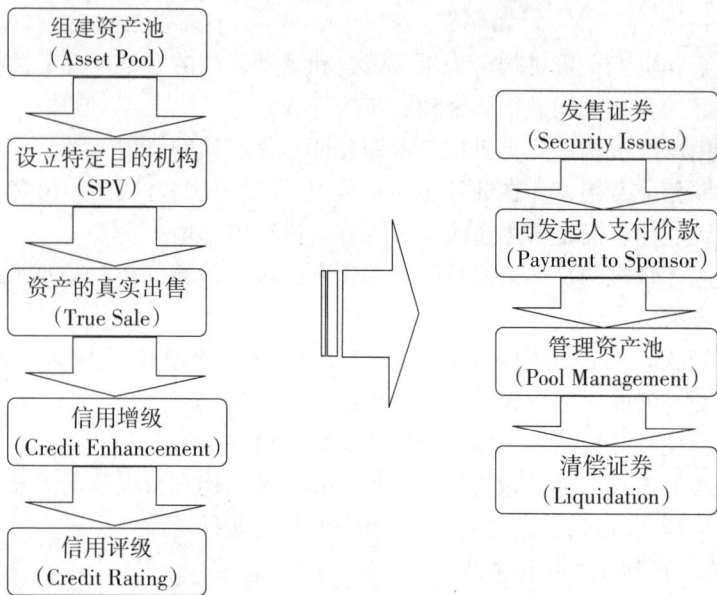

图3-1 资产证券化的运作流程

理论应用 ☑ ··· •

视频3-4

债券信息查询方法

综合练习 ☑ ····························· •

1.债券的基本要素不包括以下哪项：（　　）。

A.债券的票面价值 　　　　　　B.债券的票面利率

C.债券的到期期限 　　　　　　D.债券的发行主体

2.以下不属于债券收益来源的是：（　　）。

A.利息收入 　　　　　　　　　B.资本利得

C.再投资收益 　　　　　　　　D.股息红利

3.影响债券偿还期限的因素不包括：（　　）。

A.债券票面金额 　　　　　　　B.资金使用方向

C.市场利率变化 　　　　　　　D.债券变现能力

4.下列关于债券的票面利率说法错误的是：（　　）。

A.债券的票面利率是债券利息与债券票面价值的比率

B.债券的票面利率通常受市场利率水平的影响

C. 债券的票面利率与债券的到期期限无关

D. 债券的票面利率可能因发行者的资信状况而有所不同

5. 下列关于债券与股票的区别说法错误的是：（　　）。

A. 债券的发行主体可以是政府、金融机构或企业，而股票的发行主体只能是股份有限公司

B. 债券有固定的偿还期限，而股票通常是无期限的

C. 债券的风险通常高于股票

D. 债券体现的是债权债务关系，而股票体现的是所有权关系

6. 下列关于债券的分类说法错误的是：（　　）。

A. 按债券发行主体分类，债券可以分为政府债券、金融债券和公司债券

B. 按偿还期限分类，债券可以分为短期债券、中期债券和长期债券

C. 按利息支付方式分类，债券可以分为贴现债券、附息债券和息票累积债券

D. 按债券信用状况分类，债券可以分为信用债券和附息债券

7. 投资于国债时可不必考虑的风险是：（　　）。

A. 违约风险 　　　　　　　　　　　B. 利率风险

C. 购买力风险 　　　　　　　　　　D. 再投资风险

8. 下列关于金融债券的说法错误的是：（　　）。

A. 金融债券是银行及非银行金融机构发行的债券

B. 金融债券的主要目的是改善负债结构和获得长期资金来源

C. 政策性金融债券由政策性银行在银行间债券市场发行

D. 金融债券的发行主体只能是商业银行

9. 下列关于企业信用债券的说法正确的是：（　　）。

A. 企业债的发行主体是公司制法人，交易场所为银行间市场和交易所

B. 公司债的发行主体是境内具有法人资格的企业，交易场所为交易所

C. 短期融资券的发行主体是具有法人资格的非金融企业，交易场所为银行间市场

D. 非公开定向债务融资工具的发行主体是地方政府融资平台公司，交易场所为银行间市场

10. 资产证券化的基础资产可以是以下哪项：（　　）。

A. 房地产抵押贷款 　　　　　　　　B. 企业应收账款

C. 银行贷款 　　　　　　　　　　　D. 以上都是

课程思政 ☑ ---●

视频 3-5

风险防控常牢记：公募债券违约及处置案例

第四章
证券投资基金

思维导图

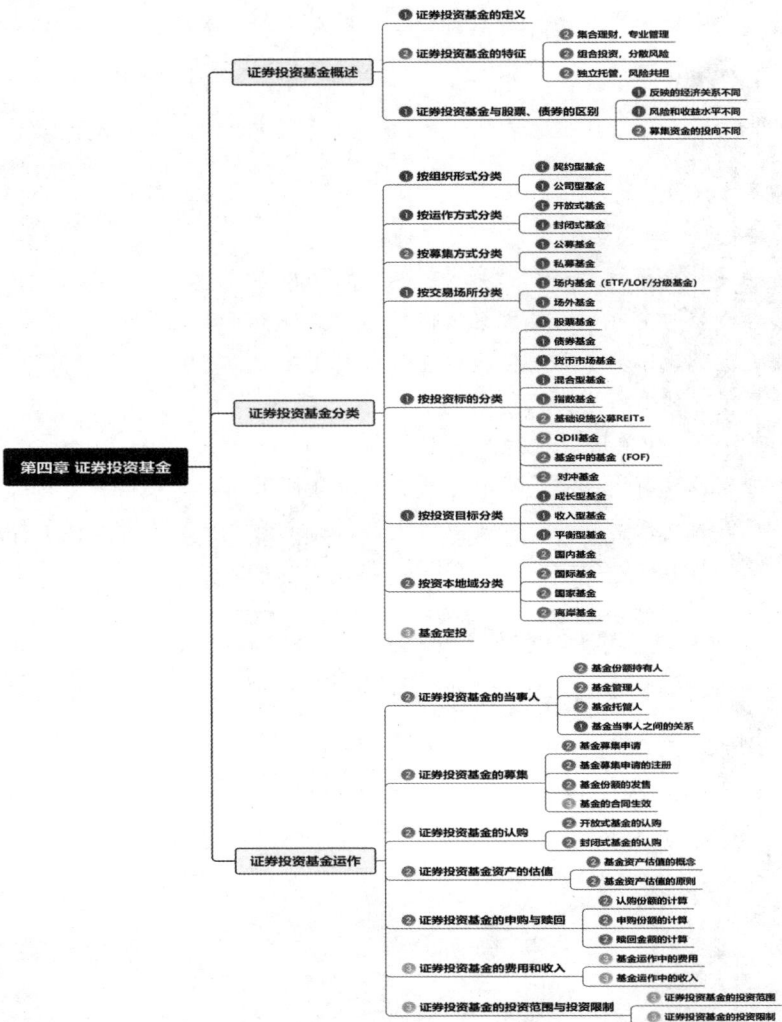

- **第四章 证券投资基金**
  - 证券投资基金概述
    - ① 证券投资基金的定义
    - ② 证券投资基金的特征
      - ② 集合理财，专业管理
      - ② 组合投资，分散风险
      - ② 独立托管，风险共担
    - ③ 证券投资基金与股票、债券的区别
      - ① 反映的经济关系不同
      - ① 风险和收益水平不同
      - ② 募集资金的投向不同
  - 证券投资基金分类
    - ① 按组织形式分类
      - ① 契约型基金
      - ② 公司型基金
    - ① 按运作方式分类
      - ① 开放式基金
      - ① 封闭式基金
    - ② 按募集方式分类
      - ① 公募基金
      - ① 私募基金
    - 按交易场所分类
      - ① 场内基金（ETF/LOF/分级基金）
      - ① 场外基金
    - ① 按投资标的分类
      - ① 股票基金
      - ① 债券基金
      - ① 货币市场基金
      - ① 混合型基金
      - ① 指数基金
      - ② 基础设施公募REITs
      - ② QDII基金
      - ② 基金中的基金（FOF）
      - ③ 对冲基金
    - ① 按投资目标分类
      - ① 成长型基金
      - ① 收入型基金
      - ① 平衡型基金
    - ② 按投资本地域分类
      - ② 国内基金
      - ② 国际基金
      - ② 国家基金
      - ② 离岸基金
    - ③ 基金定投
  - 证券投资基金运作
    - ② 证券投资基金的当事人
      - ② 基金份额持有人
      - ② 基金管理人
      - ① 基金托管人
      - ① 基金当事人之间的关系
    - ② 证券投资基金的募集
      - ① 基金募集申请
      - ① 基金募集申请的注册
      - ① 基金份额的发售
      - ① 基金的合同生效
    - ② 证券投资基金的认购
      - ① 开放式基金的认购
      - ① 封闭式基金的认购
    - ② 证券投资基金资产的估值
      - ① 基金资产估值的概念
      - ① 基金资产估值的原则
    - ② 证券投资基金的申购与赎回
      - ① 认购份额的计算
      - ① 申购份额的计算
      - ② 赎回金额的计算
    - ① 证券投资基金的费用和收入
      - ② 基金运作中的费用
      - ② 基金运作中的收入
    - ① 证券投资基金的投资范围与投资限制
      - ② 证券投资基金的投资范围
      - ② 证券投资基金的投资限制

①掌握；②熟悉；③了解。

1. 掌握证券投资基金的定义；证券投资基金与股票、债券的区别；证券投资基金主要分类。

2. 熟悉证券投资基金的特征；证券投资基金当事人、运行流程和资产估值。

3. 了解基金定投；证券投资基金的费用、收入、投资范围和限制。

思政目标

1. 通过分析不同类型证券投资基金在风险和收益方面的差异，树立正确基金投资理念和投资意识。

2. 以社会主义核心价值观和国家法制为前提，学习证券投资基金的运作，增强市场规范和风险管理意识。

第一节 证券投资基金概述

视频 4-1

证券投资基金概述

一、证券投资基金的定义

证券投资基金（以下简称"基金"）是指通过发售基金份额，把众多投资人的资金集中起来，形成独立财产，由基金托管人托管，基金管理人管理，以投资组合的方式进行证券投资的一种利益共享、风险共担的集合投资方式。

各国对证券投资基金的称谓不同，如美国的"共同基金"，英国及我国香港地区的"单位信托基金"，日本的"证券投资信托基金"等。《中华人民共和国证券投资基金法》（以下简称《证券投资基金法》）规定，基金财产应当用于上市交易的股票、债券以及中国证监会规定的其他证券品种。具体而言，目前我国的证券投资基金主要可投资于国内依法公开发行上市的股票、非公开发行股票、国债、企业债券和金融债券、公司债券、货币市场工具、资产支持证券等。本书中统称为证券投资基金。

二、证券投资基金的特征

（一）集合理财，专业管理

证券投资基金将众多投资者分散的资金集中起来，发挥资金规模优势，降低投资成本，表现出集合理财的特征。委托专业的基金管理人进行投资管理和运作，共同分享基金管理人在市场信息、投资经验、金融知识和操作技术等方面所拥有的优势，体现专业管理的特征。

（二）组合投资，分散风险

证券投资基金是以科学的投资组合降低风险、提高收益，在法律规定的范围内进行科学的组合，一方面借助资金庞大和投资者众多的优势使每个投资者面临的投资风险都变小，另一方面利用不同投资对象之间收益率变化的相关性，达到分散投资风险的目的。

（三）独立托管，风险共担

证券投资基金财产的保管由独立于基金管理人的基金托管人负责。基金管理人和基金托管人相互制约、相互监督。同时，基金投资人享受证券投资收益，也承担因投资亏损而产生的风险。

三、证券投资基金与股票、债券的区别

证券投资基金作为一种有价证券，这一点与股票、债券是相同的，都是金融市场上交易的对象。但三者之间又存在着明显的区别，主要体现在以下几个方面。

（一）反映的经济关系不同

发行主体不同，体现的经济关系也不同。股票是股份有限公司发行的，持有人是股份公司的股东，反映的是一种所有权关系。通过股票筹集的资金，完全由股份有限公司运用，股票持有人有权参与公司管理。债券是由政府、金融机构或公司（企业）发行的，体现的是债务关系，通过债券筹集的资金，不完全由债务人自主支配。证券投资基金是由基金发起人发行的，反映的是信托关系，基金的投资人不直接从事基金的运营，而是委托管理人进行运营。

（二）风险和收益水平不同

通常情况下，股票价格的波动性较大，是一种高风险、高收益的投资品种；债券可以给投资者带来较为确定的利息收入，波动性也较股票小，是一种低风险、低收益的投资品种；基金可以投资于众多金融工具或产品，能有效分散风险，是一种介于股票和债券之间风险相对适中、收益相对稳健的投资品种。

（三）募集资金的投向不同

股票、债券筹集的资金主要投向实业，是一种直接投资工具，而证券投资基金主要投向有价证券，是一种间接投资工具。如果说股票、债券属于一次投资范畴，证券投资基金则属于二次投资的范畴。

第二节 证券投资基金分类

随着证券市场及金融创新的不断发展，证券基金的种类也越来越多。

视频 4-2

证券投资基金分类 1

一、按证券投资基金组织形式分类

证券投资基金根据其组织形式不同，可分为契约型基金和公司型基金。

（一）契约型基金

契约型基金也称信托型基金，是根据一定的信托契约原理，将投资者和基金管理人、基金托管人三者作为信托关系的当事人通过签订基金契约的形式发行受益凭证而设立的一种基金。基金管理公司依据法律、法规和基金契约负责基金的经营和管理操作；基金托管人负责保管基金资产，执行管理人的有关指令，办理基金名下的资金往来；投资者通过购买基金单位享有基金投资收益。英国、日本多是契约型基金。我国颁布的《证券投资基金法》所指基金是契约型投资基金。

契约型证券投资基金筹集资金的方式一般是发行受益凭证，即基金证券。这是一种有价证券，表明投资人对信托投资的所有权，投资人凭其所有权参与投资收益分配。

（二）公司型基金

公司型基金是以公司形态组建，以发行股份的方式募集资金，一般投资者为认购基金而购买该公司的股份，凭借其持有的股份依法享有投资收益的一种基金形式。这种基金通过发行股份的方式筹集资金，是具有法人资格的经济实体。基金持有人既是基金投资者又是公司股东，按照公司章程的规定，享受权利、履行义务。公司型基金成立后，通常委托特定的基金管理公司运用基金资产进行投资并管理基金资产。基金资产的保管则委托另一金融机构，该机构的主要职责是保管基金资产并执行基金管理人指令。二者权责分明，基金资产独立于基金管理人和托管人的资产之外。美国的投资基金公司是公司型基金的代表。

（三）契约型基金与公司型基金的区别

契约型基金与公司型基金存在很大差别，主要表现在以下几个方面。

1.法律依据不同

契约型基金是依照基金契约组建的，信托法是契约型基金设立的依据；公司型基金是依照公司法组建的。契约型基金凭借基金契约经营基金财产；公司型基金则依据公司章程来经营。

2.法人资格不同

契约型基金是信托财产，不具有法人资格，而公司型基金是具有法人资格的股份有限公司。

3.投资者的地位不同

契约型基金的投资者作为信托契约中规定的受益人，对基金如何运用所作的重要投资决策通常不具有发言权；公司型基金的投资者作为公司的股东有权对公司的重大决策进行审批，发表自己的意见。

4.融资渠道不同

公司型基金由于具有法人资格，可以向银行借款；契约型基金因不具有法人资格，一般不向银行借款。

5.基金运营方式不同

公司型基金像普通的股份公司一样，除非依据公司法到了破产、清算阶段，否则公司一般都具有永久性；契约型基金则依据基金契约建立、运作，契约期满，基金运营也就终止。

二、按证券投资基金运作方式分类

根据基金运作方式的不同，证券投资基金可分为开放式基金和封闭式基金。

（一）开放式基金

开放式基金是指基金份额总额不固定，投资者可以按基金的报价在国家规定的营业场所中购买或赎回基金单位的基金。开放式基金的基金单位总额是可以追加的，不封闭的。投资者根据市场状况和自己的投资决策决定是否申购或赎回。

（二）封闭式基金

封闭式基金是指经核准的基金份额总额在基金合同期限内固定不变，基金份额可以在依法设立的证券交易所交易，但基金份额持有人不得申请赎回的基金。由于封闭式基金在封闭期内不能追加认购或赎回，投资者只能通过证券经纪商在二级市场上进行基金的买卖。封闭式基金的期限是指基金的存续期，即基金从成立到终止的时间。

（三）开放式基金和封闭式基金的区别

1.基金发行规模限制不同

封闭式基金在存续期内基金规模固定不变，未经法定程序认可，不能扩大基金规模。

开放式基金的规模是不固定的，一般在基金设立三个月后，投资者随时可以申购或赎回基金单位，没有发行规模限制。

2.基金份额交易方式不同

封闭式基金的基金份额在封闭期限内不能赎回，持有人只能在证券交易所出售给第三方。开放式基金的投资者可随时直接向基金管理公司或其代销机构申购或赎回基金，绝大多数开放式基金不上市交易。

3.基金份额交易价格计算标准不同

封闭式基金的交易价格受市场供求关系的影响，经常偏离基金单位资产净值，出现溢价或折价现象；开放式基金的交易价格取决于基金单位资产净值，不直接受市场供求影响。

4.投融资要求不同

封闭式基金可以发行优先股、债券或向银行贷款，而开放式基金则不能利用财务杠杆来筹资。

封闭式基金可以投资于未上市公司的股份，且在法律上对其投资的比例无限制，而开放式基金不能投资于未上市公司的股份或只能投资一个很小的比例。

5.投资策略不同

从理论上说，封闭式基金设立后，由于在整个封闭期的相当长时期内，资本规模固定，基金管理人可以进行长线投资。而开放式基金要随时应付投资者的申购和赎回，特别是为了防备投资者的赎回，必须留有部分现金及流动性强的资产，因此开放式基金的资产不能全部进行长线投资。在基金资产的流动性要求方面，开放式基金远远高于封闭式基金。

6.期限不同

封闭式基金通常有固定的存续期，目前我国封闭式基金的存续期为10年或15年，当期满时，要进行基金清盘。在基金持有人大会通过并经监管机构同意的情况下，可以延长存续期。而开放式基金没有固定的存续期，只要基金的运作得到基金持有人的认可，基金的规模也没有低于规定的最低标准，基金就可以一直存续下去。

7.基金份额资产净值公布时间不同

封闭式基金一般每周或更长时间公布一次；开放式基金一般在每个交易日连续公布。

三、按证券投资基金募集方式分类

根据基金募集方式的不同，证券投资基金可分为公募基金和私募基金。

（一）公募基金

公募基金是可以面向社会公众公开发售的基金。公募基金可以向社会公众公开发售基金份额和宣传推广，基金募集对象不固定；基金份额的投资金额要求较低，适合中小投资者参与；基金必须遵守有关的法律法规，接受监管机构的监管并定期公开相关信息。

（二）私募基金

私募基金又称非公开募集基金，是向特定的投资者发售的基金。私募基金不能进行公开发售和宣传推广，只能采取非公开方式发行；基金份额的投资金额较高，风险较大，监管机构对投资者的资格和人数会加以限制；基金的投资范围较广，在基金运作和信息披露方面所受的限制和约束较少。

（三）公募基金与私募基金的区别

1.募集对象与投资门槛不同

公募基金面向所有投资者，投资门槛普遍较低。私募基金仅面向合格投资者，在我国，《私募投资基金监督管理暂行办法》规定，私募基金的合格投资者是指具备相应风险识别能力和风险承担能力，投资于单只私募基金的金额不低于100万元且符合下列相关标准的单位和个人：①净资产不低于1 000万元的单位；②金融资产不低于300万元或者最近三年个人年均收入不低于50万元的个人。

2.产品规模不同

公募基金规模通常较大，单只基金的资产规模通常为几亿元至几百亿元人民币。

私募基金规模相对较小，单只基金的资产规模一般为几千万元至几亿元人民币。

3.投资范围不同

私募基金的证券投资范围比公募基金财产的证券投资范围更为广泛，主要区别在于能否购买其他基金份额等。

4.管理者收入来源不同

公募基金管理者的收入来源主要是固定管理费，其金额取决于基金规模及基金管理费率。私募基金管理者的收入来源主要是浮动管理费，管理人在基金净值利润中提取部分作为业绩报酬，一般为20%。

5.流动性

公募基金的流动性较私募基金更强，除封闭期外，可以随时申购或赎回。私募基金往往只在规定的开放期限才可以申购和赎回。

6.信息披露

公募基金的信息披露要求更为严格，通过季报、半年报、年报等定期报告公布产品投资运作的相关信息。私募基金的信息披露要求相对较低，只向特定的合格投资者披露产品信息，披露内容非公开发布。

四、按证券投资基金交易场所分类

根据基金交易场所不同，证券投资基金可分为场内基金和场外基金。

（一）场内基金

场内基金是指可以在证券交易所上市交易的证券投资基金。常见的场内基金有封闭式基金、上市型开放式基金（LOF）、交易型开放式基金（ETF）和分级基金等。场内基金有一级市场申购赎回和二级市场交易两种投资方式。

1.交易型开放式基金

交易型开放式基金（exchange traded fund，ETF）全称为"交易型开放式证券投资基金"，又称"交易所交易基金"，是一种在交易所上市交易的开放式基金。

按资产类别划分，ETF可分为股票ETF、债券ETF、商品ETF、货币ETF、外汇ETF和商品期货ETF。按投资市场划分，ETF可分为单市场ETF、跨市场ETF和跨境ETF。ETF联接基金是将绝大部分基金财产投资于某一ETF（称为目标ETF）、密切跟踪标的指数表现，可以在场外（银行渠道等）申购赎回的基金，是一种特殊的基金中基金。

ETF基金是高效的指数化投资工具，兼具封闭式基金、开放式基金和指数基金的特点：

（1）具有和封闭式基金一样的在交易所二级市场按照基金市场价格进行交易的制度。

（2）具有和开放式基金一样的独特的实物申购、赎回机制。在一级市场上，资金达到一定规模的投资者，申购ETF基金时使用一篮子股票换取ETF份额，赎回时则是换回一篮子股票而不是现金。这种交易方式使该类基金存在一级、二级市场之间的套利机制，可有效防止类似封闭式基金的大幅折价现象。

（3）被动操作的指数基金，完全复制指数，收益稳定，操作透明。

2. 上市型开放式基金

上市型开放式基金（listed open-ended fund，LOF）是指一种既可以在场外市场通过基金管理人或其委托的销售机构以基金份额净值进行基金份额申购、赎回，又可以在交易所（场内市场）以交易系统撮合成交价进行基金份额交易和基金份额申购或赎回，并通过转托管机制将场外市场与场内市场有机联系在一起的一种开放式基金。LOF基金使用现金按照"金额申购、份额赎回"的方式进行申赎。

3. 分级基金

分级基金又称结构型基金，是通过事先约定基金的风险收益分配，将基金基础份额分为预期风险收益不同的子份额，并可将其中部分或全部类别份额上市交易的结构化证券投资基金。其中，分级基金的基础份额称为母基金份额，预期风险和收益较低的子份额称为A类份额，此类份额一般约定年收益率与定存利率挂钩，具有低风险的特征；预期风险、收益较高的子份额称为B类份额，此类份额适合投资理念成熟、风险承受力较高的投资者。

（二）场外基金

场外基金是指不在证券交易所上市交易，在银行、证券公司、第三方理财平台或基金公司直销平台交易的基金。目前，绝大多数开放式基金（含LOF与ETF相对应的开放式基金份额）都是场外基金。

五、按证券投资基金投资标的分类

视频4-3

证券投资基金分类2

根据基金投资标的不同，证券投资基金可分为股票基金、债券基金、货币市场基金、混合型基金、指数基金、基础设施公募REITs、QDII基金、基金中基金、对冲基金等。

（一）股票基金

股票基金是指以股票为主要投资对象的证券投资基金。根据《公开募集证券投资基金运作管理办法》的规定，80%以上的基金资产投资于股票的，称为股票基金。股票基金在证券投资基金中通常属于高风险的品种，主要面临系统性风险、非系统性风险以及管理运作风险，适合以追求资本利得和长期资本增值为投资目标的投资者。

（二）债券基金

债券基金是指以债券为主要投资对象的证券投资基金。根据《公开募集证券投资基金运作管理办法》的规定，80%以上的基金资产投资于债券的，称为债券基金。债券基金波动幅度比股票基金小，风险较低，都有定期且稳定的配息，适合保守稳健的投资人。

按照债券基金的具体投资范围，债券基金又可以分为：

1.纯债基金

纯债基金仅投资于债券，是债性最为纯正的债券基金。

2.一级债基

一级债基除投资债券以外，还可以参与可转债的投资及新股打新，其波动性大于纯债基金。

3.二级债基

二级债基除了投资债券、可转债外，还可以投资不超过20%的股票，其预期收益和风险也相对较高。

4.可转债基金

可转债基金主要以可转债为投资标的，可转债同时兼具股性和债性，有着比较特殊的风险收益特征。

（三）货币市场基金

货币市场基金是指以货币市场工具为投资对象的一种基金，其投资对象期限较短，一般在1年以内，包括银行短期存款、国库券、公司短期债券、银行承兑票据及商业票据等货币市场工具。货币市场基金通常属于低风险的品种，长期收益率较低，流动性好，投资成本低，通常不收取申赎费用，是厌恶风险、对资产流动性和安全性要求较高的投资者进行短期投资的理想工具。

（四）混合型基金

混合型基金是指同时投资于股票与债券的基金。按混合基金的资产配置划分，可分为偏股型基金、偏债型基金、股债平衡型基金、灵活配置型基金等。混合型基金通常属于中等风险的品种，其预期风险与收益通常高于债券型基金和货币市场基金，低于股票基金，为投资者提供了一种在不同资产类别之间进行分散投资的工具，比较适合较为保守的投资者。

（五）指数基金

指数基金是指以特定指数为标的指数，并以该指数的成分证券为投资对象，通过购买该指数的全部或部分成分证券构建投资组合的基金产品。指数基金旨在使投资组合的变动趋势接近标的指数，以取得与标的指数大致相同的收益率。

1.指数基金按复制方式分类

指数基金按复制方式可以分为完全复制型指数基金和增强型指数基金。完全复制型指数基金力求按照基准指数中的证券成分和权重进行配置，以最大限度地减小跟踪误差为目标。增强型指数基金则在将大部分资产按照基准指数权重配置的基础上，也用一部分资产进行积极的投资，其目标为在紧密跟踪基准指数的同时获得高于基准指数的收益。

2.指数基金按交易机制分类

指数基金按交易机制可以分为封闭式指数基金、开放式指数基金、指数型ETF、指数型LOF等。

3.指数基金按代表性分类

指数基金按代表性可以分为宽基指数基金和窄基指数基金。宽基指数是指覆盖股票面广泛，具有相当代表性的指数，如沪深300指数、中证500指数、创业板指数等。窄基指数是除了宽基指数以外的风格指数、行业指数、主题指数等，窄基指数往往追踪单一行业和主题，目标更为集中。

（六）基础设施公募REITs

REITs是指不动产投资信托基金，是在证券交易所公开交易，通过证券化方式将具有持续、稳定收益的不动产资产或权益转化为流动性较强的上市证券的标准化金融产品。基础设施公募REITs是指依法向社会投资者公开募集资金形成基金财产，通过持有基础设施资产支持证券等特殊目的载体间接持有基础设施项目，由基金管理人等主动管理运营上述基础设施项目，并将绝大部分收益分配给投资者的标准化金融产品。按照规定，我国基础设施公募REITs在证券交易所上市交易。

基础设施资产支持证券是指依据《证券公司及基金管理公司子公司资产证券化业务管理规定》等有关规定，以基础设施项目产生的现金流为偿付来源，以基础设施资产支持专项计划为载体，向投资者发行的代表基础设施财产或财产权益份额的有价证券。基础设施项目主要包括仓储物流，收费公路、机场港口等交通设施，水电气热等市政设施，污染治理、信息网络、产业园区等其他基础设施。

（七）QDII基金

QDII（qualified domestic institutional investors，QDII）是合格的境内机构投资者，QDII基金是指在一国境内设立，经该国有关部门批准从事境外证券市场的股票、债券等有价证券投资的基金。基金投资海外，在全球市场寻求投资机会，享受世界各区域的经济成长带来的红利。

（八）基金中基金（FOF）

基金中基金（FOF）是指以其他证券投资基金为投资对象的基金，其投资组合由其他基金组成。目前，我国公募证券投资基金允许投资于公募基金本身。《公开募集证券投资基金运作管理办法》中规定，80%以上的基金资产投资于其他基金份额的，称为基金中基金。

（九）对冲基金

对冲基金是指利用期货、期权等金融衍生产品以及对相关联的不同股票进行买空卖空、风险对冲等操作，以规避和化解证券投资风险。

六、按证券投资基金投资目标分类

根据投资目标的差异，证券投资基金可以分为成长型基金、收入型基金和平衡型基金。

（一）成长型基金

成长型基金是以资本长期增值作为投资目标的基金，其投资对象主要是市场中有较大升值潜力的小公司股票和一些新兴行业的股票。这类基金一般很少分红，经常将投资所得的股息、红利和盈利进行再投资，以实现资本增值。

（二）收入型基金

收入型基金是以追求当期收入为投资目标的基金，其投资对象主要是那些绩优股、债券、可转让大额定期存单等收入比较稳定的有价证券。收入型基金一般把所得的利息、红利和盈利分配给投资者。

（三）平衡型基金

平衡型基金既是追求长期资本增值，又追求当期收入的基金。这类基金主要投资于债券、优先股和部分普通股。这些有价证券在投资组合中有比较稳定的组合比例，一般是把资产总额的25%~50%投资于优先股和债券，其余的用于普通股投资。其风险和收益状况介于成长型基金和收入型基金之间。

七、按证券投资基金资本地域分类

根据资本来源和运用的地域不同可划分为国内基金、国际基金、国家基金和离岸基金。

（一）国内基金

国内基金是指由国内投资者的资本组成的，投资于国内证券市场的投资基金。一般而言，国内基金在一国基金市场上应占主导地位。

（二）国际基金

国际基金是指基金资本来源于国内，但投资于国外证券市场的投资基金。国际基金按照投资地区的不同，又可分为区域基金和环球基金。

（三）国家基金

国家基金是指资本来源于国外，重点投资于国内或某相关国家市场的投资基金。

国家基金已成为发展中国家利用外资的一种较为理想的形式，一些资本市场没有对外开放或实行严格外汇管制的国家可以利用其来吸引外资。

（四）离岸基金

离岸基金（offshore fund）是指基金资本来源于国外，并投资于国外证券市场的投资基金。离岸基金的特点是两头在外。离岸基金的资产注册登记地不在母国。

国内基金、国际基金、国家基金和离岸基金的比较，见表4-1。

表4-1　　　　　国内基金、国际基金、国家基金和离岸基金的比较

基金类型 比较项	国内基金	国际基金	国家基金	离岸基金
筹资地	国内	国内	国外	国外
投资地	国内	国外	国内或相关国家市场	国外
注册登记地	国内	国内	国内或国外	国外

八、基金定投

基金定投是定期定额投资基金的简称，是指每隔固定时间，对某固定基金投资固定金额。采取基金定投的方式，投资人无需时常选择进场时机，只需预先设立每次投资的金额、投资时间和标的，然后根据计划按时投资，其间可随时申请暂停或赎回。

基金定投获利原则在于，利用平均成本法均摊成本，通过长期坚持定额投资，利用时间复利的效果来达到获利目的。基金定投具有参与门槛低、操作便捷、分散风险、投资灵活等特点。

适合定投的基金一般来说具有以下特点：（1）波动大。波动越大的基金，越能通过定投起到平滑成本的作用，比如指数基金和股票基金。本身波动小的货币市场基金、债券基金不适合定投。（2）估值低。基金定投选择目标基金时，要注重基金质地。目前主流的挑选方法是根据定投基金所跟踪指数的PE估值，估值越低的指数基金，越适合布局定投。

第三节 证券投资基金运作

视频4-4

证券投资基金运作

一、证券投资基金的当事人

（一）基金份额持有人

基金份额持有人即基金投资者，是基金的出资人、基金资产的所有者和基金投资回报的受益人。

一般来讲，基金份额持有人的权利包括对基金收益的享有权、对基金份额的转让权和在一定程度上对基金经营决策的参与权。《证券投资基金法》规定，基金份额持有人享有下列权利：（1）分享基金财产收益；（2）参与分配清算后的剩余基金财产；（3）依法转让或者申请赎回其持有的基金份额；（4）按照规定要求召开基金

份额持有人大会或者召集基金份额持有人大会；（5）对基金份额持有人大会审议事项行使表决权；（6）对基金管理人、基金托管人、基金服务机构损害其合法权益的行为依法提起诉讼；（7）基金合同约定的其他权利。

（二）基金管理人

基金管理人是负责基金发起设立与经营管理的专业性机构，不仅负责基金的投资管理，而且承担着基金产品设计、基金营销、基金注册登记、基金估值、会计核算和客户服务等多方面的职责。《证券投资基金法》规定，基金管理人由依法设立的公司或者合伙企业担任。公开募集基金的基金管理人，由基金管理公司或者经国务院证券监督管理机构按照规定核准的其他机构担任。基金管理人作为受托人，必须履行诚信义务。基金管理人的目标是受益人利益最大化，因此不得出于自身利益的考虑损害基金持有人的利益。

（三）基金托管人

基金托管人又称基金保管人，是根据法律法规的要求，在证券投资基金运作中承担资产保管、交易监督、信息披露、资金清算与会计核算等相应职责的当事人。基金托管人是基金持有人权益的代表，通常由有实力的商业银行或信托投资公司担任。基金托管人与基金管理人签订托管协议，在托管协议规定的范围内履行自己的职责并收取一定的报酬。《证券投资基金法》规定，基金托管人由依法设立的商业银行或者其他金融机构担任。

（四）基金当事人之间的关系

1.基金份额持有人与基金管理人的关系

基金份额持有人与基金管理人之间的关系是委托人、受益人与受托人的关系，也是所有者和经营者的关系。

2.基金管理人与基金托管人的关系

基金管理人与基金托管人的关系是相互制衡的关系。基金管理人是基金的组织者和管理者；基金托管人负责基金资产的保管，依据基金管理机构的指令处置基金资产并监督基金管理人的投资运作是否合法合规。

3.基金份额持有人与基金托管人的关系

基金份额持有人与基金托管人的关系是委托与受托的关系，也就是说，基金份额持有人将基金资产委托给基金托管人保管。

二、证券投资基金的募集

证券投资基金的募集是指基金管理公司根据有关规定向中国证监会提交募集申请文件、发售基金份额、募集基金的行为。基金的募集一般要经过基金募集注册申请、基金募集申请的注册、基金份额的发售、基金合同生效四个步骤。

（一）基金募集注册申请

《证券投资基金法》规定，注册公开募集基金，由拟任基金管理人向国务院证券监督管理机构提交相关文件。申请期间申请材料涉及的事项发生重大变化的，基金管理人应当自变化发生之日起5个工作日内向中国证监会提交更新材料。

（二）基金募集申请的注册

《证券投资基金法》规定，国务院证券监督管理机构应当自受理公开募集基金的募集注册申请之日起6个月内依照法律、行政法规及国务院证券监督管理机构的规定进行审查，作出注册或者不予注册的决定，并通知申请人；不予注册的，应当说明理由。基金募集申请经注册后，方可发售基金份额。常规基金产品，按照简易程序注册，注册审查时间原则上不超过20个工作日；其他产品，按照普通程序注册，注册审查时间不超过6个月。

（三）基金份额的发售

基金管理人应当自收到核准文件之日起6个月内进行基金份额的发售。超过6个月开始募集，原注册的事项未发生实质性变化的，应当报国务院证券监督管理机构备案；发生实质性变化的，应当向国务院证券监督管理机构重新提交注册申请。基金的募集不得超过中国证监会核准的基金募集期限，一般不得超过3个月。基金份额的发售，由基金管理人负责办理。基金管理人应当在基金份额发售的3日前公布招募说明书、基金合同及其他有关文件。

（四）基金合同生效

基金募集期限届满，开放式基金需满足募集份额总额不少于2亿份，基金募集金额不少于2亿元人民币，基金份额持有人的人数不少于200人；封闭式基金需满足募集的基金份额总额达到核准规模的80%以上，且基金份额持有人人数达到200人以上。

基金管理人应当自募集期限届满之日起10日内聘请法定验资机构验资。自收到验资报告之日起10日内，向中国证监会提交备案申请和验资报告，办理基金备案手续。

中国证监会自收到基金管理人验资报告和基金备案材料之日起3个工作日内予以书面确认；自中国证监会书面确认之日起，基金备案手续办理完毕，基金合同生效。基金管理人应当在收到中国证监会确认文件的次日予以公告。

三、证券投资基金的认购

（一）开放式基金的认购

投资人认购开放式基金，一般通过基金管理人或基金管理人委托的商业银行、证券公司、期货公司、保险机构、证券投资咨询机构、独立基金销售机构以及经国务院证券监督管理机构认定的其他机构办理。

开放式基金的认购采取金额认购的方式，即投资者在办理认购申请时，以金额申请。基金注册登记机构在基金认购结束后，再按基金份额的认购价格，并考虑认购费用后将申请认购基金的金额换算为投资者应得的基金份额。投资者T日提交认购申请后，一般可于T+2日后到办理认购的网点查询或网上查询认购申请的受理情况。

在基金份额认购上存在两种收费模式。（1）前端收费模式：在认购基金份额时就支付认购费用的付费模式。（2）后端收费模式：在认购基金份额时不收费，在赎回基金份额时才支付认购费用的收费模式。目前，我国股票基金的认购费率一般按照认购金额设置不同的标准，最高一般不超过1.5%，债券型基金的认购费率通常在1%以下，货币型基金一般认购费为0。

投资者在基金首次发行期内的购买，称为"认购"；在基金成立以后的日常购买，称为"申购"。

（二）封闭式基金的认购

封闭式基金的认购方式比开放式基金简单，投资者只能在基金发行期内认购，认购手续和方式与开放式基金一样，认购价格也按面额计算（另外加计认购费用）。发行期过后，投资者若要拥有这类基金，则只能通过在证券二级市场上竞价购买，其价格按当日挂牌的交易价计算。

四、证券投资基金资产的估值

（一）基金资产估值的概念

基金资产估值是指通过对基金所拥有的全部资产及全部负债按一定的原则和方法进行估算，进而确定基金资产公允价值的过程。基金资产总值是指基金所拥有的各类证券的价值、银行存款本息、基金应收的申购基金款以及其他投资所形成的价值总和。从基金资产中扣除基金所有负债即是基金资产净值。基金资产净值除以基金当前的总份额，就是基金单位资产净值。用公式表示为：

基金资产净值=基金资产–基金负债

基金单位资产净值=基金资产净值/基金总份额

基金单位资产净值是计算投资者申购基金份额、赎回资金金额的基础，是评价基金投资业绩的基础指标之一，也是基金份额交易价格的内在价值和计算依据。

（二）基金资产估值的原则

（1）对存在活跃市场且能够获取相同资产或负债报价的投资品种，在估值日有报价的，除会计准则规定的例外情况外，应将该报价不加调整地应用于该资产或负债的公允价值计量。

估值日无报价且最近交易日后未发生影响公允价值计量的重大事件的，应采用最近交易日的报价确定公允价值。

有充足证据表明估值日或最近交易日的报价不能真实反映公允价值的，应对报价进行调整，确定公允价值。

（2）对不存在活跃市场的投资品种，应采用在当前情况下适用并且有足够可利用数据和其他信息支持的估值技术确定公允价值。

（3）如经济环境发生重大变化或证券发行人发生影响证券价格的重大事件，使潜在估值调整对前一估值日的基金资产净值的影响在0.25%以上的，应对估值进行调整并确定公允价值。

五、证券投资基金的申购与赎回

（一）认购份额的计算

认购份额取决于基金单位面值、认购费率和认购金额三个因素。

认购费用=认购金额×认购费率

净认购金额=认购金额-认购费用

认购份额=净认购金额/基金单位面值

（二）申购份额的计算

开放式基金多采用未知价交易，因此投资者要按投资金额进行申购。基金申购份额的计算公式如下：

申购费用=申购金额×申购费率

净申购金额=申购金额-申购费用

申购份额=净申购金额/T日基金单位净值

（三）赎回金额的计算

基金持有人赎回基金单位时，采用未知价法，先以份额赎回，然后换算成基金金额。基金的赎回支付金额等于赎回总金额减去赎回费用，计算公式如下：

赎回总金额=赎回份数×T赎回日基金单位净值

赎回费用=赎回总金额×赎回费率

赎回支付金额=赎回总金额-赎回费用

六、证券投资基金的费用和收入

（一）基金运作中的费用

（1）基金销售过程中发生的由基金投资者自己承担的费用，主要包括申购费、赎回费及基金转换费。这些费用直接从投资者申购、赎回或转换的金额中收取。

（2）基金管理过程中发生的费用，主要包括基金管理费、基金托管费、持有人大会费用、信息披露费等。这些费用由基金资产承担。

（二）基金运作中的收入

证券投资基金收入是基金资产在运作过程中产生的各种收入，主要包括利息收入、投资收益以及其他收入。基金资产估值引起的资产价值变动作为公允价值变动损益计入当期损益。

（三）基金利润分配方式

证券投资基金利润是指基金在一定会计期间的经营成果，利润（也称"收益"）包括收入减去费用后的净额、直接计入当期利润的利得和损失等，也被称为基金收益。证券投资基金在获取投资收入扣除费用后，应当将利润分配给受益人。

1.封闭式基金

根据规定，封闭式基金只能采用现金分红。

2.开放式基金

开放式基金的分红方式有现金分红和红利再投资转换为基金份额两种。根据有关规定，一般开放式基金收益分配默认的方式应当是现金分红。开放式基金的基金份额持有人可以事先选择将所获分配的现金收益，转为基金份额，即选择分红再投资；基金份额持有人事先未作出选择的，基金管理人应当支付现金。

3.货币市场基金

根据《货币市场基金监督管理办法》，对于每日按照面值进行报价的货币市场基金，可以在基金合同中将收益分配的方式约定为红利再投资，并应当每日进行收益分配。

七、证券投资基金的投资范围与投资限制

（一）证券投资基金的投资范围

《证券投资基金法》规定，基金财产应当用于下列投资：（1）上市交易的股票、债券；（2）国务院证券监督管理机构规定的其他证券及其衍生品种。目前我国的证券投资基金主要投资于国内依法公开发行上市的股票、非公开发行的股票、国债、企业债券和金融债券、公司债券、货币市场工具、资产支持证券等。

（二）证券投资基金的投资限制

按照《证券投资基金法》和其他相关法规的规定，基金财产不得用于下列投资或者活动：（1）承销证券；（2）违反规定向他人贷款或者提供担保；（3）从事承担无限责任的投资；（4）买卖其他基金份额，但是国务院证券监督管理机构另有规定的除外；（5）向基金管理人、基金托管人出资；（6）从事内幕交易、操纵证券交易价格及其他不正当的证券交易活动；（7）法律、行政法规和国务院证券监督管理机构规定禁止的其他活动。

基金管理人运用基金财产进行证券投资，不得有下列情形：

（1）一只基金持有一家公司发行的证券，其市值超过基金资产净值的10%；

（2）同一基金管理人管理的全部基金持有一家公司发行的证券，超过该证券的10%；

（3）基金财产参与股票发行申购，单只基金所申报的金额超过该基金的总资产，单只基金所申报的股票数量超过拟发行股票公司本次发行股票的总量；

（4）一只基金持有其他基金（不含货币市场基金），其市值超过基金资产净值的10%，但基金中基金除外；

（5）基金中基金持有其他单只基金，其市值超过基金资产净值的20%，或者投资于其他基金中基金；

（6）基金总资产超过基金净资产的140%；

（7）违反基金合同关于投资范围、投资策略和投资比例等约定；

（8）中国证监会规定禁止的其他情形。

理论应用 ☑ ....●

视频4-5

证券投资基金信息查询方法

综合练习 ☑ ....●

1.以下哪项不是证券投资基金的特征（   ）。

A.集合理财，专业管理

B.组合投资，分散风险

C.独立托管，风险共担

D.保证本金，固定收益

2.关于证券投资基金与股票、债券的说法错误的是（   ）。

A.反映的经济关系不同

B.风险和收益水平不同

C.募集资金的投向不同

D.证券投资基金是一种直接投资工具，而股票和债券是间接投资工具

3.根据组织形式，证券投资基金可以分为（   ）。

A.契约型基金和公司型基金

B.开放式基金和封闭式基金

C.公募基金和私募基金

D.场内基金和场外基金

4.开放式基金的交易价格取决于（   ）。

A.供求关系

B.基金净资产

C.基金单位资产净值

D.基金总资产值

5.在一般情况下，按照风险从小到大顺序，债券、开放式基金和封闭式基金应依次排列为（   ）。

A.债券、开放式基金、封闭式基金

B.开放式基金、封闭式基金、债券

C.封闭式基金、开放式基金、债券

D.封闭式基金、债券、开放式基金

6.关于公募基金和私募基金的说法错误的是（   ）。

A. 募集对象与投资门槛不同

B. 产品规模不同

C. 投资范围不同

D. 对公募基金的信息披露要求相对较低，对私募基金的信息披露要求更为严格

7. 关于场内基金和场外基金的说法错误的是（　　）。

A. 场内基金可以在证券交易所上市交易

B. 场外基金在银行、证券公司、第三方理财平台或基金公司直销平台交易

C. 场内基金包括封闭式基金、上市型开放式基金（LOF）、交易型开放式基金（ETF）和分级基金等

D. 场外基金的流动性比场内基金更强

8. 下列关于 ETF 说法错误的是（　　）。

A. 申购时用一篮子股票进行申购

B. 可以在二级市场交易

C. 具有开放式、封闭式和指数基金的特点

D. 赎回时用现金赎回

9. 货币市场基金的投资对象不包括（　　）。

A. 同业存款、国库券

B. 公司短期债券

C. 银行中长期存款

D. 银行承兑汇票及商业票据

10. 侧重于追求资本利得和长期资本增值的基金是（　　）。

A. 国债基金

B. 股票基金

C. 平衡基金

D. 货币市场基金

11. 基金持有人与基金管理人之间的关系是（　　）。

A. 债权债务关系

B. 所有者与经营者的关系

C. 经营与监管的关系

D. 持有与托管的关系

12. 目前，我国证券投资基金的发起设立实行（　　）。

A. 注册制

B. 核准制

C. 备案制

D. 审批制

13. 关于证券投资基金募集的说法错误的是（　　）。

A. 基金管理人应当自收到核准文件之日起6个月内进行基金份额的发售

B. 基金募集申请经中国证监会注册后方可发售基金份额

C. 基金募集期限一般不得超过3个月

D. 基金募集申请的注册审查时间原则上不超过20个工作日

14.关于开放式基金认购的说法正确的是（   ）。

A. 认购份额的计算方式为认购金额除以基金单位面值

B. 认购费用 = 认购金额×认购费率

C. 投资者在基金成立后购买基金份额称为认购

D. 后端收费模式在认购时收取认购费用

15.关于基金资产估值的说法错误的是（   ）。

A. 基金资产净值 = 基金资产 – 基金负债

B. 基金单位资产净值是评价基金投资业绩的基础指标之一

C. 基金资产估值仅适用于存在活跃市场的投资品种

D. 基金资产估值需考虑经济环境变化或证券发行人重大事件的影响

课程思政 ✓ ---------------------------------•

视频4-6

基础设施REITs的投资风险

第五章

金融衍生产品

思维导图

第五章 金融衍生产品

- 金融衍生产品概述
  - ③ 金融衍生产品的定义和基本特征
    - ③ 定义
    - ③ 基本特征
  - ② 金融衍生产品的分类
    - ② 按照产品形态划分
    - ② 按照交易场所划分
    - ② 按照自身交易方法和特点划分
    - ② 按照基础产品种类划分
- 金融期货
  - ① 金融期货品种分类
    - ① 外汇期货
    - ① 利率期货
    - ① 股权类期货
  - ① 金融期货交易制度
    - 保证金制度
    - 无负债结算制度
    - ① 限仓制度和大户报告制度
    - 每日价格波动限制
    - ① 强行平仓制度和强制减仓制度
  - ① 金融期货的功能
    - 套期保值功能
    - 价格发现功能
    - 投机功能
    - ① 套利功能
- 金融期权
  - ② 金融期权的分类
    - ② 按照选择权的性质划分
    - ② 按照合约所规定的履约时间划分
    - ② 按照金融期权基础资产的性质划分
    - ② 按照执行期权所获得的收益情况划分
  - 股票期权交易策略及其风险收益结构
    - ① 买入看涨期权
    - ① 卖出看涨期权
    - ① 买入看跌期权
    - ① 卖出看跌期权
  - ① 金融期权与金融期货区别
    - ① 基础资产不同
    - ① 交易者权利与义务的对称性不同
    - ① 履约保证不同
    - ① 现金流转不同
    - ① 盈亏特点不同
    - ① 套期保值的作用与效果不同
- 可转换证券
  - ② 可转换证券的定义及分类
  - ③ 可转换债券的发行原因及其优缺点
    - 公司发行可转换债券的主要原因
    - 可转换债券的优缺点
  - ① 可转换债券的基本要素
    - ① 转换比例
    - ① 转换价格
    - ① 转换期限
    - ① 转换价值
    - ① 可转换公司债券的附加条款
- 权证
  - ③ 权证的定义
  - ③ 权证的类型
    - 按发行人不同可分为股本权证和备兑权证
    - 按买卖方向分为认购权证和认沽权证
    - ③ 按权利行使期限分为欧式权证和美式权证
  - ③ 权证的要素

①掌握；②熟悉；③了解。

1.掌握金融期货的制度和功能；金融期权的风险收益结构；金融期权与金融期货的区别。

2.熟悉金融衍生产品分类；金融期权含义、分类、要素。

3.了解金融衍生产品的含义和基本特征；权证含义、分类和要素。

1.引导学生思考金融衍生产品对国家经济发展和金融稳定的影响，激发学生的家国情怀和社会责任感。

2.强调金融行业的职业道德和社会责任，认识到在金融衍生产品的交易、设计与监管过程中保持职业操守、遵守法律法规、维护市场公平公正的重要性，杜绝违规操作和内幕交易等行为。

3.引导学生树立正确的财富观和风险意识，认识到金融衍生产品的本质和作用，避免过度投机和盲目逐利，培养诚信、稳健的投资理念。

第一节 金融衍生产品概述

一、金融衍生产品的定义和基本特征

（一）定义

金融衍生产品是与基础金融产品相对应的一个概念，指建立在基础工具或基础变量之上，其价格取决于基础金融产品价格（或数值）变动的派生金融产品。这里所说的基础工具是一个相对的概念，不仅包括现货金融产品（债券、股票、银行定期存单等），也包括金融衍生产品。金融衍生产品的基础变量种类繁多，主要是各类资产价格、价格指数、利率、汇率、费率、通货膨胀率以及信用等级。近年来，某些自然现象（如气温、降雪量、飓风），甚至人类行为（如选举、温室气体排放），也逐渐成为金融衍生产品的基础变量。

（二）基本特征

从金融衍生产品的定义可以看出，它们具有下列四个显著特征。

1.跨期性

金融衍生产品是交易双方通过对利率、汇率、股价等因素变动趋势的预测，约定在未来某一时间按照一定条件进行交易或选择是否交易的合约。金融衍生产品会影响交易者在未来一段时间内或未来某节点的现金流，因此跨期交易特点十分突出。

2.联动性

金融衍生产品的价值与基础工具或基础变量紧密联系、规律变动。

3.杠杆性

金融衍生产品交易一般只需要支付少量的保证金或权利金就可签订远期大额合

约或互换不同的金融工具。

4.不确定性或高风险性

金融衍生产品的联动性和杠杆性在一定程度上决定了它的高投机性和高风险性。基础工具或基础变量价格的轻微变动就会带来交易者的大幅盈亏，产生较大风险。

金融衍生产品还可能有以下风险：

（1）交易双方中的某方违约的信用风险。

（2）因为资产或指数价格变动导致损失的市场风险。

（3）因为缺少交易对手而不能平仓或变现的流动性风险。

（4）因为交易对手无法按时付款或者按时交割带来的结算风险。

（5）因为操作人员人为错误或系统故障或控制失灵导致的操作风险。

（6）因为合约不符合所在国法律带来的法律风险。

二、金融衍生产品的分类

（一）按照产品形态划分

按照产品形态划分，金融衍生产品可以分为独立衍生产品和嵌入式衍生产品。

1.独立衍生产品

独立衍生产品是指本身为独立存在的金融合约，如期权合约、期货合约或者互换合约等。

2.嵌入式衍生产品

嵌入式衍生产品是指嵌入非衍生合约（简称"主合约"）中的衍生产品，该衍生产品使主合约的部分或全部现金流量将按照特定利率、金融工具价格、汇率、价格或利率指数、信用等级或信用指数，或类似变量的变动而发生调整，例如，公司债券条款中包含的赎回条款、返售条款、转股条款、重设条款等。

（二）按照交易场所划分

按照交易场所，金融衍生产品可分为交易所交易的金融衍生产品和场外交易市场交易的金融衍生产品。

1.交易所交易的金融衍生产品

交易所交易的金融衍生产品是指在有组织的交易所上市交易的金融衍生产品。例如，在股票交易所交易的股票期权产品，在期货交易所交易的各类期货产品、期权合约等。

2.场外交易市场（OTC）交易的金融衍生产品

场外交易市场（OTC）交易的金融衍生产品是指通过各种通信方式，而不通过集中的交易所，实行分散的、一对一交易的金融衍生产品。例如，金融机构之间、金融机构与大规模交易者之间进行的各类互换交易和信用衍生品交易。

（三）按照自身交易方法和特点划分

按照自身交易方法和特点，金融衍生产品可划分为金融远期合约、金融期货、金融期权、金融互换和结构化金融衍生产品。

1.金融远期合约

金融远期合约是指交易双方在场外市场上通过协商，按约定价格（远期价格）在约定的未来日期（交割日）买卖某种金融资产（或金融变量）的合约。远期合约规定了将来交割的资产、交割的日期、交割的价格和数量，合约条款根据双方需求协商确定。远期合约主要包括远期利率协议、远期外汇合约和远期股票合约。

2.金融期货

金融期货是指交易双方在集中的交易场所以公开竞价的方式进行的标准化金融期货合约的交易。金融期货是以金融工具（金融变量）为基础产品的期货交易，主要包括货币期货、利率期货、股票指数期货和股票期货四种。

3.金融期权

金融期权是指买方向卖方支付一定的费用，称为期权费或期权的价格，买方在约定期间内（或约定日期）享有按事先约定的价格向合约卖方买卖某种金融产品的权利的契约，它包括现货期权和期货期权两大类。

4.金融互换

金融互换是指两个或两个以上当事人按共同商定的条件，在约定的时间内交换现金流的金融交易。它可分为货币互换、利率互换、股权互换和信用违约互换等。

5.结构化金融衍生产品

前四种常见的金融衍生工具通常也被称为建构模块工具，它们是最简单和最基础的金融衍生工具；而利用其结构化特征，通过互相结合或者与基础金融工具相结合，能够开发设计出更多具有复杂特性的金融衍生产品，这类金融衍生产品通常被称为结构化金融衍生产品。

（四）按照基础产品种类划分

从基础产品的角度，金融衍生产品可以划分为股权类金融衍生产品、货币衍生产品、利率衍生产品、信用衍生产品及其他衍生产品。

1.股权类金融衍生产品

股权类金融衍生产品是指以股票或股票价格指数为基础产品的衍生产品，主要包括股票期货、股票期权、股票价格指数期货、股票价格指数期权以及上述合约的混合交易合约。

2.货币衍生产品

货币衍生产品是指以各种货币为基础产品的衍生产品，主要包括远期外汇合约、货币期货、货币期权、货币互换以及上述合约的混合交易合约。

3.利率衍生产品

利率衍生产品是指以利率或利率载体为基础产品的金融衍生产品，主要包括远期利率协议、利率期货、利率期权、利率互换以及上述合约的混合交易合约。

4.信用衍生产品

信用衍生产品是以基础产品所蕴含的信用风险或违约风险为基础变量的金融衍

生产品，用于转移或防范信用风险。它是20世纪90年代以来发展最为迅速的一类衍生产品，主要包括信用违约互换、信用联结票据等。

5.其他衍生产品

除了以上四类金融衍生产品外，还有相当数量的金融衍生产品是在非金融变量的基础上开发的，如用于管理气温变化风险的天气期货、管理政治风险的政治期货、管理巨灾风险的巨灾衍生产品等。

第二节 金融期货

视频 5-1

金融期货

一、金融期货品种分类

（一）外汇期货

外汇期货又称"货币期货"，是以外汇为基础工具的期货合约，是交易双方约定在未来某一时间，依据现在约定的比例，以一种货币兑换另一种货币的标准化合约的交易，是金融期货中最先产生的品种，主要用于规避外汇风险。外汇期货是仅限于可自由兑换成其他国家货币的货币期货，如日元、美元、英镑等期货。

（二）利率期货

利率期货是指以利率类金融工具为期货合约标的物的期货品种。用作利率期货合约标的的利率类金融工具通常有定期存单、同业拆借资金、短期国债（国库券）、中长期国债等。利率期货品种主要包括：

1.债券期货

以国债期货为主的债券期货是各主要交易所最重要的利率期货品种。1992年12月18日，上海证券交易所开办国债期货交易，并于1993年10月25日向社会公众开放，此后，深圳证券交易所、北京商品交易所也向社会推出了国债期货交易。1995年2月23日，现货市场存在的固有缺陷以及期货交易规则的不完善，引发了"327国债期货事件"，造成市场秩序紊乱。1995年5月17日，中国证监会决定暂停国债期货试点。"327国债期货事件"之后的18年，2013年9月6日，中国金融期货交易所5年期国债期货合约正式上市。2015年3月和2018年8月，中国金融期货交易所又分别推出了10年期和2年期的国债期货合约，2023年4月中国金融期货交易所推出了30年期国债期货合约。30年期国债期货的推出标志着我国国债期货市场已经对国债现券市场做到了短期、中期、长期和超长期的期限全覆盖。

2年期、5年期和30年期国债期货合约内容，分别见表5-1、表5-2和表5-3。

2.主要参考利率期货

在国际金融市场上，存在若干重要的参考利率，它们是市场利率水平的重要指标，同时也是金融机构制定利率政策和设计金融工具的主要依据。除国债利率外，常见的参考利率包括伦敦银行间同业拆放利率、香港银行间同业拆放利率、欧洲美元定期存款单利率、联邦基金利率。

表5-1　　　　　　　　　　　　**2年期国债期货合约**

合约标的	面值为200万元人民币、票面利率为3%的名义中短期国债
可交割国债	发行期限不高于5年，合约到期月份首日剩余期限为1.5~2.25年的记账式附息国债
报价方式	百元净价报价
最小变动价位	0.002元
合约月份	最近的三个季月（3月、6月、9月、12月中的最近三个月循环）
交易时间	9：30—11：30，13：00—15：15
最后交易日交易时间	9：30—11：30
每日价格最大波动幅度	上一交易日结算价的±0.5%
最低交易保证金	合约价值的0.5%
最后交易日	合约到期月份的第二个星期五
最后交割日	最后交易日后的第三个交易日
交割方式	实物交割
交易代码	TS
上市交易所	中国金融期货交易所

表5-2　　　　　　　　　　　　**5年期国债期货合约**

合约标的	面值为100万元人民币、票面利率为3%的名义中期国债
可交割国债	合约到期月份首日剩余期限为4~5.25年的记账式附息国债
报价方式	百元净价报价
最小变动价位	0.005元
合约月份	最近的三个季月（3月、6月、9月、12月中的最近三个月循环）
交易时间	9：30—11：30，13：00—15：15
最后交易日交易时间	9：15—11：30
每日价格最大波动幅度	上一交易日结算价的±1.2%
最低交易保证金	合约价值的1%
最后交易日	合约到期月份的第二个星期五
最后交割日	最后交易日后的第三个交易日
交割方式	实物交割
交易代码	TF
上市交易所	中国金融期货交易所

表5-3   30年期国债期货合约

合约标的	面值为100万元人民币、票面利率为3%的名义超长期国债
可交割国债	发行期限不高于30年，合约到期月份首日剩余期限不低于25年的记账式附息国债
报价方式	百元净价报价
最小变动价位	0.01元
合约月份	最近的三个季月（3月、6月、9月、12月中的最近三个月循环）
交易时间	9：30—11：30，13：00—15：15
最后交易日交易时间	9：30—11：30
每日价格最大波动幅度	上一交易日结算价的±3.5%
最低交易保证金	合约价值的3.5%
最后交易日	合约到期月份的第二个星期五
最后交割日	最后交易日后的第三个交易日
交割方式	实物交割
交易代码	TL
上市交易所	中国金融期货交易所

（三）股权类期货

股权类期货是以单只股票、股票组合或者股票价格指数为基础资产的期货合约。其主要种类有：

1.单只股票期货

单只股票期货是以单只股票作为基础工具的期货，买卖双方约定，以约定的价格在合约到期日买卖规定数量的股票。事实上，股票期货均实行现金交割，买卖双方只需要按规定的合约乘数乘以价差，以现金方式进行交割。为防止操纵市场行为，并不是所有上市交易的股票均有期货交易的，交易所通常会选取流通盘较大、交易比较活跃的股票推出相应的期货合约，并且对投资者的持仓数量进行限制。

2.股票组合期货

股票组合的期货是以标准化的股票组合为基础资产的金融期货，自2005年起有3只交易所交易基金的期货在芝加哥商业交易所上市交易，2011年之后，由于这些合约交易不活跃，芝加哥商业交易所已经停止这些交易所交易基金的期货交易。

3.股票价格指数期货

股票价格指数期货是以股票价格指数为基础变量的期货交易，是为适应人们控制股市风险——尤其是系统性风险——的需要而产生的。股票价格指数期货的交易单位等于基础指数的数值与交易所规定的每点价值之乘积，采用现金结算。

截至2024年12月，中国金融期货交易所上市交易的股票价格指数期货主要品种有沪深300股指期货、上证50股指期货、中证500股指期货、中证1000股指期货。

沪深300股指期货合约、中证1000股指期货合约内容，分别见表5-4、表5-5。

表5-4
沪深300股指期货合约

合约标的	沪深300指数
合约乘数	每点人民币300元
报价单位	指数点
最小变动价位	0.2点
合约月份	当月、下月及随后两个季月
交易时间	09：30—11：30，13：00—15：00
每日价格最大波动限制	上一个交易日结算价的±10%
最低交易保证金	合约价值的8%
最后交易日	合约到期月份的第三个星期五，遇国家法定假日顺延
交割日期	同最后交易日
交割方式	现金交割
交易代码	IF
上市交易所	中国金融期货交易所

表5-5
中证1000股指期货合约

合约标的	中证1000指数
合约乘数	每点人民币200元
报价单位	指数点
最小变动价位	0.2点
合约月份	当月、下月及随后两个季月
交易时间	09：30—11：30，13：00—15：00
每日价格最大波动限制	上一个交易日结算价的±10%
最低交易保证金	合约价值的8%
最后交易日	合约到期月份的第三个星期五，遇国家法定假日顺延
交割日期	同最后交易日
交割方式	现金交割
交易代码	IM
上市交易所	中国金融期货交易所

二、金融期货交易制度

金融期货交易有一定的交易规则，这些规则是期货交易正常进行的制度保证，也是期货市场运行机制的外在体现。

（一）保证金制度

保证金制度是指在期货交易中，任何一个交易者必须按照其所买卖期货合约价值的一定比例缴纳资金，作为结算和履约保证。

金融期货保证金交易制度具有一定的杠杆性。保证金的水平由期货交易所或结算所制定，一般初始保证金的比率为期货合约价值的5%～10%，但也有低至1%或高达18%的情况。保证金比率很低，使套期保值者能用少量的资金为价值量很大的现货资产找到规避价格风险的手段；为投机者提供了用少量资金获取盈利的机会。保证金制度的杠杆效应在放大收益的同时也成倍地放大风险，在发生极端行情时，投资者的亏损额甚至有可能超过所投入的本金。保证金的收取是分级进行的，可分为期货交易所向会员收取的保证金和期货经纪公司向客户收取的保证金，即分为会员保证金和客户保证金。保证金应当以货币资金缴纳，可以用上市流通国库券、标准仓单折抵期货保证金。客户保证金的收取比例由期货经纪公司自主规定。

一般将保证金分为初始保证金、维持保证金和追加保证金。在金融期货交易中买卖双方成交时缴纳的保证金叫初始保证金，以后每天都要以结算所公布的结算价格与成交价格加以对照，调整保证金账户余额。保证金账户必须保持一个最低的水平，称为维持保证金，该水平由交易所规定。当保证金余额不足以维持最低水平时，结算所会通过经纪人发出追加保证金的通知，要求交易者在规定时间内追缴保证金达至初始保证金水平。交易者如果不能在规定时间内补足保证金，期货交易所有权将交易者的期货合约平仓了结，所导致的亏损由交易者负责。

（二）无负债结算制度

结算所实行无负债的每日结算制度，又称逐日盯市制度，就是以每种期货合约在交易日收盘前最后几分钟或一段时间的平均成交价作为当日结算价，与每笔交易成交时的价格作对照，计算每个结算所会员账户的浮动盈亏，进行随市清算。逐日盯市制度以1个交易日为最长的结算周期，对所有账户的交易头寸按不同到期日分别计算，并要求所有的交易盈亏都能及时结算，从而能及时调整保证金账户，控制市场风险。这种结算制度使期货市场不存在潜在的信用风险，提高了期货市场的流动性和安全性。

（三）限仓制度和大户报告制度

限仓制度是交易所为了防止市场风险过度集中和防范操纵市场的行为，而对交易者持仓数量加以限制的制度。根据不同的目的，限仓可以采取根据保证金数量规定持仓限额、对会员的持仓量限制和对客户的持仓量限制等几种形式。通常，限仓制度还实行近期月份严于远期月份、对套期保值者与投机者区别对待、对机构与散户区别对待、总量限仓与比例限仓相结合、相反方向头寸不可抵销等原则。

大户报告制度是交易所建立限仓制度后，当会员或客户的持仓量达到交易所规定的数量时，必须向交易所申报有关开户、交易、资金来源、交易动机等情况，以便交易所审查大户是否有过度投机和操纵市场行为，并判断大户的交易风险状况的风险控制制度。通常，交易所规定的大户报告限额小于限仓限额，所以大户报告制度是限仓制度的一道屏障，以防止大户操纵市场的违规行为。

限仓制度和大户报告制度是降低市场风险，防止人为操纵，提供公开、公平、公正市场环境的有效机制。

（四）每日价格波动限制

为防止金融期货价格出现过大的非理性变动，交易所通常对每个交易时段允许的最大波动范围作出规定。每日价格最大波动限制是指期货合约在一个交易日中的交易价格不得高于或者低于规定的涨跌幅度，超过该涨跌幅度的报价将被视为无效，不能成交。

（五）强行平仓制度和强制减仓制度

强行平仓制度是与持仓限额制度和涨跌停板制度等相互配合的风险管理制度。强行平仓制度是指当会员或客户的交易保证金不足并未在规定时间内补足，或者当会员或客户的持仓数量超出规定的限额时，交易所或期货经纪公司为了防止风险进一步扩大，强制平掉会员或客户相应的持仓。

强制减仓是指交易所将当日以涨跌停板价格申报的未成交平仓报单，以当日涨跌停板价格与该合约净持仓盈利非期货公司会员、客户按照持仓比例自动撮合成交。申报平仓数量是指在D2交易日收市后，已经在交易所系统中以涨跌停板价格申报未成交的，且非期货公司会员、客户合约的单位净持仓亏损大于等于D2交易日结算价一定比例（股指期货为10%，2年期国债期货为0.5%，5年期国债期货为1.2%，10年期国债期货为2%，30年期国债期货为3.5%）的所有持仓。同一非期货公司会员、客户在同一合约上双向持仓的，其净持仓部分的平仓报单参与强制减仓计算，其余平仓报单与其反向持仓自动对冲平仓。进行强制减仓造成的损失由会员、客户承担。

三、金融期货的功能

金融期货具有四项基本功能：套期保值功能、价格发现功能、投机功能和套利功能。

（一）套期保值功能

套期保值功能利用金融期货进行套期保值，就是在现货市场和期货市场对同一种类的金融商品同时进行数量相等但方向相反的买卖活动，即在买进或卖出金融商品的同时，在期货市场上卖出或买进同等数量的金融期货，经过一段时间，当价格变动使现货买卖上出现盈亏时，可由期货交易上的亏盈得到抵销或弥补，从而在"现"与"期"之间、近期和远期之间建立一种对冲机制，以使价格风险降低到最低限度。

套期保值的理论基础是：在正常市场条件下，现货和期货市场受同一供求关系的影响，所以这两个市场价格同涨同跌，走势趋同。但是由于在这两个市场上操作相反，所以盈亏相反，期货市场的盈利可以弥补现货市场的亏损，或者现货市场的升值由期货市场的亏损抵销。下面以股指期货为例具体说明。

1.空头套期保值

空头套期保值者主要是已持有股票的个人或机构，也可能是预期将持有股票的个人或机构。当他们预期未来股价将出现下跌时，便采用空头套期保值，在股指期货市场上卖出合约。一旦股指下挫，他们便可对冲原合约，从中获利，以降低现货交易中的损失。例如：某投资者在香港股市持有总市值为200万元港币的10种上市股票。该投资者预计金融危机可能会引发香港股市的整体下跌，为规避风险，进行套期保值，在13 000点的价位上卖出3份3个月到期的恒生指数期货。随后的两个月，股价果然大幅下跌，该投资者持有股票的市值由200万元港币贬值为155万元港币，股票现货市场损失45万元港币。这时恒生指数期货亦下跌至10 000点，于是该投资者在期货市场上以平仓方式买进原有3份合约实现期货市场的平仓盈利45万元港币，期货市场的盈利恰好抵销了现货市场的亏损，较好地实现了套期保值。同样，股指期货也像其他期货品种一样，可以利用买进卖出的差价进行投机交易，股指期货的空头套期保值，见表5-6。

表5-6 股指期货的空头套期保值

	股票市场	期货市场
两个月前	拥有市值200万元港币的10种股票	13 000点卖出3份3个月到期的股指期货合约
两个月后	股价下跌，市值155万元港币	10 000点买入3份3个月到期的股指期货合约
	155−200=−45（万元港币）	（13 000−10 000）×50×3=450 000（元港币）

2.多头套期保值

与空头套期保值相反，多头套期保值是在期货市场上先买后卖。主要是股票持有者担心卖出股票后股价反而大幅上涨，从而造成损失。或者，一个投资者预计能收到一笔款项，并准备用于购买股票，但在资金到位之前，预期股价将要上扬，为了控制购入股票的时间，投资者可以在期货市场上买入股指期货合约，预先锁定将来购入股票的价格，待资金到位，便可运用这笔资金进行投资。此外，在进行公司上市、重组时，股价会因此大幅上扬，收购方也可以用买入套期保值来减少收购成本。

例如：某投资者在2026年6月末将有一笔可观收入，准备用其购买股票，但在2026年6月初他的收入还未到手，而股票价格却有向上涨的趋势。为预先固定购买股票的价格，该投资者决定在纽约期货交易所购买股指期货合约，当资金到手时，他便可以利用期货市场上赚取的收益和收入，购买事先要买的股票，见表5-7。

表5-7 股指期货的多头套期保值

	股票市场	期货市场
6月初	预料股票价格急升，欲购买价值100万美元的股票，但资金不足	以200点买入10笔9月交割股指期货，总值为200×500×10＝1 000 000（美元）
6月末	股票价格急升，欲购股票价值升为140万美元	9月交割的股票价格指数升到280点，卖出10笔9月交割的期货，盈利＝（280－200）×500×10＝400 000（美元）

再如：某投资者持有股票现货，若预期现货市场股票价格上升，可按表5-8所列的方法进行套期保值。

表5-8 股指期货的多头套期保值

	股票市场	期货市场
7月15日	卖出价值36 000元港币的股票	以3 200点购入8月份恒生指数期货合约
8月30日	股票价格上升，股票价值增加到42 000元港币	以3 348点卖出期货合约
	亏损6 000元港币	盈利＝（3 348－3 200）×50＝7 400（元港币）

（二）价格发现功能

期货价格具有预期性、连续性和权威性的特点，能够比较准确地反映未来商品价格的变动趋势。期货市场之所以具有价格发现功能，是因为期货市场将众多影响供求关系的因素集中于交易所内，通过买卖双方公开竞价，集中转化为一个统一的交易价格。这一价格一旦形成，立即向世界各地传播，并影响供求关系，从而形成新的价格。如此循环往复，使价格不断趋于合理。因为期货价格与现货价格的走势基本一致并逐渐趋同，所以今天的期货价格可能就是未来的现货价格。

（三）投机功能

期货市场上的投机者会利用对未来期货价格走势的预期进行投机交易，预计价格上涨的投机者会建立期货多头，反之则建立空头。投机者的存在对维持市场流动性具有重大意义。当然，过度的投机必须受到限制。与现货市场投机相比较，期货市场投机有两个重要区别：一是目前我国股票市场实行"T+1"清算制度，而期货市场是"T+0"，在期货市场可以进行日内投机；二是期货交易的保证金制度使期货投机具有较高的杠杆率，盈亏相应放大，具有更高的风险性。

（四）套利功能

套利的理论基础在于经济学中的一价定律，即忽略交易费用的差异，同一商品只能有一个价格。严格意义上的期货套利是利用同一合约在不同市场上可能存在的短暂价格差异进行买卖，赚取差价，被称为跨市场套利。行业内通常根据不同品种、不同期限合约之间的比价关系进行双向操作，分别称为跨品种套利和跨期限套利，但其结果不一定是稳赚不赔。对于股价指数等品种，还可以和成分股现货联系起来进行指数套利。当股指期货价格高于理论值时，做空股指期货，买入指数组合，被称为正套；反之，若股指期货价格低于理论值，则做多股指期货，做空指数组合，被称为反套。期货套利机制的存在对于提高金融市场有效性具有重要意义。

下面以股指期货为例具体说明。

利用股指期货进行套利的策略主要是"跨期套利"。它是指在同一期货市场上，同时买卖两种不同交割月份的股指期货合约，从中获得差价收益的行为，它可分为买空和卖空套利。下面以买空套期为例进行说明。

例如：某年2月10日，3个月期的NYSE（纽约证券交易所）股票指数期货价格为400.45点，6个月期的NYSE股票指数期货价格为408.75点，见表5-9。某投资者认为3个月期的期货价格上升速度将快于6个月期的，于是买入1份3个月期的合约，同时卖出1份6个月期的合约，点数差价为8.3点。2月24日，3个月期和6个月期的价格分别为409.85点和411.75点。该投资者认为时机成熟，卖出1份3个月期的NYSE股票指数期货合约，买进1份6个月期的NYSE股票指数期货合约，这时差价变为1.9点，其盈亏计算如下：

3个月期的合约盈亏为：

（409.85-400.45）×500=4 700（美元）

6个月期的合约盈亏为：

（408.75-411.75）×500=-1 500（美元）

净盈利为：

4 700-1 500=3 200（美元）

也可以这样计算：

（8.3-1.9）×500=3 200（美元）

可见，投资者从套利中得到了一定的收益，也体现了利用股票价格指数期货套利的优点。

表5-9   股票价格指数期货套利交易

时间	3个月期的期货	6个月期的期货
2月10日	买价400.45点	卖价408.75点
2月24日	卖价409.85点	买价411.75点

第三节 金融期权

视频5-2

金融期权

一、金融期权的分类

（一）按照选择权的性质划分

1.看涨期权

看涨期权，也称"认购期权"，指期权的买方具有在约定期限内（或合约到期日）按协定价格（也称"敲定价格"或"行权价格"）买入一定数量基础金融工具的权利。交易者之所以买入看涨期权，是因为他预期基础金融工具的价格在合约期限内将会上涨。

2.看跌期权

看跌期权，也称"认沽期权"，指期权的买方具有在约定期限内按协定价格卖出一定数量基础金融工具的权利。看跌期权的卖方在买方选择行使权利时，必须按期权合约规定的条件买入一定数量的基础金融工具。交易者买入看跌期权，是因为他预期基础金融工具的价格在近期内将会下跌。

（二）按照合约所规定的履约时间划分

1.欧式期权

欧式期权只能在期权到期日执行。

2.美式期权

美式期权可在期权到期日或到期日之前的任何一个营业日执行。

3.修正的美式期权

修正的美式期权也被称为"百慕大期权"或"大西洋期权"，可以在期权到期日之前的一系列规定日期执行。

（三）按照金融期权基础资产的性质划分

1.股权类期权

股权类期权包括三种类型：单只股票期权、股票组合期权和股价指数期权。上证50ETF期权合约的内容，见表5-10。

表5-10 上证50ETF期权合约的内容

标的证券	上证50交易型开放式指数证券投资基金（"50ETF"）
合约简称	标的简称+购/沽+到期月份+4位行权价+A/B（50ETF购8月1400）
合约代码	合约编码+C/P+到期年月+M/A/B+…+5位行权价（510050C2609M01400）
期权种类	认购期权和认沽期权
到期月份	当月、下月及随后两个季月
行权价格间距	行权价格间距根据"50ETF"收盘价格分区间设置，"50ETF"收盘价与上证50ETF期权行权价格间距的对应关系为：3元或以下为0.05元，3元至5元（含）为0.1元，5元至10元（含）为0.25元，10元至20元（含）为0.5元，20元至50元（含）为1元，50元至100元（含）为2.5元，100元以上为5元
合约单位	10 000份
卖方保证金	7%~12%（交易所标准，与具体的合约有关）
最小报价单位	0.0001元
交易相关费用	交易经手费+结算费+佣金

交易时间	上午9：15—9：25, 9：30—11：30（9：15—9：25为开盘集合竞价时间） 下午13：00—15：00（14：57—15：00为收盘集合竞价时间）
到期日	到期月份的第四个星期三（遇法定节假日顺延）
行权方式	到期日行权（欧式）
交割方式	实物交割（业务规则另有规定的除外）

2.利率期权

利率期权，指买方在支付了期权费后，即取得在合约有效期内或到期时以一定的利率（价格）买入或卖出一定面额的利率工具的权利。利率期权合约通常以政府短期、中期、长期债券，欧洲美元债券，大面额可转让存单等利率工具为基础资产。

3.货币期权

货币期权，又称"外币期权""外汇期权"，指买方在支付了期权费后即取得在合约有效期内或到期时以约定的汇率购买或出售一定数额某种外汇资产的权利。货币期权合约主要以美元、欧元、日元、英镑、瑞士法郎、加拿大元及澳大利亚元等为基础资产。

4.金融期货合约期权

金融期货合约期权，是一种以金融期货合约为交易对象的选择权，它赋予其持有者在规定时间内以协定价格买卖特定金融期货合约的权利。

5.金融互换期权

金融互换期权，是以金融互换合约为交易对象的选择权，它赋予其持有者在规定时间内以规定条件与交易对手进行互换交易的权利。

（四）按照执行期权所获得的收益情况划分

1.实值期权

如果看涨期权的协议价格低于相应金融工具的市场价格，或是看跌期权的协议价格高于相应金融工具的市场价格，买方行使期权将有利可图，即期权具有内在价值，处于这样一种价差状态的期权，被称为实值期权或价内期权。

2.虚值期权

如果看涨期权的协议价格高于相应金融工具的市场价格，或是看跌期权的协议价格低于相应金融工具市场价格，则期权不具有内在价值，买方不会行使权利，处于这样一种价差状态的期权，被称为虚值期权或价外期权。

3.平价期权

如果协议价与市价相等，则处于这样一种价差状态的期权被称为平价期权或价平期权。

二、股票期权交易策略及其风险收益结构

股票期权具有不对称的风险收益结构，作为投资工具，其选择具有多样性，因而也能以不同形式转化风险，能满足投资者的不同需要。

股票期权有四种基本策略，如图5-1所示，投资者应根据自身情况以及市场价格变化灵活选用。

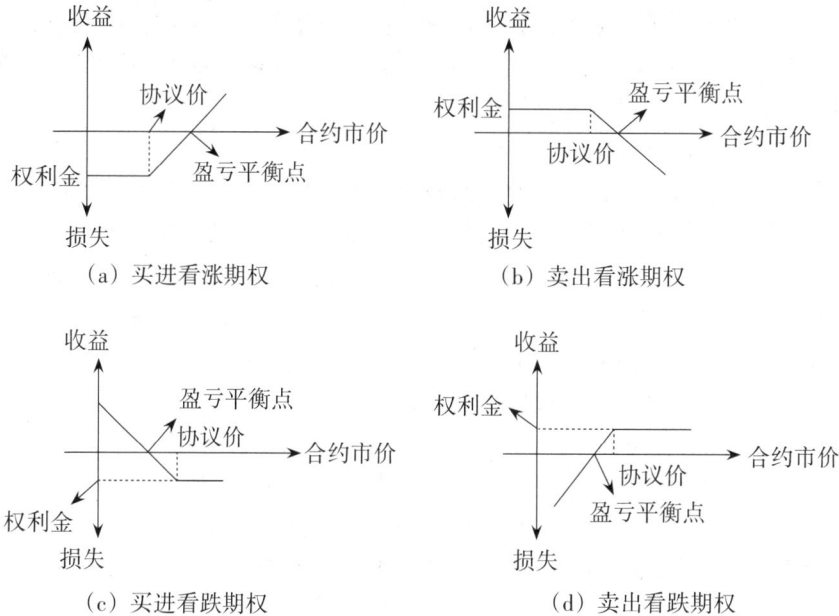

（a）买进看涨期权　　　　　　（b）卖出看涨期权

（c）买进看跌期权　　　　　　（d）卖出看跌期权

图5-1　股票期权的基本策略和风险收益结构

（一）买进看涨期权（buy call）

买进看涨期权在投资中有多种用途，其基本用途，一是获利，二是资产保值。

当投资者预期某种股票的市价上涨时，可买进其看涨期权。若日后市价真的上涨且高于协议价格，则该投资者可执行期权，从而获利。获利多少视市价涨幅而定。从理论上说，因市场价格上涨无限，期权购买者的获利程度无限。反之，若市价下跌至协定价格下，他可放弃期权，此时，损失是有限的，最大损失为购买期权时所付的期权费。一般而言，当股票的市价上涨时，看涨期权的期权费也上涨，此时，看涨期权的购买者既可通过履约获利，也可通过转让期权合约获利，就投资收益率而言，后者所获收益率更高。因此，买入看涨期权，可以以较小的投资额和有限的预期损失来争取最大的收益。

买入看涨期权的另一个目的是资产保值，特别是保护股票的卖空行为。比如，某投资者预期股票价格将下跌，卖空一部分股票以图获利，但又怕万一股价上升较多造成过大损失，即可购入相应的股票买入期权，如果股价上升，则投资者可以执行买入期权、收进股票以补偿卖空的损失。

（二）卖出看涨期权（sell call）

卖出者之所以卖出看涨期权，是因为他预期股票的市价将下跌。日后，若股票的市价真下跌至行权价以下，看涨期权的购买者将放弃期权。即使市价高于行权价格，期权购买者要求履约，但只要市价仍低于行权价与期权费之和，看涨期权的出售者仍有利可图，只是收益少于他所收的期权费而已。因此，看涨期权出售者的最大收益为他所收取的期权费，最大损失视标的物之市价的涨幅而定。从理论上说，这种损失是无限的；实际上，看涨期权的出售者发生大幅亏损的概率很小，而小幅获利的概率很大。同时，万一价格跌幅真的很大，投资者也可以较高的价格"买回"同样的看涨期权，以避免或限制进一步损失。

（三）买进看跌期权（buy put）

投资者买进看跌期权，是因为他预期股票的市价将下跌。日后，若股票市价大跌至行权价以下，该投资者仍可以较高价格卖出他所持有的股票。若期权购买者并不持有股票，他就可以以较低的市价买进，再以较高的行权价卖出，从而获利。一般认为看跌期权购买者的潜在损失是有限的，最大损失为他所付的期权费，而其理论上的收益却可以是无限大的。但实际上，市价不可能跌至零以下，所以其收益并非无限，其潜在最大收益为行权价与期权费之差。

（四）卖出看跌期权（sell put）

当投资者预期股票市价将上涨时，可以卖出看跌期权。从获利角度而言，投资者的最大收益是所收期权费；从亏损角度看，卖出看跌期权与买进看跌期权在盈亏方面有对称性，卖出看跌期权的投资者的最大损失为行权价与期权费之差。

三、金融期货与金融期权的区别

金融期权交易与金融期货交易都有保值和投机的功能，但是由于受到各种因素的影响，这两种功能发挥的程度在具体表现上有相当显著的差异。

（一）基础资产不同

一般而言，金融期权的基础资产多于金融期货的基础资产。凡可作期货交易的金融工具都可作期权交易。可作期权交易的金融工具却未必可作期货交易。在实践中，只有以金融期货合约为基础资产的金融期权交易，而没有以金融期权合约为基础资产的金融期货交易。

基础资产不同，杠杆作用程度也不一样。金融期货的交易对象是合同，是代表具体形态的金融资产的期货合约。金融期权的交易对象是权利，是买卖或不买卖一定数量商品的选择权。所谓杠杆率，是指收益或亏损占投入资金的比率。购买金融期权合约的最高资金投入量是权利金，而在金融期货交易中，为获取相同的收益所支付的投资多于金融期权交易的投资。因此，金融期权交易的杠杆作用大于金融期货交易的杠杆作用。

（二）交易者权利与义务的对称性不同

在金融期货合约中，权利与义务是对称的，对任何一方而言，他们都既有要求对方履行的权利，又有自己对对方履行的义务。在金融期权交易中，权利与义务存在明显的不对称，对于金融期权买方而言，他们只有权利而没有义务，在价格变动对买方不利时，买方可单方面采取行动，或将合同放弃作废，或转让卖掉；而对金融期权卖方而言，他们只有义务，没有权利，金融期权合约对卖方具有强迫性。

（三）履约保证不同

金融期货交易双方均需开立保证金账户，并按规定缴纳履约保证金。而在金融期权交易中，只有期权出售者，尤其是无担保期权的出售者，才需开立保证金账户，并按规定缴纳保证金，以保证金融期权的出售者承担履约义务。至于金融期权的购买者，因金融期权合约未规定其义务，他们无须开立保证金账户，也无须缴纳保证金。

（四）现金流转不同

在金融期货交易中，交易双方成交时不发生现金收付关系，但在成交后，由于实行逐日结算制度，交易双方将因价格的变动而发生现金流转，即盈利一方的保证金账户余额将增加，亏损一方的保证金账户余额将减少。亏损方保证金余额低于规定的维持保证金金额，必须追加。而在金融期权交易中，在成交时，金融期权的购买者为取得期权合约所赋予的权利，必须向金融期权的出售者支付一定的期权费，但在成交后，除到期履约，交易双方将不发生现金流转。

（五）盈亏特点不同

如果预期的价格走势出现相反的变化，则金融期权的购买者的最大损失限定在期权费支出上，而在金融期货交易中，投资者面临的直接损失远远大于权利金损失。

在金融期货交易中，风险与收益并存，而且交易双方的收益和损失都是对等的。买方与卖方都无权违约，也无权要求提前交割或推迟交割，而只能在到期前的任一时间通过反向交易实现对冲或到期进行实物交割。盈亏水平取决于价格变动幅度，因此，从理论上说，交易双方面临的潜在收益和潜在风险都可能是无限的。

在金融期权交易中，由于金融期权的购买者与出售者在权利和义务上的不对称性，他们在交易中的盈利和亏损也具有不对称性。从理论上说，金融期权的购买者在交易中的潜在亏损是有限的，仅限于所支付的期权费，而取得的盈利却可能是无限的；相反，金融期权的出售者在交易中所取得的盈利是有限的，仅限于所收取的期权费，而遭受的损失却可能是无限的。

（六）套期保值的作用与效果不同

利用金融期货进行套期保值，在避免价格不利变动造成损失的同时，也必须放弃价格有利变动可能获得的利益。利用金融期权进行套期保值，若价格发生不利变动，则套期保值者可通过执行期权来避免损失；若价格发生有利变动，套期保值者又可通过放弃期权来保护利益。从保值角度来说，金融期货通常比金融期权更为有效，也更为便宜。但要在金融期权交易中真正做到既保值又获利，事实上也并非易事。

第四节 可转换证券

视频 5-3

可转换债券

一、可转换证券的定义及分类

可转换证券（convertible securities）是指发行人依法定程序发行，持有人在一定时间内依据约定的条件可以转换成一定数量的另一类证券（通常是转换成普通股票）的证券。因此，可转换证券实际上是一种长期的普通股票的看涨期权。

可转换证券主要分为两类：一类是可转换公司债券，即将公司债券转换成该公司的普通股；另一类是可转换优先股，即将优先股转换成该公司的普通股。由于两者在性质、原理、原则上基本相同，所以下面仅以可转换公司债券为例进行说明。

二、可转换债券的发行原因及其优缺点

（一）公司发行可转换债券的主要原因

1.减少利息支付

在市场利率较高或股价疲软的情况下，发行普通债券会使公司支付较高利息；发行普通股因股市低迷而低价发行，不但成本高，而且筹得资金少。而发行可转换债券既可降低债息（比一般债券利息低），又可扩大销路，而且等于间接发行普通股，减少了发行费用，如果股价升高还可以多募集一些资金。

2.减免税

可转换债券在转换前，债息可列入公司成本冲减所得税。被转换后，公司不再付息，减去了固定资本支出。普通股也要付息，但不是固定的，视公司盈利情况而定，公司没有责任必须发给股息。

3.规避管制

各国法令都规定禁止或限制金融机构投资普通股，而可转换债券是不被禁止和限制的，这就等于间接持有了普通股。

（二）可转换债券的优缺点

1.优点

（1）对于投资者来说，利用可转换债券可获得转换特权，因而可转换债券的销路广，其商品性比一般公司债券高，市场价格变动也具有吸引力；对公司来说，发行可转换债券不仅可以吸收更多的资金，而且向股票的转换可以增加发行公司自有资本。

（2）可转换债券既给投资者提供本息收入的安全性，又提供增加资本价值的可

能性。

（3）可转换债券可以作为担保品，公司可以凭此向银行借款，可转换债券往往与普通股被同等对待。

2.缺点

（1）可转换债券的价格波动可能性较大，因而对投资者而言，其风险也较高。如果买进的价格过高，投资者就可能得不到股价上升的利益，且可能因股价下跌而受损失。

（2）可转换债券属于低级债券，在公司破产清算时，其清偿权排在其他债券之后。

（3）发行公司对可转换公司债券可以买回，投资者此时被迫转换成普通股或出售，如遇卖价低于当初买价则会受损失；而且公司所挑选的买回时间，大多是债券市价低于当初买价的时候，这对投资者极为不利。

三、可转换债券的基本要素

（一）转换比例

转换比例（conversion ratio），指一定面额的可转换债券可转换成普通股的股数。

$$转换比例 = \frac{可转换债券面值}{转换价格}$$

例如：某可转换债券，若债券面额为1 000元，规定其转换价格为25元／股，则转换比例为40股：1张，即1 000元债券可按25元／股的价格转换为40股普通股。一般转换比例在可转换债券发行时就已确定，转换的相对价值不因公司股票拆股而受影响，若转换比例定为40股：1张，公司发生2：1拆股，1股拆为两股，那么转换比例应为80股：1张。

（二）转换价格

转换价格（conversion price），指可转换债券转换为每股普通股所支付的价格。

$$转换价格 = \frac{可转换债券面值}{转换比例}$$

按转换价格的不同，公司可转换债券常分为面额转换公司债券和时价转换公司债券。前者的转换价格以股票面额为基准；后者以发行时股票价格为基准（一般上浮5%～15%）。

（三）转换期限

转换期限，指可转换债券转换为普通股的起始日至结束日的期间，它可以与债券的期限相同。但大多数情况下，发行人都规定某一具体期限。

（四）转换价值

转换价值（conversion value），指转换时得到的普通股的市场价值，即

$CV=Ps\times CR$

其中：CV 为转换价值；Ps 为普通股市价；CR 为转换比例。

例如：若一可转换债券面值为 1 000 元，规定其转换价格为 40 元 / 股，但是该股票市场价格为 50 元 / 股，那么其转换价值为：

$CV=50\times25=1\ 250$（元）

（五）可转换公司债券的附加条款

1.赎回条款

赎回是指发行者在可转换公司债券发行一段时期后，可以按照条款生效的条件提前购回其未到期的发行在外的可转换公司债券。赎回行为通常发生在公司正股（基准股票）市场价持续一段时间高于转股价格达到某一幅度时（国际上通常把市场正股价达到或超过转股价格 100%~150% 涨幅界限，同时要求该涨幅持续 30 个交易日作为赎回条件），公司按事先约定的价格买回未转换的可转换公司债券。赎回价格一般高于面值，通常规定为可转换公司债券面值的 103%~106%。越接近可转换公司债券到期日，赎回价格就越低。发行人通过设计赎回条款促使可转换公司债券持有人转股以减轻发行人到期兑付可转换公司债券本息的压力。赎回条款实际上起到强制转股的作用，也就是说，当公司股票增长到一定幅度，可转换公司债券持有人若不进行转股，那么，他从可转换公司债券赎回得到的收益将远低于从转股中获得的收益。因此，赎回条款又锁定了可转换公司债券价格上涨的空间。

2.回售条款

回售条款是赋予可转换公司债券持有人的一种权利，它是指当股票价格持续低于转股价格达到一定幅度时，可转换公司债券持有人按事先约定的价格，将可转换公司债券卖给发行人的一种权利。有的回售条款是承诺某个条件，比如公司股票在未来时间要达到上市目标，一旦达不到，则履行回售条款。回售条款主要是发行人为使可转换公司债券发行顺利和筹资成功而设定的有利于投资人利益、增加可转换公司债券吸引力的条款。如果设立回售条款，则可转换公司债券的票面利率可定得更低。这是因为，包括回售条款的可转换公司债券对投资者更具有吸引力。

回售条款主要包括以下几个因素：

（1）回售价格。回售价格是以面值加上一定回售利率为形式。回售利率是事先规定的，一般比市场利率稍低，但高于可转换公司债券的票面利率。

（2）回售时间。回售时间是事先约定的，一般定在可转换公司债券整个期限的 1/2 ~ 2/3 时间处。具体的回售时间，少则数天，多则月余。

（3）回售选择权。发行人承诺达到回售时间时，如果正股市价仍然达不到预先约定的价格，致使转换无法实现，则投资人享有按照约定利率回售可转换公司债券给发行人的权利，发行人应当无条件接受可转换公司债券。

赎回条款和回售条款是可转换公司债券不同于其他金融产品的重要特征，也是可转换公司债券具有吸引力的奥秘所在。赎回条款实际上是要强制投资者提前转股，这将降低可转换公司债券内含有的期权价值。回售条款则保障了投资者在可转换公司债券的基础股价低迷时的权益，能提高可转换公司债券内含的期权价值。

3.修正条款

修正条款包括自动修正和有条件修正。因发生了向股东派息、送红股、公积金转增股本、增发新股或配售、公司合并或分立等情况，股权遭到稀释，可转换公司债券的转换价值必然发生贬值，这时自动修正是必需的。特别是基准股票派息率较高的可转换公司债券，投资者不仅可以获得丰厚的股息收入，而且同样达到自动修正转股价格的目的，有利于提高可转换公司债券的投资价值。除此以外，在已发行的可转换公司债券中，还设计有条件修正条款，即当股票价格连续数日低于转股价时，发行人以一定的比例修正转股价格。设置修正条款有利于保护投资者的利益，提高可转换公司债券的期权价值，另一方面也能促使可转换公司债券顺利转成股权。修正比例越大、频率越高，转股权的价值就越大，反之亦然。

第五节 权证

一、权证的定义

权证（share warrant），是指基础证券发行人或发行人以外的第三人发行的，约定持有人在规定期间内或特定到期日，有权按约定价格向发行人购买或出售标的证券，或以现金结算方式收取结算差价的有价证券。

二、权证的类型

权证按照不同的标准有不同的分类。

（一）按发行人不同可分为股本权证和备兑权证

1.股本权证

股本权证由上市公司发行，给予持有权证的投资者在未来某个时间或某一段时间以事先确认的价格购买一定数量该公司股票的权利。股本权证必须以股票实物交割，从而会改变上市公司在外流通的股份数量，具有股权稀释效应（dilution effect）。

通常，股本权证与债券或优先股共同发行，以增强公司债券或优先股的吸引力或降低公司的筹资成本。

2.备兑权证

备兑权证的发行机构是与权证本身所涉及证券的发行人或其附属公司并无关系的独立第三者，一般都是投资银行，其标的资产既可以是股票，也可以是债券、股价指数、基金、货币、商品或一篮子证券等。备兑权证既有用实物交割的，也有用现金交割的。由于备兑权证的标的是已发行在外的证券，因此备兑权证的到期执行没有稀释效应。

3.两类权证的比较

股本权证与备兑权证相比，它们主要在以下四个方面存在区别：

（1）发行人。股本权证是由上市公司自身发行的，而备兑权证一般是由独立于标的证券发行公司的第三方——通常是投资银行——发行的。

（2）标的证券。股本权证的标的证券是股票，而备兑权证的标的既可以是股票，也可以是指数、债券、货币或一篮子证券等。

（3）稀释效应。股本权证的到期执行具有稀释效应，而备兑权证的到期执行没有稀释效应。

（4）交割形式。股本权证必须以股票实物交割，备兑权证的交割则除了用证券实物交割之外，还有用现金交割的。

（二）按买卖方向分为认购权证和认沽权证

认购权证持有人有权按约定价格在特定期限内或到期日向发行人买入标的证券，认沽权证持有人则有权按约定价格在特定期限内或到期日向发行人卖出标的证券。

（三）按权利行使期限分为欧式权证和美式权证

美式权证的持有人在权证到期前的任何交易时间均可行使其权利，欧式权证持有人只可以在权证到期日当日行使其权利。

三、权证的要素

从权证的设计来看，权证包括9个要素：

1.发行人

股本权证的发行人为发行标的证券的上市公司，而备兑权证的发行人为独立于标的证券发行公司以外的第三方，一般为大股东或券商。备兑权证的发行人往往需要将标的证券存放于独立保管人处，作为其履行责任的担保。

2.看涨和看跌权证

当权证持有人拥有从发行人处购买标的证券的权利时，该权证为看涨权证。反之，当权证持有人拥有向发行人出售标的证券的权利时，该权证为看跌权证。认股权证一般指看涨权证。

3.到期日

到期日是权证持有人可行使认购（或出售）权利的最后日期。过了到期日之后，权证持有人便不能行使相关权利，权证的价值也变为零。

4.执行方式

在美式执行方式下，持有人在到期日以前的任何时间均可行使其认购权或认沽权；而在欧式执行方式下，持有人只有在到期日当天才可行使其认购权或认沽权。

5.交割方式

交割方式包括实物交割和现金交割两种形式，其中，实物交割指投资者行使认股权利时从发行人处购入并获得标的证券，而现金交割指投资者在行使权利时，由发行人向投资者支付市价高于执行价的差额。

6.认股价（执行价）

认股价是发行人在发行权证时所确定的价格，持证人在行使权利时以此价格向发行人认购标的股票。

7.权证价格

权证价格由内在价值和时间价值两部分组成。当正股股价（指标的证券市场价格）高于认股价时，内在价值为两者之差；而当正股股价低于认股价时，内在价值为零。但如果权证尚没有到期，正股股价还有机会高于认股价，因此权证仍具有市场价值，这种价值就是时间价值。

8.认购比率

认购比率是每张权证可认购正股的股数，如认购比率为0.1，就表示每十张权证可认购一股标的股票。

9.杠杆比率（leverage ratio）

杠杆比率是正股市价与购入一股正股所需权证的市价之比，计算公式为：

$$杠杆比率 = \frac{正股市价}{权证价格} \times 认购比率$$

杠杆比率可用来衡量"以小博大"的放大倍数，杠杆比率越高，投资者盈利率也越高，当然，其可能承担的亏损风险也越大。

理论应用 ✔

视频5-4

期权业务介绍及操作指引

综合练习 ✔

1.金融衍生工具产生的最基本原因是（　　）。

A.避险　　　　　　　　　　B.利益驱动

C.金融自由化　　　　　　　D.新技术革命

2.下列不属于独立衍生工具的是（　　）。

A.期权合约　　　　　　　　B.期货合约

C.可转换公司债券　　　　　D.互换交易合约

3.下列属于货币衍生工具的是（　　）。

A.股票期货　　　　　　　　B.股票指数期权

C.远期外汇合约　　　　　　D.利率互换

4.在金融期货交易中（　　）。

A.仅有极少数合约到期进行实物交割，绝大多数是通过做相反交易实现对冲而平仓的

B.全部合约将在到期日进行实物交割

C. 仅有极少数合约是通过做相反交易实现对冲而平仓的，绝大多数到期进行实物交割

D. 全部合约将在到期前对冲平仓

5. 在金融期货的主要交易制度中，能使套期保值者用少量资金为价值量很大的现货找到规避价格风险的手段的是（　　　）。

A. 保证金制度 　　　　　　　　　B. 集中交易制度

C. 限仓制度 　　　　　　　　　　D. 涨跌停板制度

6. 套期保值功能的核心作用是（　　　）。

A. 获取投机收益 　　　　　　　　B. 锁定价格风险

C. 发现未来价格 　　　　　　　　D. 增加市场流动性

7. 交易者买入看涨期权，是因为他预期基础金融工具的价格在合约期限内将会（　　　）。

A. 下跌 　　　　　　　　　　　　B. 难以判断

C. 上涨 　　　　　　　　　　　　D. 不变

8. 某投资者买入的 X 股票认沽期权合约的行权价格为每股 12.50 元，而期权合约到期时，X 股票价格为每股 12.90 元。此时，该投资者所购买的认沽期权为（　　　）。

A. 实值期权 　　　　　　　　　　B. 平值期权

C. 虚值期权 　　　　　　　　　　D. 不确定

9. 如果可转换公司债券的面额为 1 000 元，转换价格为每股 25 元，股票的市场价格为每股 20 元，则其转换比例为（　　　）。

A. 30 股∶1 张 　　　　　　　　　B. 40 股∶1 张

C. 50 股∶1 张 　　　　　　　　　D. 60 股∶1 张

10. 下列关于认股权证的杠杆作用说法正确的是（　　　）。

A. 认股权证价格的涨跌能够引起其可选购股票价格更大幅度的涨跌

B. 认股权证价格同其可选购股票的期货合约的价格保持相同的涨跌数

C. 认股权证价格同其可选购股票价格保持相同的涨跌数

D. 认股权证价格要比其可选购股票价格的上涨或下跌的速度快得多

课程思政 ☑ --●

视频 5-5

期货护航之以案说法——学习了解交易规则，认真对待适当性评估

第二篇　证券市场篇

第六章
证券市场综述

思维导图

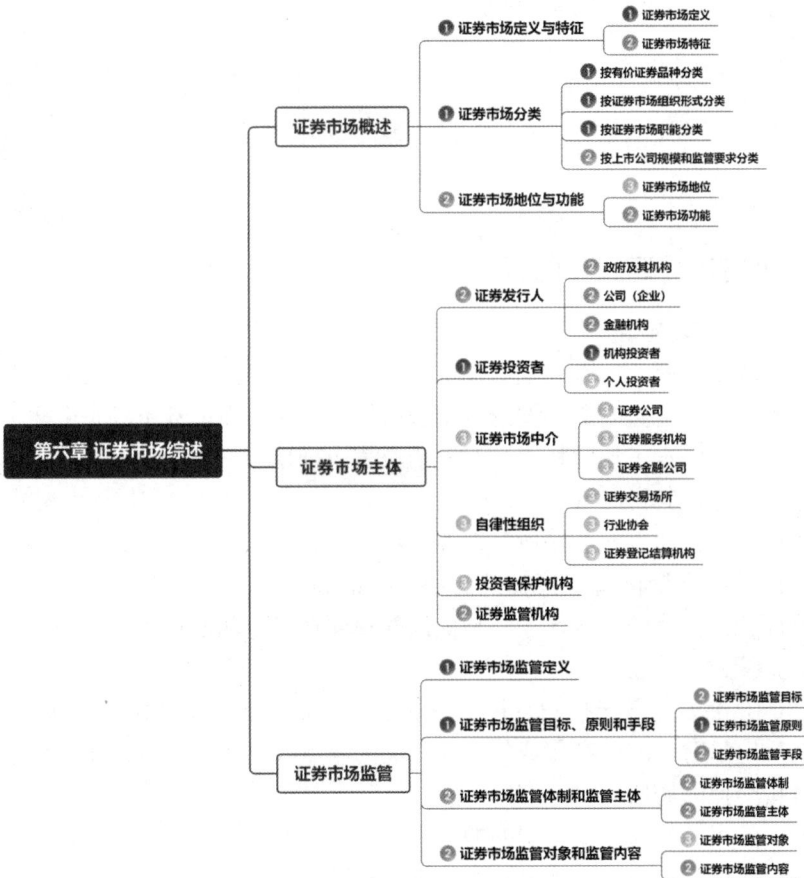

①掌握；②熟悉；③了解。

1. 掌握证券市场定义；证券市场几种重要分类方式；机构投资者；证券市场监管定义、监管原则。

2. 熟悉证券市场特征；证券市场其他分类方式；证券市场功能；证券发行人；证券监管机构；证券市场监管目标、监管手段、监管体制、监管主体和监管内容。

3. 了解证券市场地位；个人投资者；证券市场中介；自律性组织；投资者保护机构；证券市场监管对象。

1. 通过学习证券市场基础知识，培养正确的投资理念、风险意识和高度的社会责任感。

2. 通过学习证券市场监管的相关内容，培养法治意识和正确的职业道德、职业操守。

第一节 证券市场概述

视频 6-1

证券市场概述

一、证券市场定义与特征

（一）证券市场定义

证券市场是股票、债券、证券投资基金等有价证券发行和交易关系的总和。在市场经济条件下，资金融通主要通过金融市场来完成，而证券市场是金融市场的重要组成部分，是资本市场的核心，对整个经济运行具有重要影响。

（二）证券市场特征

作为证券发行和交易的场所，证券市场具有以下三个特征：

（1）证券市场是价值直接交换的场所。证券市场发行和交易的对象是有价证券，有价证券是价值的直接代表，是价值的一种直接表现形式，所以证券市场本质上是价值直接交换的场所。

（2）证券市场是财产权利直接交换的场所。有价证券是一定财产权利的代表，代表着对一定量财产的所有权或债权及相关的收益权，所以证券市场实质上又是财产权利直接交换的场所。

（3）证券市场是风险直接交换的场所。有价证券在代表一定财产权利的同时也包含着相应的风险，也是一定风险的代表。投资者转让有价证券，在转让权利的同时，也将风险转移出去，所以证券市场也是风险直接交换的场所。

二、证券市场分类

按照不同标准可以对证券市场进行不同的分类。

（一）按有价证券品种分类

按有价证券的品种不同，证券市场可分为股票市场、债券市场、证券投资基金市场和金融衍生产品市场。

1.股票市场

股票市场是发行和买卖股票的场所，属于资本市场。股票市场按其基本职能可以分为股票发行市场和股票流通市场，二者在职能上是互补的。

2.债券市场

债券市场是发行和买卖债券的场所。债券市场按其基本职能也可以分为债券发行市场和债券流通市场，二者也是紧密联系、相互作用的。

3.证券投资基金市场

证券投资基金市场是基金发行和流通的场所。证券投资基金为中小投资者拓宽了投资渠道，通过把储蓄转化为投资，有力地促进了产业发展和经济增长。

4.金融衍生产品市场

金融衍生产品市场是以金融衍生产品为交易对象的场所。金融衍生产品主要包括金融期货、金融期权、金融远期和金融互换。

（二）按证券市场组织形式分类

按组织形式不同，证券市场可分为场内市场和场外市场。

1.场内市场

场内市场又称为有形市场，指的是证券交易所市场，有固定的交易场所，交易的是上市证券。场内市场是证券交易市场最重要的组成部分。证券交易所制定各种规则并为投资者提供各种服务，其运作系统包括集中竞价交易系统、大宗交易系统、固定收益证券综合电子平台、综合协议交易平台等。

场内市场分为会员制证券交易所和公司制证券交易所。会员制证券交易所是由证券公司等会员共同出资成立的非营利性组织；公司制证券交易所是以营利为目的，由股东出资设立的股份有限公司形式的组织。

我国1990年11月成立的上海证券交易所和1990年12月开始营业的深圳证券交易所均属于会员制证券交易所，2013年1月正式揭牌运营的全国中小企业股份转让系统（新三板）和2021年9月注册成立的北京证券交易所属于公司制证券交易所。

2.场外市场

场外市场又称为无形市场，没有固定的交易场所，是交易所市场的重要补充，交易的主要是未上市证券，也有一些上市证券。

场外市场包括柜台交易市场（店头市场）、第三市场和第四市场。柜台交易市场是在证券交易所以外，与客户直接进行证券买卖的市场；第三市场是在证券交易所以外，从事已在交易所挂牌上市的证券交易而形成的市场；第四市场是投资者不用通过任何中介机构，直接进行证券交易的市场。

我国1997年6月成立的银行间债券市场，2008年1月以后陆续成立的区域性股权交易市场，2012年12月成立的券商柜台市场，2013年2月成立、2015年2月改制更名的中证机构间报价系统股份有限公司提供的证券公司柜台市场，自2013年起进入规范发展新阶段的私募基金市场均属于场外市场。

（三）按证券市场职能分类

按职能不同，证券市场可分为证券发行市场与证券交易市场。

1.证券发行市场

证券发行市场又称一级市场、初级市场，是新证券首次向公众投资者发行的场所，主要功能是为发行人筹集资金，并通过发行证券将资金从投资者手中转移到发行人手中。证券发行市场通常没有固定的交易场所，是一个无形的市场。

2.证券交易市场

证券交易市场又称二级市场、次级市场、流通市场，是已发行的证券通过交易实现流通转让的市场，主要功能是为投资者提供证券买卖和流通的场所，保证和提高证券的流动性。证券交易市场可以分为有形的交易所市场（场内市场）和无形的场外市场。

证券发行市场和证券交易市场，相辅相成，缺一不可。证券发行市场是证券交易市场得以存在的前提和基础，证券发行市场上证券发行条件及发行方式影响证券交易市场上证券的价格和流动性；证券交易市场是证券发行市场的保证，为证券发行市场发行的证券提供变现的场所，保证证券的流动性，促进证券发行市场的发展，而且证券交易市场上证券的价格及流动性，直接影响证券发行市场新的证券的发行规模和发行条件，有助于发行人调整发行策略和定价。

（四）按上市公司规模和监管要求分类

按上市公司规模和监管要求不同，证券市场可分为主板市场、二板市场和三板市场。

1.主板市场

主板市场，也称为一板市场，指传统意义上的证券市场，是一个国家或地区证券发行、上市、交易的主要场所。主板市场的上市企业多为大型成熟企业，具有较大的资本规模及稳定的盈利能力。上市标准较高，监管要求严格，信息披露要求全面，通常吸引风险偏好较低的投资者。

2.二板市场

二板市场，也称为创业板市场，是为不符合主板市场上市要求但具有高成长性的创业型企业、中小型企业和高科技企业等开辟的直接融资渠道。二板市场的上市门槛相对较低，监管要求特别是对信息披露的要求较为严格，通常吸引风险承受能力较高的投资者。我国深圳证券交易所2009年10月成立的创业板市场，主要服务于成长型创新创业企业，支持传统产业与新技术、新产业、新业态、新模式深度融合。2019年6月上海证券交易所的科创板市场正式开板，科创板市场主要服务于符合国家战略、突破关键核心技术、市场认可度高的科技创新企业，重点支持新一代信息技术、高端装备、新材料、新能源、节能环保及生物医药等高新技术产业和战略性新兴产业。

3.三板市场

三板市场是为非上市的中小企业提供股份转让和融资服务的市场。挂牌条件相对宽松，适合中小型、创新型企业，监管相对灵活，适合专业投资者和符合条件的普通投资者。2012年9月我国成立的全国中小企业股份转让系统，主要为创新型、创业型、成长型中小微企业发展服务。

企业在满足一定条件后，可以从三板市场转到二板市场，或者从二板市场转到主板市场，这些市场共同构成了一个多层次的资本市场体系，旨在满足不同发展阶段企业的融资需求，同时为投资者提供多样化的投资选择。

三、证券市场地位与功能

（一）证券市场地位

金融市场按照金融资产到期期限可以分为货币市场和资本市场。资本市场是期限在一年以上的各种资金借贷和证券交易的场所，主要包括证券市场和长期信贷市场。证券市场是资本市场的核心，是金融市场的重要组成部分，在金融市场体系中占据重要地位。证券市场可以融通资金，优化资源配置，推动经济增长，提高经济效率，而且金融市场体系的其他组成部分都与证券市场密切相关。

（1）证券市场与货币市场关系密切。证券市场是货币市场上的资金需求者，证券的发行和融资交易所需要的资金通常依赖货币市场的资金供给，证券市场对资金的需求增加一般会引起货币市场利率上升。

（2）作为资本市场的另一组成部分的长期信贷市场的资金来源依赖于证券市场。金融机构的长期信贷资金在很大程度上是通过证券市场来筹集的，比如发行股票筹集资本金，发行金融债券筹集信贷资金等。

（3）任何金融机构的业务都直接或间接地与证券市场相关，而且证券金融机构与非证券金融机构在业务上往往会有很多交叉。

（二）证券市场功能

证券市场是市场经济中一种高级的市场组织形态，是市场经济条件下资源合理配置的重要机制，发挥着重要作用。

1.筹资和投资功能

证券市场的筹资和投资功能是指证券市场通过发行证券为资金需求方提供了筹资渠道的同时，也为资金供给方提供了投资渠道。筹资和投资是证券市场的重要功能。

2.资本定价功能

证券市场的资本定价功能是指证券市场可以为资本决定价格，也就是具有价格发现功能。从一定意义上来说，证券是资本的一种存在形式，证券价格实质上是它所代表的资本的价格。价格发现行为是实现证券市场核心功能的关键。

3.资源配置功能

证券市场的资源配置功能是指证券市场通过证券价格能够引导资金的流动，从而实现资源的合理配置。这一功能的实现主要依赖于证券市场的价格发现功能，成长前景好的行业或公司会吸引投资者增持其股票，成长前景不好的行业或公司则会使投资者减持其股票，从而提高资源的配置效率。

4.宏观调控功能

证券市场是一国中央银行进行宏观调控的场所。中央银行可以通过公开市场业务买进或卖出有价证券，调节货币供应量和市场利率，从而实现货币政策目标。

5.完善金融市场体系功能

证券市场是金融市场的重要组成部分，其发展是完善金融市场体系的重要内容。不断发展和完善证券市场，建立多层次的资本市场体系，既能拓宽企业的融资渠道，也能满足广大投资者对金融产品的多样化需求，而且有利于提高货币政策调控的灵活性和有效性，从而有利于建设具有高度适应性、竞争力和普惠性的现代金融市场体系。

第二节 证券市场主体

视频6-2

证券市场主体

证券市场的参与者是证券市场运转的动力所在。证券的发行、交易和证券市场的管理都有不同的参与主体。一般而言，证券市场的参与者包括证券发行人、证券投资者、证券市场中介、自律性组织、投资者保护机构和证券监管机构。

一、证券发行人

证券发行人是指为筹措资金而发行债券和股票等有价证券的主体。如果没有证券发行人，证券发行及其后的证券交易就无从展开，证券市场也就不可能存在。证券发行人根据需要决定证券的发行，直接或委托证券承销商将证券推销给证券投资者，从而构成证券的发行过程。证券发行人主要分为三类：政府及其机构、公司（企业）和金融机构。

（一）政府及其机构

政府是证券市场主要的资金需求者，作为债务人，在证券市场上发行政府债券。政府债券是证券市场的重要品种，可分为中央政府债券和地方政府债券。中央政府发行债券的目的通常是扩大财政收入来源，弥补财政赤字，进行大型工程项目的政府投资以及归还旧债的本息。地方政府债券是由地方政府发行的债券，目的是为地方建设筹集资金。

（二）公司（企业）

公司（企业）作为证券发行人，发行的证券种类繁多，主要有股票和债券两大类，发行的目的是筹集生产经营和发展的资金，发行股票筹集资本属于自有资本，发行债券筹集资本属于借入资本。

（三）金融机构

金融机构作为证券发行人，在证券市场上发行金融债券，以增加开展各项金融业务的资金来源。股份制金融机构还可以发行股票。

二、证券投资者

证券投资者是指以获取利息、股息或资本利得为目的而买入证券的机构和个人，是证券市场的资金供给者。正是众多证券投资者的存在，才保证了证券发行的完成，同时也活跃了证券市场的交易。证券投资者主要有机构投资者和个人投资者两大类。

（一）机构投资者

机构投资者从广义上讲是指用自有资金或者用从分散的公众手中筹集来的资金进行有价证券投资活动的各类机构。机构投资者通常具有投资资金规模化、投资管理专业化、投资结构组合化和投资行为规范化等特点，其投资行为会对市场产生重大影响，是市场的风向标和个人投资者进行投资的重要参考依据。机构投资者主要包括政府机构、公司（企业）和事业法人类投资者、各类金融机构、基金类投资者、QFII等，其资金来源、投资对象和风格各不相同。

1.政府机构

政府机构参与证券投资，不是以获取盈利为主要目的的，而是为了调剂资金余缺、进行宏观调控、实施特定产业政策等，投资对象包括政府债券、金融债券、国有股。

2.公司（企业）和事业法人类投资者

公司（企业）和事业法人可以用自有资金或暂时闲置的资金进行证券投资，目的是获取盈利或者获得企业的控制权，投资对象包括股票、债券、基金，也可以参与股票配售。

3.各类金融机构

金融机构是证券市场上主要的机构投资者，参与证券投资的金融机构主要包括证券经营机构、银行业机构和保险经营机构三类，此外还包括主权财富基金以及其他金融机构等。

（1）证券经营机构。证券经营机构主要是证券公司，证券公司以其专业性和灵活性受到市场的关注。证券公司主要利用自有资金、营运资金以及受托投资资金，通过开展证券自营业务和证券资产管理业务来进行投资，其投资目的是获取盈利，但有时也负有稳定市场价格的责任。证券公司资金实力雄厚，并且有专家操作的特点，所以其投资活动对证券市场的影响较大。一般而言，证券公司可以投资所有的证券品种，包括股票、债券、基金、权证、股指期货、股票期权等。

（2）银行业机构。银行业机构包括政策性银行、开发性银行、国有控股大型商业银行、全国性股份制商业银行、城市商业银行、民营银行、农村中小银行机构和外资银行等。银行业机构进行投资的资金来源主要是自有资金，投资目的主要是保持资产的流动性和分散风险，投资对象主要是政府债券和金融债券，如果是因质押被动持有股票则只能卖出。

（3）保险经营机构。保险经营机构一般包括保险公司和保险中介机构。近年来，保险经营机构已经成为证券市场上主要的增量资金来源之一，是我们在证券市场上需要重点关注的一类机构投资者。保险经营机构注重资金的安全性，它们可以通过设立保险资产管理公司独自投资，也可以委托证券投资基金公司代为投资，投资对象包括政府债券、高等级企业债券、股票和证券投资基金等。

（4）主权财富基金。主权财富基金资金来源主要有外汇储备盈余、自然资源出口的外汇盈余、国际援助基金和发行特别国债，投资的基本目标是获取较高的投资回报，主要考虑资产的长期投资价值，资产分布从传统的政府债券演变到包括股票和其他风险性资产在内的全球性多元化资产组合，甚至扩展到了私人股权投资、商品期货、对冲基金等非传统投资类别。

（5）其他金融机构。其他金融机构包括信托公司、企业集团财务公司、金融租赁公司等。

信托公司是指经监管部门批准设立，以营业和收取报酬为目的，以受托人身份承诺信托和处理信托事务的金融机构，主要业务分为信托业务和固有业务。固有业务中投资业务占比较大，主要包括股票、债券、基金、长期股权投资及其他投资；信托业务按照信托文件约定的投资方式和比例对受托资金进行投资管理，投资领域涵盖资本市场和非资本市场各个领域，证券投资品种包括股票、债券、基金、金融衍生产品等。

企业集团财务公司是指依法设立的为企业集团成员单位技术改造、新产品开发及产品销售提供金融服务，以中长期金融业务为主的非银行金融机构。企业集团财务公司证券投资的目的主要是资产的保值增值，经批准可以承销成员单位的企业债券，进行有价证券、金融机构股权及成员单位股权投资。

金融租赁公司是指经监管部门批准设立，以经营融资租赁业务为主的非银行金融机构，证券投资的目的主要也是资产的保值增值，经批准可以进行有价证券投资和金融机构股权投资。

4.基金类投资者

基金类投资者包括四类：证券投资基金、社保基金、企业年金、社会公益基金。

（1）证券投资基金。证券投资基金有公募基金和私募基金之分，投资目的主要是获取盈利，投资对象包括股票、债券和其他证券及其衍生品种。证券投资基金会按期进行信息披露，投资者可以重点关注其投资组合和重仓股。

（2）社保基金。社保基金由社会保障基金和社会保险基金构成，参与证券投资的目的是实现资金的保值增值，投资范围包括银行存款、国债、证券投资基金、股票、投资级以上企业债券、金融债券等。

（3）企业年金。企业年金是指企业及其职工在依法参加基本养老保险基础上自愿建立的补充养老保险制度，投资目的也是实现资金的保值增值，投资对象包括银行存款、国债、短期国债回购、证券投资基金、股票、投资级以上企业债券、金融债券、可转债、投资性保险产品等。

（4）社会公益基金。社会公益基金是指将收益用于指定的社会公益事业的基金，资金来源主要是社会募捐和政府部门的资助，参与证券投资的目的也是实现资金的保值增值，主要投资风险较小的债券、股票、基金等。

5.QFII（RQFII）

QFII（qualified foreign institutional investors）是合格境外机构投资者，是一国在货币没有实现完全可自由兑换、资本项目尚未开放的情况下，有限度地引进外资、开放资本市场的一项过渡性制度。RQFII（RMB qualified foreign institutional investors）就是人民币合格境外机构投资者。QFII和RQFII经中国证监会批准，可以在境内证券市场上投资交易所交易的股票、债券、证券投资基金、权证，可参与新股发行、可转债发行、股票的增发及配股，投资风格倾向于价值投资和长期持有，偏好银行和消费类等大盘蓝筹股票，其重仓股是境外投资的风向标。

（二）个人投资者

个人投资者是指从事证券投资的社会公众个人，是证券市场最广泛的投资者。个人投资者主要投资目的是追求盈利，谋求资本的保值和增值，所以他们十分重视本金的安全和资产的流动性。单个的个人投资者受资本和投资能力所限，投资额不可能很大，但由于社会公众是广泛群体，其集合总额十分可观，故不能轻视个人投资者对证券市场稳定和发展的群体影响力。

个人投资者的资金主要来源于储蓄，投资品种包括股票、债券、证券投资基金、期货、期权等。个人投资者应关注机构投资者持仓变化和市场风格的转变，从而作出更明智的投资决策。

三、证券市场中介

证券市场中介是连接证券投资者和筹资者的桥梁，是证券市场运行的核心。证券市场中介主要包括证券公司、证券服务机构和证券金融公司。

（一）证券公司

证券公司是指依法设立经营证券业务的、具有法人资格的金融机构。证券公司是证券市场上重要的中介机构，在证券市场的运作中发挥着重要作用。一方面，证券公司为证券发行人和投资者提供专业化的中介服务，如证券发行和上市保荐、证券承销、代理证券买卖等；另一方面，证券公司是证券市场重要的机构投资者。此外，证券公司还通过资产管理方式，为投资者提供证券和其他金融产品的投资管理服务等。因此，证券公司在证券市场上扮演着重要角色。

证券公司可以分为综合类证券公司和经纪类证券公司。综合类证券公司可以经营证券经纪业务、证券自营业务、证券承销业务以及经国务院证券监督管理机构核定的其他证券业务；经纪类证券公司只能从事单一的经纪业务。

（二）证券服务机构

证券服务机构是指依法设立的从事证券服务业务的法人机构，主要包括会计师事务所、律师事务所以及从事证券投资咨询、资产评估、资信评级、财务顾问、信息技术系统服务的机构。

证券服务机构应当按照相关业务规则为证券的交易及相关活动提供服务，它们为证券的发行、上市、交易等证券业务活动制作、出具审计报告及其他鉴证报告、资产评估报告、财务顾问报告、资信评级报告或者法律意见书等文件，应当勤勉尽责，对所依据的文件资料内容的真实性、准确性、完整性进行核查和验证。

（三）证券金融公司

证券金融公司是办理证券金融业务的专门机构。我国的证券金融公司是中国证券金融股份有限公司（简称中证金融公司）。

中证金融公司成立于2011年10月28日，是经国务院同意，中国证监会批准设立的全国性证券类金融机构，是中国境内从事转融通业务的金融机构，旨在为证券公司融资融券业务提供配套服务。

四、自律性组织

自律性组织一般指行业为协调内部相关成员关系而成立的自我约束的"公约性"组织。作为证券市场参与者的自律性组织是指合法批准的证券交易场所、合法注册的证券行业协会、合法注册的证券登记结算机构，其职能是对其会员的行为和活动进行监督管理，并受有关政府部门的进一步监管。

（一）证券交易场所

证券交易所、国务院批准的其他全国性证券交易场所是为证券集中交易提供场所、设施和服务，组织和监督证券交易的法人。证券交易所的组织形式大致可以分为会员制和公司制两种。

会员制证券交易所是由成为其会员的证券商自愿出资共同组成的、不以营利为目的的社会法人团体。交易所实行会员自治、自律、自我管理，只有会员及享有特许权的经纪人才有资格在交易所中进行交易。会员制证券交易所设会员大会、理事会、总经理和监事会。目前我国的上海证券交易所、深圳证券交易所都属于会员制证券交易所。

公司制证券交易所是以股份有限公司形式组织并以营利为目的的法人团体。公司制证券交易所必须遵守公司法规定，在证券主管机构的管理和监督下，吸收各类证券挂牌上市。公司制证券交易所设股东大会、董事会、总经理和监事会。目前我国的北京证券交易所属于公司制证券交易所。

1.上海证券交易所（简称上交所）

上海证券交易所成立于1990年11月26日，同年12月19日开业，受中国证监会监督和管理，是为证券集中交易提供场所和设施、组织和监督证券交易、实行自律管理的会员制法人。经过30多年发展，上交所已成为国内最主要的交易所之一，相关市场指标和影响力位居全球交易所前列。

2.深圳证券交易所（简称深交所）

深圳证券交易所于1990年12月1日开始营业，是经国务院批准设立的全国性证券交易场所，受中国证监会监督管理，是实行自律管理的会员制法人，依照法律和相关规定履行市场组织、市场监管和市场服务等职责。经过30多年发展，深交所多项指标位居世界前列，成为全球最具活力的新兴市场之一。

3.北京证券交易所（简称北交所）

北京证券交易所于2021年9月3日注册成立，同年11月15日开市交易，是经国务院批准设立的中国境内第三家证券交易所，受中国证监会监督管理，实行公司制运营，经营范围为依法为证券集中交易提供场所和设施、组织和监督证券交易以及证券市场管理服务等业务。

（二）行业协会

行业协会是指介于政府和企业之间，商品生产者与经营者之间，并为某一特定行业提供服务并进行监督的社会中介组织。行业协会属于社会团体法人，属于非营利性机构。下面主要介绍中国证券业协会和中国证券投资基金业协会。

1.中国证券业协会

中国证券业协会成立于1991年8月28日，是依据《中华人民共和国证券法》（以下简称《证券法》）和《社会团体登记管理条例》的有关规定设立的证券业自律性组织，属于非营利性社会团体法人，接受中国证监会和民政部的业务指导和监督管理。中国证券业协会的最高权力机构是由全体会员组成的会员大会，理事会为其执行机构。证券公司应当加入证券业协会。

2.中国证券投资基金业协会

中国证券投资基金业协会成立于2012年6月6日，是依据《证券投资基金法》和《社会团体登记管理条例》，在民政部登记的社会团体法人，是证券投资基金行业的自律性组织，接受证监会和民政部的业务指导和监督管理。协会最高权力机构为全体会员组成的会员大会，会员代表大会闭会期间的执行机构为理事会。

（三）证券登记结算机构

证券登记结算机构是指为证券的发行和交易活动办理证券登记、存管、结算业务的中介服务机构。我国的证券登记结算机构是中国证券登记结算有限责任公司（简称中国结算）。

经中国证监会批准，依据《公司法》和《证券法》，中国证券登记结算有限责任公司于2001年3月30日设立，是不以营利为目的的企业法人。公司设立股东会、董事会、监事会和经营管理层。中国证监会是公司主管单位。

五、投资者保护机构

投资者保护机构是指依照法律、行政法规或者国务院证券监督管理机构的规定，专门设立的旨在保护投资者权利的机构。下面主要介绍中国证券投资者保护基金有限责任公司和中证中小投资者服务中心有限责任公司。

1.中国证券投资者保护基金有限责任公司（简称投保基金公司）

2005年6月，国务院批准中国证监会、财政部、中国人民银行发布《证券投资者保护基金管理办法》，同意设立国有独资的中国证券投资者保护基金有限责任公司，并批准了公司章程。2005年8月30日，投保基金公司在国家工商总局注册成立，归口中国证监会管理。公司设董事会，为公司的决策机构；设经理层，主持公司的经营管理工作。

2.中证中小投资者服务中心有限责任公司（简称投服中心）

中证中小投资者服务中心有限责任公司是于2014年12月成立的证券金融类公益机构，以投资者需求为导向，切实维护投资者的合法权益，归属中国证监会直接管理。

六、证券监管机构

证券监管机构主要包括政府监管部门和自律性组织（前文已述）两大类，通常指政府监管部门，即狭义的证券监管机构，是指由国家或政府组建的对证券市场实施监督管理的主管机构。我国的证券监管机构是国务院证券监督管理机构（中国证券监督管理委员会，简称中国证监会）及其派出机构。

中国证监会是国务院直属机构，在各省、自治区、直辖市和计划单列市设立36个证券监管局，以及上海、深圳证券监管专员办事处，对全国证券、期货市场实行集中统一监管，监管对象包括基金公司、证券公司、期货公司等。

第三节 证券市场监管

一、证券市场监管定义

证券市场监管是指证券监管机构运用法律手段、经济手段和必要的行政手段，对证券的募集发行、交易等行为以及证券中介机构的行为进行监督与管理。

二、证券市场监管目标、原则和手段

（一）证券市场监管目标

证券市场监管的目标在于运用和发挥证券市场机制的积极作用，限制其消极作

用；保护投资者利益，保障合法的证券交易活动，监督证券中介机构依法经营；防止人为操纵、欺诈等违法行为，维持证券市场的正常秩序；根据国家宏观经济管理的需要，运用灵活多样的方式，调控证券发行与交易规模，引导投资方向，使之与经济发展相适应。

国际证监会组织于1998年通过了一套全面的《证券监管目标和原则》，公布了证券监管的三个目标：一是保护投资者利益；二是保证市场公平、高效和透明；三是减少系统性风险。

（二）证券市场监管原则

1.依法监管原则

依法监管原则就是对证券市场进行监管要做到"有法可依""有法必依"，加大对违法违规行为的查处力度，从而维护证券市场的正常秩序。

2.保护投资者利益原则

保护投资者利益，让投资者树立信心，是培育和发展证券市场的重要环节，也是证券监管机构的首要任务和宗旨。

3."三公"原则

"三公"原则即公开、公平、公正原则。公开原则又称信息公开原则，是指要求信息披露的主体准确、及时、完整地披露信息，保持信息的公开透明；公平原则是指要求证券发行、交易活动中的所有参与者都有平等的法律地位，各自的合法权益能够得到公平的保护；公正原则是指要求证券监督管理部门在公开、公平原则基础上，对一切被监管对象给予公正待遇。

"三公"原则是贯穿证券市场整个运行过程的基本原则，三者是相互影响、密不可分的统一体。公开原则是基础和前提，公平原则是目的和结果，公正原则是保障。维护公开、公平、公正原则，是规范证券市场的基本要求，也是保障投资者利益的前提和基础。

4.监管与自律相结合的原则

监管与自律相结合的原则是指加强政府、证券监管机构对证券市场监管的同时，也要加强从业者的自我约束、自我教育和自我管理。国家对证券市场的监管是证券市场健康发展的保证，证券从业者的自我管理是证券市场正常运行的基础。

（三）证券市场监管手段

证券市场本身的特殊性和复杂性，决定了证券监管手段的多样性。证券监管机构可以运用多种手段进行监管，但主要的还是法律手段和经济手段，必要时可以采取行政手段。

1.法律手段

法律手段是指通过制定一系列的证券法规来管理证券市场。这是证券市场监管的主要手段，约束力强。

2.经济手段

经济手段是指通过运用利率政策、公开市场业务、税收政策、保证金比例等对证券市场进行干预。这种手段相对比较灵活，但调节过程可能较慢，存在时滞。

3.行政手段

行政手段是指通过制订计划、制定政策等对证券市场进行干预。这种手段比较直接，但运用不当可能违背市场规律，无法发挥作用，一般多在证券市场发展初期，法制尚不健全、市场机制尚未理顺，或遇突发性事件时使用。

三、证券市场监管体制和监管主体

（一）证券市场监管体制

证券市场监管体制是证券市场监管的职责划分和权力划分的方式和组织制度，其有效性和规范性是决定证券市场有序和稳定的重要基础。一国证券市场监管体制的形成是由该国政治、经济、文化传统及证券市场的发育程度等多种因素决定的。各国证券市场的监管体制大体分为三种模式。

1.政府集中监管型

政府集中监管是指设立专门的监管机构或部门，代表国家或政府，制定专门的证券市场管理法规，对证券市场进行集中统一监督管理，而各种自律性组织如证券交易所、行业协会等只起到协助作用。这是一种最主要的监督管理方式，主要以美国、日本、韩国、新加坡等国家为代表。

2.自律监管型

自律监管是指政府只进行某些必要的国家立法，以证券交易所、证券行业协会及证券经营机构等通过建立自律性的规章制度进行自我监督和管理为主，以英国为典型代表。

3.混合监管型

证券市场监管的发展趋势是在充分发挥政府集中统一监管的决定性作用的前提下，积极辅之以自律监管，也就是实行混合监管，以德国为典型代表。

我国证券市场经过30多年的发展，逐步形成了以国务院证券监督管理机构（中国证券监督管理委员会）、国务院证券监督管理机构的派出机构、证券交易所、国务院批准的其他全国性证券交易场所、行业协会和投资者保护机构为一体的监管体系和自律管理体系。

（二）证券市场监管主体

根据证券市场监管体制划分的三种模式，涉及的监管主体即监管机构主要有两类，即政府监管部门和自律性组织。

四、证券市场监管对象和监管内容

（一）证券市场监管对象

一般而言，证券市场的参与者都属于证券监管的对象，包括筹资者、投资者、为证券发行和证券交易提供各种服务的机构如证券商以及从事证券相关业务的商业银行、储蓄机构、保险公司、会计师事务所、资产评估机构、律师事务所等中介机构。

(二)证券市场监管内容

证券市场监管的内容涉及证券发行、证券上市、证券交易、退市及重新上市等各个环节,监管的重点包括信息披露、内幕交易、操纵市场、损害客户利益行为等方面。

1.信息披露

信息披露是指证券发行人及法律、行政法规和国务院证券监督管理机构规定的其他信息披露义务人在证券发行、上市、交易等环节中,依照规定,将公司的经营、财务等对证券价格有重要影响的信息向社会公告的活动。

信息披露义务人应当及时依法履行信息披露义务,并遵循公平披露原则。披露的信息应当真实、准确、完整,简明清晰,通俗易懂,不得有虚假记载、误导性陈述或者重大遗漏。

信息披露有利于投资者进行价值判断并作出合理的投资决策,有利于监督发行公司的经营管理,能够防止信息滥用,防止不正当竞业,并提高证券市场效率。

信息披露的内容主要包括:①证券发行与上市的信息公开制度。一是证券发行信息的公开,发行人要向投资者阐明投资于其证券的有关风险和投机因素;二是证券上市信息的公开,上市公司应当在上市交易的5日前公告上市有关文件,并将该文件置备于指定场所供公众查阅。证券发行与上市的信息公开属于证券发行人的初次信息披露,披露形式主要是招股说明书和上市公告书。②持续信息公开制度。股票或公司债券上市交易的公司,应当在一定期限内,就公司财务会计报告和经营情况及其他重要事项向国务院证券监督管理机构和证券交易所提交报告,并予公告。这属于持续信息披露,披露形式主要是定期报告(包括中期报告和年度报告)和临时报告(包括重大事件报告、收购报告书和公司合并报告等)。③证券交易所的信息公开制度。证券交易所应当为组织公平的集中交易提供保障,并公布证券交易行情;证券交易所对证券交易实行实时监控,并按照国务院证券监督管理机构的要求,对异常的交易情况提出报告;证券交易所应当对上市公司及相关信息披露义务人披露信息进行监督,督促其依法及时、准确地披露信息;证券交易所根据需要,可以对出现重大异常交易情况的证券账户限制交易,并报国务院证券监督管理机构备案。

2.内幕交易

内幕交易是指证券交易内幕信息的知情人和非法获取内幕信息的人,在内幕信息公开前买卖该公司的证券,或者泄露该信息,或者建议他人买卖该证券的行为。内幕信息是指在证券交易活动中,涉及发行人的经营、财务或者对该发行人证券的市场价格有重大影响的尚未公开的信息。

内幕交易行为包括:①内幕人员利用内幕信息买卖证券或者根据内幕信息建议他人买卖证券;②内幕人员向他人泄露内幕信息,使他人利用该信息进行内幕交易；③非内幕人员通过不正当的手段或者其他途径获得内幕信息，并根据该信息买卖证券或者建议他人买卖证券等。

3.操纵市场

操纵市场是指某一组织或个人以获取利益或者减少损失为目的，利用其资金、信息等优势，或者利用职权，制造证券市场假象，诱导或者致使投资者在不了解事实真相的情况下作出证券投资决定，扰乱证券市场秩序的行为。

操纵市场行为包括：①通过单独或者合谋，集中资金优势、持股优势或利用信息优势联合或者连续买卖；②与他人串通，以事先约定的时间、价格和方式相互进行证券交易；③在自己实际控制的账户之间进行证券交易；④不以成交为目的，频繁或者大量申报并撤销申报；⑤利用虚假或者不确定的重大信息，诱导投资者进行证券交易；⑥对证券、发行人公开作出评价、预测或者投资建议，并进行反向证券交易；⑦利用在其他相关市场的活动操纵证券市场；⑧操纵证券市场的其他手段。

4.损害客户利益行为

损害客户利益行为是指证券公司及其从业人员违反规定，从事的可能给客户造成损失的行为。

损害客户利益行为包括：①违背客户的委托为其买卖证券；②不在规定时间内向客户提供交易的确认文件；③未经客户的委托，擅自为客户买卖证券，或者假借客户的名义买卖证券；④为牟取佣金收入，诱使客户进行不必要的证券买卖；⑤其他违背客户真实意思表示，损害客户利益的行为。

在证券发行、交易及相关活动中，信息披露义务人未按规定进行信息披露，以及内幕交易、操纵市场、损害客户利益等行为严重扰乱证券市场秩序，损害投资者的合法权益和社会公共利益，因此，它们成为证券市场监管的重点。证券监督管理机构对上述行为均进行了明确的界定，并制定了相应的处罚措施。

理论应用 ☑

视频6-3

证券市场信息查询方法

综合练习 ☑

1.关于证券市场的表述正确的是（　　　）。

A.证券市场仅包括股票和债券的发行与交易

B.证券市场是金融市场的重要组成部分

C.证券市场仅指证券交易所内的交易活动

D. 证券市场不包括证券投资基金的发行和交易

2. 证券市场显著特征之一是：它是（   ）直接交换的场所。

A. 信用

B. 预期

C. 价格

D. 价值

3. 募集新资金及首次发行证券的市场是（   ）。

A. 场外市场

B. 交易市场

C. 初级市场

D. 主板市场

4. 关于证券市场的地位说法正确的是（   ）。

A. 证券市场是货币市场的核心

B. 证券市场与长期信贷市场无关

C. 证券市场是资本市场的核心

D. 证券市场的发展对金融市场体系的完善没有影响

5. 目前中国机构投资者具有证券自营业务资格的是（   ）。

A. 保险经营机构

B. 证券经营机构

C. 银行业金融机构

D. 合格境外机构投资者

6. 经国务院保险监督管理机构会同国务院证券监督管理机构批准，保险公司可以设立（   ）从事证券投资活动。

A. 证券公司

B. 保险资产管理公司

C. 基金公司

D. 投资公司

7. 证券中介机构不包括（   ）。

A. 证券公司

B. 资产评估机构

C. 证券金融公司

D. 证券登记结算公司

8. 我国证券市场监管体系不包括（   ）。

A. 国务院证券监督管理机构及其派出机构

B. 证券投资者保护基金

C. 证券服务机构

D. 证券交易所和行业协会

9.关于证券市场监管说法错误的是（　　　）。

A.证券市场监管的目标之一是保护投资者利益

B.证券市场监管的原则包括依法监管原则和"三公"原则

C.证券市场监管的主要手段是法律手段和经济手段

D.证券市场监管仅依靠政府监管部门，不需要自律性组织的参与

10.关于证券市场监管对象和内容表述错误的是（　　　）。

A.证券市场的参与者都属于证券监管的对象

B.信息披露是证券市场监管的重点内容之一

C.内幕交易和操纵市场行为是证券市场监管的重点

D.损害客户利益行为不属于证券市场监管的内容

课程思政 ✔ --●

视频6-4

北交所的"前世今生"

第七章
证券发行市场

思维导图

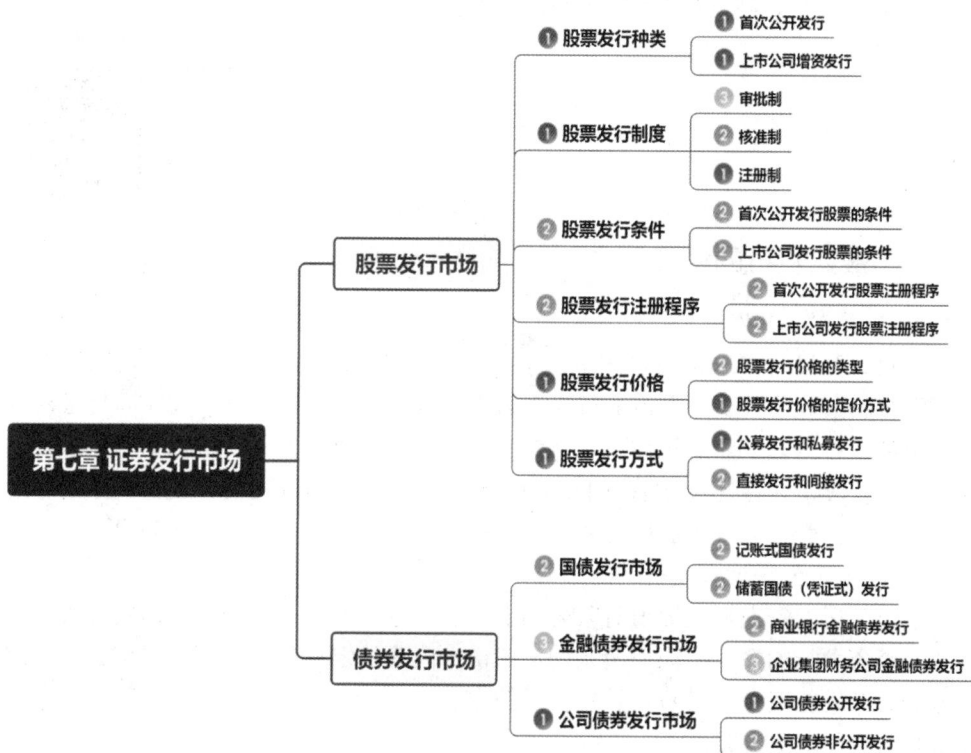

①掌握；②熟悉；③了解。

1. 掌握股票发行市场中股票发行种类、发行制度、发行价格及发行方式；债券发行市场中公司债券公开发行和非公开发行。

2. 熟悉股票发行市场中股票发行条件和发行注册程序；债券发行市场中的国债发行市场。

3. 了解金融债券发行市场。

1. 培养学生法治意识、职业道德和职业操守。

2. 培养学生具有融资者的高度社会责任感。

第一节 股票发行市场

视频7-1

股票发行市场

一、股票发行的种类

（一）首次公开发行

首次公开发行（initial public offering，IPO），是股份有限公司首次在证券市场公开发行股票募集资金并上市的行为。通常，首次公开发行是发行人在满足必须具备的条件，并经证券监管机构审核、核准或注册后，通过证券承销机构面向社会公众公开发行股票并在证券交易所上市的过程。通过首次公开发行，发行人不仅募集到所需资金，而且完成了股份有限公司的设立或转制，成为上市公众公司。

（二）上市公司增资发行

上市公司增资发行是股份有限公司上市后为达到增加资本的目的而发行股票的行为。增资发行的方式有向原股东配售股份、向不特定对象公开募集股份、向特定对象非公开发行股票、发行可转换公司债券。

1. 向原股东配售股份

向原股东配售股份，简称配股，是上市公司根据公司发展需要，依照有关法律规定和相应的程序，向原股票股东按其持股比例、以低于市价的某一特定价格配售一定数量新发行股票的融资行为。

2. 向不特定对象公开募集股份

向不特定对象公开募集股份，简称公开增发，是上市公司向社会公众公开发行股票募集资金的增资方式。公开增发所面向的投资者为普通投资者，并且已持有上市公司股票的原股东在公开增发时有优先权。增发的目的一方面是为上市公司提供生产发展中所需的资金；另一方面是扩大股东人数，分散股权，增强股票的流动性，避免股份过分集中。公开增发的股票价格大都以市场价格为基础，这是常用的增资方式。

3.向特定对象非公开发行股票

向特定对象非公开发行股票，简称为定向增发，是上市公司向符合条件的少数特定投资者非公开发行股票的增资行为。特定对象包括：公司控股股东、实际控制人及其控制的企业；与公司业务有关的企业、往来银行；证券投资基金、证券公司、信托投资公司等金融机构；公司董事、员工等。公司可以对认购者的持股期限有所限制。这种增资方式会直接影响公司原股东利益，需经股东大会特别批准。

4.发行可转换公司债券

上市公司发行可转换公司债券包括向不特定对象发行可转债和向特定对象发行可转债，主要动因是为了增强证券对投资者的吸引力，能以较低的成本筹集到所需要的资金。可转换公司债券一旦转换成普通股，公司就能将原来筹集的期限有限的资金转化成长期稳定的股本，扩大了股本规模。

二、股票发行制度

股票发行制度是指发行人在申请发行股票时必须遵循的一系列程序化的规范，是支配股票发行行为和明确市场参与各方的权利和责任的一系列规则体系，其核心内容是股票发行决定权的归属。

股票发行制度主要有三种：审批制、核准制和注册制，其中审批制是完全计划发行的模式，核准制是从审批制向注册制过渡的中间形式，注册制是目前成熟股票市场普遍采用的发行制度。

（一）审批制

审批制是股票市场发展初期，采用行政和计划的办法分配股票发行的指标和额度，由地方政府或行业主管部门根据指标推荐企业发行股票的一种发行制度。审批制下公司发行股票的竞争焦点主要是争夺股票发行指标和额度。证券监管部门凭借行政权力行使实质性审批职能。

我国股票发行在2000年之前实行的是审批制，其中，1993—1995年是"额度管理"阶段，1996—2000年是"指标管理"阶段。

（二）核准制

核准制又称为"准则制"或"实质审查制"，是指发行人申请发行证券，不仅要公开披露与发行证券有关的信息，符合公司法和证券法所规定的条件，而且要求发行人将发行申请报请证券监管机构决定的审核制度。证券监管机构对申报文件的真实性、准确性、完整性及及时性进行形式审查外，还对发行人的法人治理结构、营业性质、资本结构、发展前景、管理人员素质、公司竞争力等条件进行实质性审查，并据此作出发行人是否符合发行条件的价值判断和是否核准申请的决定。核准制遵循的是强制性信息公开披露和合规性管理相结合的实质管理原则。

我国股票发行在2001年开始实行核准制，其中，2001—2004年采用"通道制"，即向各综合类券商下达可推荐 IPO 企业家数，由主承销商代替行政机制遴选和推荐发行人。2004 年后在核准制下实行"保荐制"，由证券发行人提出发行申请，保荐机构（主承销商）向中国证监会推荐，中国证监会进行合规性初审后，提交发行审核委员会审核，最终经中国证监会核准后发行。

（三）注册制

注册制又称"申报制"或"形式审查制"，是指发行人在公开发行股票时，按照要求将所有应该公开的信息向证券发行监管机构申报注册和披露，并对该信息的真实性、准确性、完整性承担责任，证券监管机构只对申报材料进行"形式审查"，不对发行人的资质进行实质性审核和价值判断，将发行公司股票的良莠留给市场来决定。注册制实行公开管理原则，实质上是一种发行人的财务公开制度。注册制的本质是把选择权交给市场，强化市场约束和法治约束，调整政府与市场关系。与核准制相比，不仅涉及审核主体的变化，更重要的是充分贯彻以信息披露为核心的理念，发行上市全过程更加规范、透明、可预期。

2018 年 11 月 5 日，习近平总书记在首届中国国际进口博览会开幕式上宣布，在上海证券交易所设立科创板并试点注册制，这标志着注册制改革进入启动实施阶段。2019 年 7 月 22 日，首批科创板公司上市交易。2020 年 8 月 24 日，深圳证券交易所正式落地创业板改革并试点注册制。2021 年 11 月 15 日，北京证券交易所揭牌开市，同步试点注册制。2023 年 2 月 1 日，全面实行股票发行注册制改革正式启动。

三、股票发行条件

（一）首次公开发行股票的条件

1.上交所和深交所首次公开发行股票的条件

中国证监会 2023 年 2 月发布的《首次公开发行股票注册管理办法》、2020 年 6 月发布的《创业板首次公开发行股票注册管理办法（试行）》和 2020 年 7 月修订发布的《科创板首次公开发行股票注册管理办法（试行）》规定，首次公开发行股票并在上交所、深交所上市应符合以下发行条件：

（1）首次公开发行的发行人是依法设立且持续经营三年以上的股份有限公司，具备健全且运行良好的组织机构，相关机构和人员能够依法履行职责。

（2）发行人会计基础工作规范，财务报表的编制和披露符合企业会计准则和相关信息披露规则的规定，在所有重大方面公允地反映了发行人的财务状况、经营成果和现金流量，最近三年财务会计报告由注册会计师出具无保留意见的审计报告。

（3）发行人业务完整，具有直接面向市场独立持续经营的能力。

（4）发行人生产经营符合法律、行政法规的规定，符合国家产业政策。

2.北交所首次公开发行股票的条件

中国证监会 2023 年 2 月修订发布的《北京证券交易所向不特定合格投资者公开发行股票注册管理办法》规定，公开发行股票并在北交所上市应符合以下发行条件：

（1）发行人应当为在全国股转系统连续挂牌满十二个月的创新层挂牌公司。

（2）发行人申请公开发行股票，应当符合下列规定：

①具备健全且运行良好的组织机构；

②具有持续经营能力，财务状况良好；

③最近三年财务会计报告无虚假记载，被出具无保留意见审计报告；

④依法规范经营。

（3）发行人及其控股股东、实际控制人存在下列情形之一的，发行人不得公开发行股票：

①最近三年内存在贪污、贿赂、侵占财产、挪用财产或者破坏社会主义市场经济秩序的刑事犯罪；

②最近三年内存在欺诈发行、重大信息披露违法或者其他涉及国家安全、公共安全、生态安全、生产安全、公众健康安全等领域的重大违法行为；

③最近一年内受到中国证监会行政处罚。

（二）上市公司发行股票的条件

1.上交所和深交所上市公司发行股票的条件

中国证监会于2023年2月发布的《上市公司证券发行注册管理办法》规定，上市公司申请发行股票并在上交所、深交所上市，应当符合以下发行条件和要求。

（1）上市公司向不特定对象发行股票，应当符合下列规定：

①具备健全且运行良好的组织机构。

②现任董事、监事和高级管理人员符合法律、行政法规规定的任职要求。

③具有完整的业务体系和直接面向市场独立经营的能力，不存在对持续经营有重大不利影响的情形。

④会计基础工作规范，内部控制制度健全且有效执行，财务报表的编制和披露符合企业会计准则和相关信息披露规则的规定，在所有重大方面公允反映了上市公司的财务状况、经营成果和现金流量，最近三年财务会计报告被出具无保留意见审计报告。

⑤除金融类企业外，最近一期末不存在金额较大的财务性投资。

⑥交易所主板上市公司配股、增发的，应当最近三个会计年度盈利；增发还应当满足最近三个会计年度加权平均净资产收益率平均不低于6%；净利润以扣除非经常性损益前后孰低者为计算依据。

（2）上市公司配股，应当符合下列规定：

①拟配售股份数量不超过本次配售前股本总额的50%，并应当采用代销方式发行。

②控股股东应当在股东大会召开前公开承诺认配股份的数量。控股股东不履行认配股份的承诺，或者代销期限届满，原股东认购股票的数量未达到拟配售数量

70% 的，上市公司应当按照发行价并加算银行同期存款利息返还已经认购的股东。

（3）上市公司向特定对象发行股票

①上市公司向特定对象发行股票，发行价格应当不低于定价基准日前 20 个交易日公司股票均价的 80%。

②向特定对象发行的股票，自发行结束之日起 6 个月内不得转让。发行对象属于本办法第五十七条第二款规定情形的（即发行对象属于下列情形之一的：上市公司的控股股东、实际控制人或者其控制的关联人；通过认购本次发行的股票取得上市公司实际控制权的投资者；董事会拟引入的境内外战略投资者），其认购的股票自发行结束之日起 18 个月内不得转让。

③上市公司向特定对象发行证券，发行对象应当符合股东大会决议规定的条件，且每次发行对象不超过 35 名。发行对象为境外战略投资者的，应当遵守国家的相关规定。

中国证监会 2020 年 6 月发布的《创业板上市公司证券发行注册管理办法（试行）》和 2020 年 7 月发布的《科创板上市公司证券发行注册管理办法（试行）》中规定的创业板和科创板上市公司发行股票的条件，与主板上市公司公开发行股票的条件基本相同，所不同的是，创业板和科创板上市公司向不特定对象发行股票在持续盈利能力方面的条件有所放宽：创业板的条件为最近二年盈利，并不再要求增发还应当满足最近三个会计年度加权平均净资产收益率平均不低于 6%；科创板对此不做要求。

（4）根据《上市公司证券发行注册管理办法》（2023 年 2 月 17 日中国证券监督管理委员会第 2 次委务会议审议通过），上市公司发行可转债，应当符合下列规定：

①具备健全且运行良好的组织机构。

②最近三年平均可分配利润足以支付公司债券一年的利息。

③具有合理的资产负债结构和正常的现金流量。

④交易所主板上市公司向不特定对象发行可转债的，应当最近三个会计年度盈利，且最近三个会计年度加权平均净资产收益率平均不低于 6%；净利润以扣除非经常性损益前后孰低者为计算依据。

除前款规定条件外，上市公司向不特定对象发行可转债，还应当遵守本办法第九条第（二）项至第（五）项、第十条的规定；向特定对象发行可转债，还应当遵守本办法第十一条的规定。但是，按照公司债券募集办法，上市公司通过收购本公司股份的方式进行公司债券转换的除外。

2.北交所上市公司发行股票的条件

（1）向特定对象发行股票的条件包括：

①具备健全且运行良好的组织机构。

②具有独立、稳定经营能力，不存在对持续经营有重大不利影响的情形。

③最近一年财务会计报告无虚假记载，未被出具否定意见或无法表示意见的

审计报告；最近一年财务会计报告被出具保留意见的审计报告，保留意见所涉及事项对上市公司的重大不利影响已经消除。

④ 合法规范经营，依法履行信息披露义务。

上市公司向特定对象发行股票的，发行价格应当不低于定价基准日前20个交易日公司股票均价的80%。

（2）向不特定对象发行股票的条件包括：

① 应当符合前款北交所上市公司向特定对象发行股票的条件。

② 应当符合前文北交所公开发行股票的发行条件。

③ 拟发行数量不得超过本次发行前股本总额的30%。

④ 发行价格应当不低于公告招股意向书前20个交易日或者前1个交易日公司股票均价。

四、股票发行注册程序

（一）首次公开发行股票注册程序

中国证监会2023年2月发布的《首次公开发行股票注册管理办法》、2020年7月修订发布的《科创板首次公开发行股票注册管理办法（试行）》、2020年6月发布的《创业板首次公开发行股票注册管理办法（试行）》和2023年2月修订发布的《北京证券交易所向不特定合格投资者公开发行股票注册管理办法（试行）》规定，首次公开发行股票的注册程序为：

（1）申请。发行人应当召开股东大会形成决议并按照中国证监会有关规定制作注册申请文件，依法由保荐人保荐并向交易所申报。

（2）受理。交易所收到注册申请文件，5个工作日内作出是否受理的决定。

（3）审核。交易所设立独立的审核部门，负责审核发行人公开发行并上市申请；设立科技创新咨询委员会或行业咨询专家库，负责为板块建设和发行上市审核提供专业咨询和政策建议；设立上市委员会，负责对审核部门出具的审核报告和发行人的申请文件提出审议意见。

（4）决定。交易所按照规定的条件和程序，形成发行人是否符合发行条件和信息披露要求的审核意见。认为发行人符合发行条件和信息披露要求的，将审核意见、发行人注册申请文件及相关审核资料报中国证监会注册；认为发行人不符合发行条件或者信息披露要求的，作出终止发行上市审核决定。交易所应当自受理注册申请文件之日起在规定的时限内形成审核意见。其中科创板在3个月内、北交所在2个月内。

（5）注册。中国证监会收到交易所审核意见及相关资料后，基于交易所审核意见，依法履行发行注册程序。在20个工作日内对发行人的注册申请作出予以注册或者不予注册的决定。

（6）发行。中国证监会的予以注册决定，自作出之日起1年内有效，发行人应当在注册决定有效期内发行股票，发行时点由发行人自主选择。

（二）上市公司发行股票注册程序

1.上交所和深交所上市公司发行股票注册条件

中国证监会于2023年2月发布的《上市公司证券发行注册管理办法》、2020年7月修订发布的《科创板上市公司证券发行注册管理办法（试行）》和2020年6月发布的《创业板上市公司证券发行注册管理办法（试行）》规定，上市公司发行股票的注册程序为：

（1）申请。上市公司申请发行股票，应当召开股东大会形成决议并按照中国证监会有关规定制作注册申请文件，依法由保荐人保荐并向交易所申报。

董事会决议日与首次公开发行股票上市日的时间间隔不得少于6个月。

（2）受理。交易所收到注册申请文件后，5个工作日内作出是否受理的决定。

（3）审核。交易所审核部门负责审核上市公司证券发行上市申请；交易所上市委员会负责对上市公司向不特定对象发行证券的申请文件和审核部门出具的审核报告提出审议意见。

交易所主要通过向上市公司提出审核问询、上市公司回答问题方式开展审核工作，判断上市公司发行申请是否符合发行条件和信息披露要求。

（4）决定。交易所按照规定的条件和程序，形成上市公司是否符合发行条件和信息披露要求的审核意见，认为上市公司符合发行条件和信息披露要求的，将审核意见、上市公司注册申请文件及相关审核资料报中国证监会注册；认为上市公司不符合发行条件或者信息披露要求的，作出终止发行上市审核决定。交易所应当自受理注册申请文件之日起2个月内形成审核意见。

向特定对象发行融资总额不超过人民币3亿元且不超过最近一年末净资产20%的股票的，适用简易程序。

交易所采用简易程序的，应当在收到注册申请文件后，2个工作日内作出是否受理的决定，自受理之日起3个工作日内完成审核并形成上市公司是否符合发行条件和信息披露要求的审核意见。

（5）注册。中国证监会收到交易所审核意见及相关资料后，基于交易所审核意见，依法履行发行注册程序。在15个工作日内对上市公司的注册申请作出予以注册或者不予注册的决定。

中国证监会收到交易所采用简易程序报送的审核意见、上市公司注册申请文件及相关审核资料后，3个工作日内作出予以注册或者不予注册的决定。

（6）发行。中国证监会的予以注册决定，自作出之日起1年内有效，上市公司应当在注册决定有效期内发行证券，发行时点由上市公司自主选择。

适用简易程序的，应当在中国证监会作出予以注册决定后10个工作日内完成发行缴款，未完成的，本次发行批文失效。

2.北交所上市公司发行股票注册程序

中国证监会于2023年2月发布的《北京证券交易所上市公司证券发行注册管理办法（试行）》中规定的上市公司发行股票的注册程序与前文上市公司发行股票的

注册程序基本相同，不同之处主要有：

（1）上市公司年度股东大会可以授权董事会向特定对象发行累计融资额低于1亿元且低于公司最近一年末净资产20%的股票，该项授权的有效期不得超过上市公司下一年度股东大会召开日。

（2）上市公司向前10名股东、实际控制人、董事、监事、高级管理人员及核心员工发行股票，连续12个月内发行的股份未超过公司总股本10%且融资总额不超过2000万元的，无需提供保荐人出具的保荐文件以及律师事务所出具的法律意见书。

（3）上市公司采用授权发行方式向特定对象发行股票且按照竞价方式确定发行价格和发行对象的，北交所应当在2个工作日内作出是否受理的决定，并自受理注册申请文件之日起3个工作日内形成审核意见。

（4）上市公司申请向特定对象发行股票，可申请一次注册，分期发行。自中国证监会予以注册之日起，公司应当在3个月内首期发行，剩余数量应当在12个月内发行完毕。首期发行数量应当不少于总发行数量的50%，剩余各期发行的数量由公司自行确定，每期发行后5个工作日内将发行情况报北交所备案。

五、股票发行价格

（一）股票发行价格的类型

股票发行价格是新股票发行时的实际价格，也是投资者在发行市场上购买股票的价格。一般而言，股票发行价格有以下类型。

1.平价发行

平价发行又称面额发行或等价发行，是指股票以票面金额为发行价格。平价发行在以股东分摊方式发行股票时采用，在证券市场不发达的国家或地区较为普遍。一般不能被实力雄厚的公司采用，因为这样会减少公司的资本收益。

2.时价发行

时价发行是指股票以流通市场上的价格为基准来确定发行价格，通常股票的时价要高于股票的面额价格。时价发行在股票实行公开招股和配股给第三者时采用，时价发行时的具体价格，一般会低于市场价格的5%～10%。

3.溢价发行

溢价发行是指股票以高于票面金额的价格发行。溢价带来的收益计入公司资本公积金。股票首次发行时，根据公司的实际情况一般有平价发行和溢价发行两种。在发行增资股票时，一般根据公司原发行股票内在价值的增值，考虑溢价发行。溢价发行是成熟市场最基本、最常用的发行方式。股票溢价发行与时价发行的主要区别在于：前者注重考虑资产增值；后者既考虑资产增值，又考虑该股票在流通市场上的价格。

4.折价发行

折价发行是指股票以低于票面金额一定折扣的价格发行。价格折扣的大小由发行公司与承销商双方协商，取决于发行人的业绩。采用折价发行的国家不多，我国《公司法》规定股票发行价格可以等于票面金额，也可以超过票面金额，但不得低于票面金额。

（二）股票发行价格的定价方式

1.直接定价方式

直接定价方式是指股票发行公司直接与股票承销商商定承销价格（发行公司希望的公开发行价格）与出售价格（承销商愿付给发行公司的价格）。承销价格与出售价格的差额即为承销商的报酬。

我国《证券发行与承销管理办法》（2023年修订）规定，首次公开发行证券发行数量二千万股（份）以下且无老股转让计划的，发行人和主承销商可以通过直接定价的方式确定发行价格。发行人尚未盈利的，应当通过向网下投资者询价方式确定发行价格，不得直接定价。

通过直接定价方式确定的发行价格对应市盈率不得超过同行业上市公司二级市场平均市盈率；已经或者同时境外发行的，通过直接定价方式确定的发行价格还不得超过发行人境外市场价格。首次公开发行证券采用直接定价方式的，除《证券发行与承销管理办法》第二十三条第三款规定的情形外全部向网上投资者发行，不进行网下询价和配售。

2.询价方式

询价方式是指股票发行公司及其保荐机构通过向询价对象询价的方式确定股票发行价格的一种方法。

我国《证券发行与承销管理办法》（2023年修订）规定，首次公开发行证券，可以通过询价的方式确定证券发行价格，也可以通过发行人与主承销商自主协商直接定价等其他合法可行的方式确定发行价格。

首次公开发行证券采用询价方式的，应当向证券公司、基金管理公司、期货公司、信托公司、保险公司、财务公司、合格境外投资者和私募基金管理人等专业机构投资者，以及经中国证监会批准的证券交易所规则规定的其他投资者询价。上述询价对象统称网下投资者。在主板上市的，还应当向其他法人和组织、个人投资者询价。

询价分为初步询价和累计投标询价。初步询价是指首次公开发行证券通过询价方式确定发行价格的，在网下投资者报价后，发行人和主承销商根据初步询价情况协商确定发行价格。发行人和主承销商应当剔除拟申购总量中报价最高的部分，剔除部分不超过所有网下投资者拟申购总量的3%，然后根据剩余报价及拟申购数量协商确定发行价格。

累计投标询价是指新股发行定价采用两段式询价，第一阶段是发行人和主承销商向网下投资者初步询价后确定价格区间，第二阶段是发行人和主承销商在初步询价确定的发行价格区间内向网下投资者通过累计投标询价确定价格。

3.竞价方式

竞价方式是由主承销商按股票发行公司确定的发行底价，通过投资者的竞价认购来确定股票发行价格并发售股票的方式。

在我国，北京证券交易所有直接定价、网下询价和网上竞价三种定价方式。网上竞价是北京证券交易所独有的定价方式。

六、股票发行方式

股票发行方式根据发行对象不同可分为公募发行和私募发行，根据发行主体不同可分为直接发行和间接发行两类。

（一）公募发行和私募发行

1.公募发行

公募发行，又称为公开发行，是发行人向不特定的社会公众投资者发售证券的发行。公募发行是股票发行中最常见、最基本的发行方式，适合发行数量多、筹资额大、准备申请上市的发行人。

目前，通过证券交易所进行公募发行有以下四种方式。

（1）网上定价发行。网上定价发行是指利用证券交易所的交易系统，主承销商作为新股的唯一卖方，以发行人公布的发行价格为申购价格，以新股实际发行量为总的卖出量，由投资者在指定的时间内按现行买入股票的方式进行申购的发行方式。

（2）网上竞价发行。网上竞价发行是指利用证券交易所的交易系统，主承销商作为新股的唯一卖方，按照发行人确定的发行底价，投资者在指定时间以不低于发行底价的价格及限购数量进行竞价认购的一种发行方式。

2023年2月修订的《北京证券交易所证券发行与承销管理细则》对竞价发行有明确的规定。股票公开发行采用竞价方式的，除董监高等群体外，均可参与申购。

（3）网下配售。网下配售是指通过证券交易所网下发行电子平台及中国证券登记结算有限公司所属登记结算平台进行的发行配售。

（4）网下配售与网上市值配售发行相结合。我国股份有限公司首次公开发行股票和上市后向社会公开募集股份（公募增发）采取网下配售和网上市值配售发行相结合的发行方式，网下和网上投资者在申购时无需缴付申购资金。

网下配售发行。参与该次网下发行业务的网下投资者及其管理的配售对象，以该次初步询价开始日前两个交易日为基准日，其在基准日前20个交易日（含基准日）所持有上海市场非限售A股股票和非限售存托凭证总市值的日均市值应为6 000万元（含）以上。科创和创业等主题封闭运作基金与封闭运作战略配售基金，在该基准日前20个交易日（含基准日）所持有上海市场非限售A股股票和非限售存托凭证总市值的日均市值应为1 000万元（含）以上。

网上市值配售发行。网上市值配售发行指通过证券交易所交易系统并采用网上按市值申购和配售方式进行的发行。根据2023年修订的《上海市场首次公开发行股票网上发行实施细则》和2018年修订的《深圳市场首次公开发行股票网上发行实施细则》，网上首次公开发行股票，根据投资者持有的市值确定其网上可申购额度，符合投资者适当性条件且T-2日（含）前20个交易日日均持有1万元非限售A股股票和非限售存托凭证市值才可申购新股，每持有5 000元市值可申购一个申购单位，不足5 000元的部分不计入申购额度。每一个新股申购单位为500股，申购数量应当为500股或其整数倍，但最高申购数量不得超过当次网上初始发行数量的千分之一，且不得超过9 999.95万股（沪市）/99 999.95万股（深市）。申购时间为T日9：30—11：30、13：00—15：00。客户申购时无需缴付认购资金，T+2日确认中签后需确保16：00有足够资金用于新股申购的资金交收。

回拨机制。在同一次发行中采取网下发行和网上发行时，先初始设定不同发行方式下发行数量，然后根据认购结果，按照预先公布的规则在两者之间适当调整发行数量。首次公开发行股票采用询价方式上市的，公开发行后总股本在4亿股以下的，网下初始发行比例，主板不低于本次公开发行股票数量的60%，科创板和创业板不低于70%；公开发行后总股本超过4亿股或者发行人尚未盈利的，网下初始发行比例，主板不低于本次公开发行证券数量的70%，科创板和创业板不低于80%。北交所公开发行并上市的，网下初始发行比例应当不低于60%且不高于80%。首次公开发行证券网下投资者申购数量低于网下初始发行量的，发行人和主承销商应当中止发行，不得将网下发行部分向网上回拨。网上投资者申购数量不足网上初始发行量的，可以回拨给网下投资者。

2.私募发行

私募发行，又称为不公开发行，是指以特定投资者为对象的发行。私募发行的对象有两类：一类是公司的老股东或发行人的员工；另一类是投资基金、社会保险基金、保险公司、商业银行等金融机构以及与发行人有密切往来关系的企业等机构投资者。私募发行有确定的投资者，发行手续简单，可以节省发行时间和发行费用，但投资者数量有限，证券流动性较差，不利于提高发行人的社会信誉。

（二）直接发行和间接发行

1.直接发行

直接发行即发行人直接向投资者推销、出售证券的发行。这种发行方式可以节省向发行中介机构缴纳的手续费，降低发行成本；但如果发行额较大，由于缺乏专业人才和发行网点，发行者自身要担负较大的发行风险。这种方式只适用于有既定发行对象或发行人知名度高、发行数量少、风险低的证券。

2.间接发行

间接发行，又称为承销，是由发行人委托证券公司等证券中介机构代理出售股票的发行。对发行人来说，采用间接发行可在较短时间内筹集到所需资金，发行风险较小；但需支付一定的手续费，发行成本较高。一般情况下，间接发行是基本的、常见的方式，特别是公募发行，大多采用间接发行；而私募发行则以直接发行为主。间接发行，即承销，包括两种方式，包销和代销。

（1）包销。包销是指证券公司将发行人的股票按照协议全部购入，或者在承销期结束时将售后剩余股票全部自行购入的承销方式。包销可分为全额包销和余额包销两种。全额包销是指由证券公司先全额购买发行人该次发行的股票，再向投资者发售，由证券公司承担全部风险的承销方式。余额包销是指证券公司按照规定的发行额和发行条件，在约定的期限内向投资者发售股票，到销售截止日，如投资者实际认购总额低于预定发行总额，未售出的股票由证券公司负责认购，并按约定时间向发行人支付全部款项的承销方式。

（2）代销。代销是指证券公司代发行人发售股票，在承销期结束时，将未售出的股票全部退还给发行人的承销方式。

第二节　债券发行市场

一、国债发行市场

（一）记账式国债发行

根据《记账式国债招标发行规则》，记账式国债发行招标通过财政部政府债券发行系统进行。记账式国债通过竞争性招标确定票面利率或发行价格。如无特殊规定，竞争性招标时间为招标日上午10：35至11：35。

竞争性招标标的为利率或价格，国债承销团成员在每个利率或价格上的投标为一个标位，除另有规定外，利率招标时，标位变动幅度为0.01%；价格招标时，标位变动幅度在国债发行通知中规定。财政部按照低利率或高价格优先的原则对有效投标逐笔募入，直到募满招标额或将全部有效投标募完为止，募入即为中标。

竞争性招标方式包括单一价格招标、修正的多重价格招标等。

单一价格招标方式下，标的为利率时，全场最高中标利率为当期（次）国债票面利率，各中标国债承销团成员（以下称中标机构）均按面值承销；标的为价格时，全场最低中标价格为当期（次）国债发行价格，各中标机构均按发行价格承销。

修正的多重价格招标方式下，标的为利率时，全场加权平均中标利率四舍五入后为当期（次）国债票面利率，低于或等于票面利率的中标标位，按面值承销；高于票面利率的中标标位，按各中标标位的利率与票面利率折算的价格承销。标的为价格时，全场加权平均中标价格四舍五入后为当期（次）国债发行价格，高于或等于发行价格的中标标位，按发行价格承销；低于发行价格的中标标位，按各中标标位的价格承销。

（二）储蓄国债（凭证式）发行

根据《储蓄国债（凭证式）管理办法》，储蓄国债（凭证式）采用代销方式发行，每期储蓄国债（凭证式）的发行数量不超过当期国债最大发行额。储蓄国债（凭证式）发行对象为个人，承销团成员不得向政府机关、企事业单位和社会团体等任何机构销售储蓄国债（凭证式）。储蓄国债（凭证式）通过承销团成员营业网点柜台销售，其他销售渠道需符合中国人民银行和财政部的相关规定。

二、金融债券的发行市场

根据《全国银行间债券市场金融债券发行管理办法》，金融债券可在全国银行间债券市场公开发行或定向发行，可以采取一次足额发行或限额内分期发行的方式。金融债券的发行应由具有债券评级能力的信用评级机构进行信用评级。金融债券发行后信用评级机构应每年对该金融债券进行跟踪信用评级。

（一）商业银行金融债券发行

商业银行发行金融债券应具备以下条件：

（1）具有良好的公司治理机制；

（2）核心资本充足率不低于4%；

（3）最近三年连续盈利；

（4）贷款损失准备计提充足；

（5）风险监管指标符合监管机构的有关规定；

（6）最近三年没有重大违法、违规行为；

（7）中国人民银行要求的其他条件。

根据商业银行的申请，中国人民银行可以豁免前款所规定的个别条件。

（二）企业集团财务公司金融债券发行

企业集团财务公司发行金融债券应具备以下条件：

（1）具有良好的公司治理机制；

（2）资本充足率不低于10%；

（3）风险监管指标符合监管机构的有关规定；

（4）最近三年没有重大违法、违规行为；

（5）中国人民银行要求的其他条件。

三、公司债券的发行市场

根据《公司债券发行与交易管理办法》，公司债券可以公开发行，也可以非公开发行。

（一）公司债券公开发行

1.公开发行公司债券

公开发行公司债券，应当符合下列条件：

（1）具备健全且运行良好的组织机构；

（2）最近三年平均可分配利润足以支付公司债券一年的利息；

（3）具有合理的资产负债结构和正常的现金流量；

（4）国务院规定的其他条件。

公开发行公司债券，由证券交易所负责受理、审核，并报中国证监会注册。

2.不得再次公开发行公司债券

存在下列情形之一的，不得再次公开发行公司债券：

（1）对已公开发行的公司债券或者其他债务有违约或者延迟支付本息的事实，仍处于继续状态；

（2）违反《证券法》规定，改变公开发行公司债券所募资金用途。

3.投资者可以参与认购的公开发行公司债券

资信状况符合以下标准的公开发行公司债券，专业投资者和普通投资者可以参与认购：

（1）发行人最近三年无债务违约或者延迟支付本息的事实；

（2）发行人最近三年平均可分配利润不少于债券一年利息的1.5倍；

（3）发行人最近一期末净资产规模不少于250亿元；

（4）发行人最近36个月内累计公开发行债券不少于3期，发行规模不少于100亿元；

（5）中国证监会根据投资者保护的需要规定的其他条件。

未达到前款规定标准的公开发行公司债券，仅限于专业投资者参与认购。

公司债券公开发行的价格或利率以询价或公开招标等市场化方式确定。发行人公开发行公司债券，应当按照中国证监会有关规定制作注册申请文件，由发行人向证券交易所申报。证券交易所收到注册申请文件后，在5个工作日内作出是否受理的决定。中国证监会收到证券交易所报送的审核意见、发行人注册申请文件及相关审核资料后，履行发行注册程序。公开发行公司债券，可以申请一次注册，分期发行。

（二）公司债券非公开发行

非公开发行的公司债券应当向专业投资者发行，不得采用广告、公开劝诱和变相公开方式，每次发行对象不得超过200人。

承销机构应当按照中国证监会、证券自律组织规定的投资者适当性制度，了解和评估投资者对非公开发行公司债券的风险识别和承担能力，确认参与非公开发行公司债券认购的投资者为专业投资者，并充分揭示风险。

非公开发行公司债券，承销机构或自行销售的发行人应当在每次发行完成后5个工作日内向中国证券业协会报备。中国证券业协会在材料齐备时应当及时予以报备。

非公开发行公司债券，可以申请在证券交易场所、证券公司柜台转让。非公开发行的公司债券仅限于专业投资者范围内转让。转让后，持有同次发行债券的投资者合计不得超过200人。

视频 7-2

全面实行股票发行注册制来啦

综合练习 ☑️ -------------------------------------- ●

1.首次公开发行股票（IPO）是指（　　）。

A.上市公司向特定对象发行股票以募集资金

B.股份有限公司首次在证券市场公开发行股票募集资金并上市的行为

C.上市公司向原股东配售股份

D.上市公司向社会公众公开发行股票募集资金

2.上市公司向原股东配售股份（配股）时，拟配股数量不得超过本次配股前股本总额的（　　）。

A.20%　　　　　　　B.30%　　　　　　　C.40%　　　　　　　D.50%

3.关于股票发行制度的说法错误的是（　　）。

A.审批制是计划经济体制下的发行制度，主要依靠行政手段分配股票发行指标

B.核准制是证券监管部门对发行人的法人治理结构、发展前景等进行实质性审查

C.注册制的核心是以信息披露为核心，由市场决定股票发行的良莠

D.我国目前仍处于核准制阶段，尚未推行注册制

4.根据《首次公开发行股票注册管理办法》，首次公开发行股票的发行人应当是依法设立且持续经营（　　）年以上的股份有限公司。

A.2　　　　　　　　B.3　　　　　　　　C.5　　　　　　　　D.10

5.以下关于上市公司发行可转换公司债券的条件，错误的是（　　）。

A.最近三年平均可分配利润足以支付公司债券一年的利息

B.具有合理的资产负债结构和正常的现金流量

C.仅需最近二年盈利即可，无需考虑净资产收益率

D.发行人应当具备健全且运行良好的组织机构

6.股票发行价格的类型中，股票以高于票面金额的价格发行被称为（　　）。

A.平价发行　　　　　　　　　　B.时价发行

C.溢价发行　　　　　　　　　　D.折价发行

7.我国首次公开发行股票的定价方式不包括（　　）。

A. 直接定价方式   B. 询价方式

C. 竞价方式   D. 固定价格方式

8. 根据《上市公司证券发行注册管理办法》，上市公司向不特定对象公开增发股票时，最近三个会计年度加权平均净资产收益率平均不低于（   ）。

A. 5%   B. 6%   C. 8%   D. 10%

9. 以下关于股票发行方式的说法正确的是（   ）。

A. 公募发行的对象是特定投资者

B. 私募发行的手续较为复杂，发行成本较高

C. 网上竞价发行是北京证券交易所独有的定价方式

D. 网下配售仅适用于私募发行

10. 根据《公司债券发行与交易管理办法》，公开发行公司债券的发行人最近（   ）年平均可分配利润应足以支付公司债券一年的利息。

A. 一   B. 二   C. 三   D. 五

课程思政 ☑ --------------------------------●

视频 7-3

防范非法证券活动，守护财产安全

第八章

证券交易市场

思维导图

```
                              ② 证券上市制度

                                            ① 首次公开发行股票申请主板上市的条件
                              ① 证券上市条件  ① 首次公开发行股票申请科创板或创业板上市的条件
                                            公开发行股票申请北京证券交易所上市的条件
              证券上市                         ① 公开发行的公司债券申请上市的条件

                                            ③ 股票上市申请程序
                              ③ 证券上市申请程序
                                            ③ 债券上市申请程序

                                            风险警示
                              ② 风险警示与退市
                                            ② 退市

                                            ② 公开原则
                              ② 证券交易原则  ② 公平原则
                                            ② 公正原则

                                            ① 开户类型
                              ① 开户       ② 开户方式
第八章 证券交易市场                            ① 证券托管制度

                                            ② 委托形式
                              ① 委托       ① 委托指令
                                            ① 委托内容

              证券交易
                                            ① 交易方式
                              ① 竞价成交    ① 竞价成交原则
                                            ② 竞价成交结果
                                            ② 竞价交易费用

                              ② 结算

                              ② 过户

                                            ① 股票价格指数的含义
                              ② 股票价格指数
                                            ② 股票价格指数编制的一般步骤

                              ① 融资融券交易

                                            ③ 沪港通
                              ③ 沪港通、深港通与沪伦通  ③ 深港通
                                            ③ 沪伦通
```

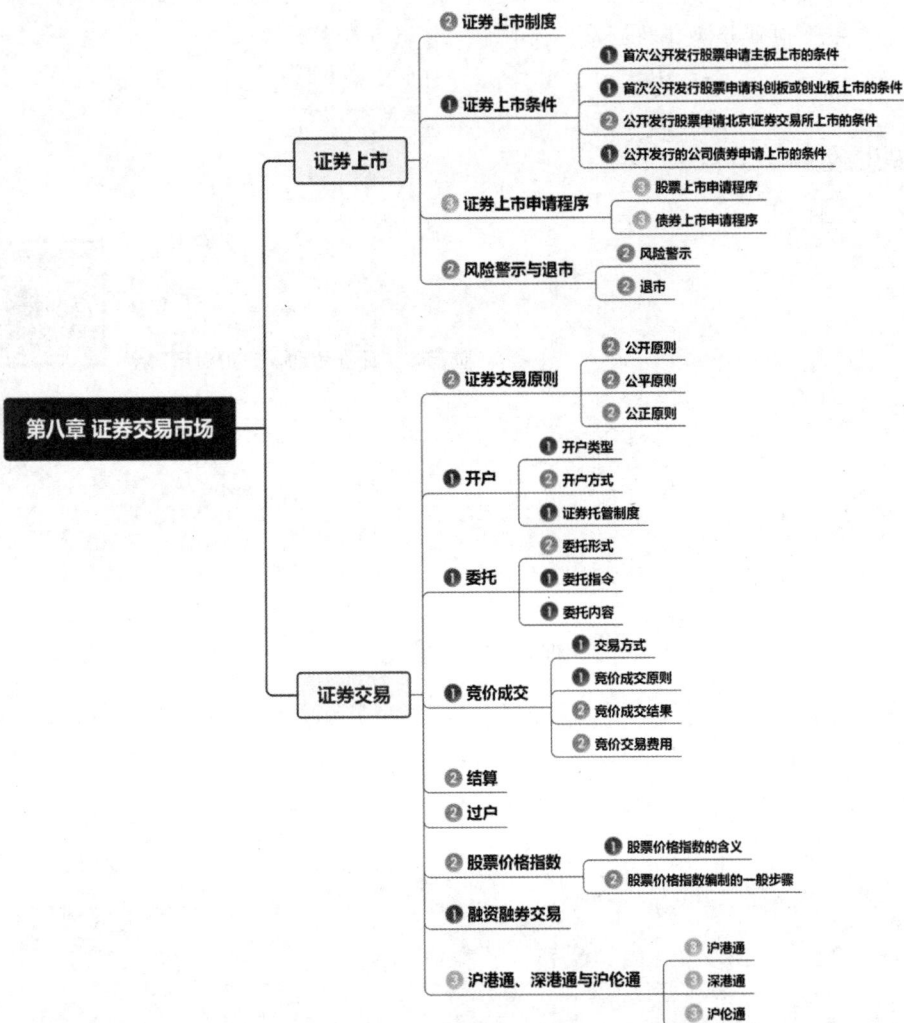

①掌握；②熟悉；③了解。

1.掌握证券上市条件；证券交易中的开户、委托和竞价成交程序；融资融券交易。

2.熟悉证券上市制度、风险警示与退市；证券交易原则；证券结算和过户程序；股票价格指数。

3.了解证券上市申请程序；沪港通、深港通和沪伦通。

思政目标

1.培养学生法治意识、职业道德和职业操守，深刻体会"受人之托，代人理财"职责的重要性。

2.培养学生具有投资者适当性管理意识和风险意识。

第一节 证券上市

一、证券上市制度

证券上市是指将证券在证券交易所登记注册，并有权在交易所挂牌买卖，即赋予某种证券在某个证券交易所进行交易的资格。

证券上市制度就是证券监管机构和交易所制定的有关证券上市的标准和程序的一系列规则，主要包括证券上市条件、上市申请程序、证券上市公告书的内容和格式、证券上市费用等一系列规定和规则。

二、证券上市条件

（一）首次公开发行股票申请主板上市的条件

根据2024年4月修订发布的《上海证券交易所股票上市规则》和《深圳证券交易所股票上市规则》，境内发行人申请首次公开发行股票并在证券交易所上市，应当符合下列条件：

（1）符合《证券法》、中国证监会规定的发行条件。

（2）发行后的股本总额不低于5 000万元。

（3）公开发行的股份达到公司股份总数的25%以上；公司股本总额超过4亿元的，公开发行股份的比例为10%以上。

（4）市值及财务指标符合规定的标准。

市值及财务指标应当至少符合下列标准中的一项：

① 最近三年净利润均为正，且最近三年净利润累计不低于2亿元，最近一年净利润不低于1亿元，最近三年经营活动产生的现金流量净额累计不低于2亿元或者营业收入累计不低于15亿元；

② 预计市值不低于50亿元，且最近一年净利润为正，最近一年营业收入不低于6亿元，最近三年经营活动产生的现金流量净额累计不低于2.5亿元；

③预计市值不低于100亿元，且最近一年净利润为正，最近一年营业收入不低于10亿元。

发行人具有表决权差异安排的，市值及财务指标应当至少符合下列标准中的一项：

①预计市值不低于200亿元，且最近一年净利润为正；

②预计市值不低于100亿元，且最近一年净利润为正，最近一年营业收入不低于10亿元。

（5）证券交易所要求的其他条件。

（二）首次公开发行股票申请科创板或创业板上市的条件

根据2024年4月修订的《上海证券交易所科创板股票上市规则》《深圳证券交易所创业板股票上市规则》，发行人申请在上海证券交易所科创板上市或深圳证券交易所创业板上市，应当符合下列条件：

（1）符合中国证监会规定的发行条件。

（2）发行后股本总额不低于人民币3000万元。

（3）公开发行的股份达到公司股份总数的25%以上；公司股本总额超过人民币4亿元的，公开发行股份的比例为10%以上。

（4）市值及财务指标符合规定的标准。

科创板市值及财务指标应当至少符合下列标准中的一项：

①预计市值不低于人民币10亿元，最近两年净利润均为正且累计净利润不低于人民币5000万元，或者预计市值不低于人民币10亿元，最近一年净利润为正且营业收入不低于人民币1亿元。

②预计市值不低于人民币15亿元，最近一年营业收入不低于人民币2亿元，且最近三年累计研发投入占最近三年累计营业收入的比例不低于15%。

③预计市值不低于人民币20亿元，最近一年营业收入不低于人民币3亿元，且最近三年经营活动产生的现金流量净额累计不低于人民币1亿元。

④预计市值不低于人民币30亿元，且最近一年营业收入不低于人民币3亿元。

⑤预计市值不低于人民币40亿元，主要业务或产品需经国家有关部门批准，市场空间大，目前已取得阶段性成果。医药行业企业需至少有一项核心产品获准开展二期临床试验，其他符合科创板定位的企业需具备明显的技术优势并满足相应条件。

创业板市值及财务指标应当至少符合下列标准中的一项：

①最近两年净利润均为正，累计净利润不低于1亿元，且最近一年净利润不低于6000万元；

②预计市值不低于15亿元，最近一年净利润为正且营业收入不低于4亿元；

③预计市值不低于50亿元，且最近一年营业收入不低于3亿元。

发行人具有表决权差异安排的，市值及财务指标应当至少符合下列标准中的一项：

① 预计市值不低于人民币100亿元；

② 预计市值不低于人民币50亿元，且最近一年营业收入不低于人民币5亿元。

（5）证券交易所规定的其他上市条件。

（三）公开发行股票申请北京证券交易所上市的条件

根据2024年4月修订的《北京证券交易所股票上市规则（试行）》，发行人申请公开发行并在北京证券交易所上市，应当符合下列条件：

（1）发行人为在全国股转系统连续挂牌满12个月的创新层挂牌公司。

（2）符合中国证券监督管理委员会规定的发行条件。

（3）最近一年期末净资产不低于5 000万元。

（4）向不特定合格投资者公开发行的股份不少于100万股，发行对象不少于100人。

（5）公开发行后，公司股本总额不少于3 000万元。

（6）公开发行后，公司股东人数不少于200人，公众股东持股比例不低于公司股本总额的25%；公司股本总额超过4亿元的，公众股东持股比例不低于公司股本总额的10%。

（7）市值及财务指标符合规定的标准。

市值及财务指标应当至少符合下列标准中的一项：

① 预计市值不低于2亿元，最近两年净利润均不低于1 500万元且加权平均净资产收益率平均不低于8%，或者最近一年净利润不低于2 500万元且加权平均净资产收益率不低于8%；

② 预计市值不低于4亿元，最近两年营业收入平均不低于1亿元，且最近一年营业收入增长率不低于30%，最近一年经营活动产生的现金流量净额为正；

③ 预计市值不低于8亿元，最近一年营业收入不低于2亿元，最近两年研发投入合计占最近两年营业收入合计比例不低于8%；

④ 预计市值不低于15亿元，最近两年研发投入合计不低于5 000万元。

（8）证券交易所规定的其他上市条件。

（四）公开发行的公司债券申请上市的条件

根据2023年10月修订的《上海证券交易所公司债券上市规则》《深圳证券交易所公司债券上市规则》《北京证券交易所公司债券上市规则》，发行人申请债券在证券交易所上市，应当符合下列条件：

（1）符合《证券法》等法律、行政法规规定的公开发行条件；

（2）经有权部门同意予以注册并依法完成发行；

（3）符合证券交易所投资者适当性管理相关规定；

（4）证券交易所规定的其他条件。

三、证券上市申请程序

（一）股票上市申请程序

发行人首次公开发行股票申请上市，需履行以下程序：

（1）提出上市申请。发行人首次公开发行股票经中国证监会予以注册并完成股份公开发行后，应当及时向证券交易所提出股票上市申请，并提交有关文件。

（2）决定。证券交易所在收到发行人提交的上市申请文件后5个交易日，作出是否同意上市的决定。出现特殊情况时，可以暂缓作出决定。

（3）上市公告。首次公开发行的股票上市申请获得证券交易所同意后，发行人应当于其股票上市前5个交易日内，在符合条件的媒体披露上市公告书、公司章程以及证券交易所要求的其他文件。

（二）债券上市申请程序

发行人公开发行公司债券并上市需履行以下程序：

（1）申请。发行人公开发行公司债券，应当按照中国证监会有关规定制作注册申请文件，由发行人向证券交易所申报。证券交易所收到注册申请文件后，在5个工作日内作出是否受理的决定。

（2）审核。证券交易所负责审核发行人公开发行公司债券并上市申请，按照规定的条件和程序，提出审核意见。证券交易所应当自受理注册申请文件之日起2个月内出具审核意见。

（3）注册。中国证监会收到证券交易所报送的审核意见、发行人注册申请文件及相关审核资料后，履行发行注册程序。中国证监会应当自证券交易所受理注册申请文件之日起3个月内作出同意注册或者不予注册的决定。公开发行公司债券，可以申请一次注册，分期发行。

（4）上市。债券发行后，发行人应当及时向证券交易所提交发行结果公告、债券实际募数额的证明文件等上市申请所需材料。证券交易所收到完备的上市申请有关文件后，及时决定是否同意上市。

（5）上市公告。债券上市交易前，发行人应当按规定在证券交易所网站和符合中国证监会规定条件的媒体披露债券募集说明书等文件，并将债券发行文件及其他上市申请文件备置指定场所供公众查阅。

四、风险警示与退市

（一）风险警示

上市公司出现财务状况或者其他状况异常，导致其股票存在终止上市风险，或者投资者难以判断公司前景，其投资权益可能受到损害的，证券交易所对该公司股票交易实施风险警示。

风险警示分为提示存在终止上市风险的风险警示（以下简称退市风险警示）和其他风险警示。上市公司股票交易被实施退市风险警示的，在股票简称前冠以"*ST"字样，被实施其他风险警示的，在股票简称前冠以"ST"字样，以区别于其他股票。公司同时存在退市风险警示和其他风险警示情形的，在公司股票简称前冠以"*ST"字样。

退市风险警示股票和其他风险警示股票进入风险警示板交易。当上市公司风险警示的情形消除后，可以向证券交易所申请撤销风险警示。公司同时存在两项以上风险警示情形的，需满足全部风险警示情形的撤销条件，方可撤销风险警示。

（二）退市

上市公司触及上市规则规定的退市情形，导致其股票存在被终止上市风险的，证券交易所对该公司股票启动退市程序。退市包括强制终止上市（以下简称强制退市）和主动终止上市（以下简称主动退市）。

强制退市分为交易类强制退市、财务类强制退市、规范类强制退市和重大违法类强制退市这四类情形。四类强制退市的条件具体见证券交易所上市规则文件。

证券交易所决定对公司股票实施终止上市的，公司应当在收到证券交易所相关决定后，及时披露股票终止上市公告。

上市公司股票被证券交易所强制终止上市后，进入退市整理期，因触及交易类退市情形终止上市的除外。公司应当聘请具有主办券商业务资格的证券公司，在证券交易所作出终止其股票上市决定后立即安排股票转入全国中小企业股份转让系统等证券交易场所进行股份转让相关事宜，保证公司股票在摘牌之日起45个交易日内可以转让。公司未聘请证券公司或者无证券公司接受其聘请的，证券交易所可以为其临时指定。

主动终止上市公司可以选择在证券交易场所交易或转让其股票，或者依法作出其他安排。

第二节 证券交易

一、证券交易原则

为保障证券交易正常进行，证券交易必须遵循"公开""公平""公正"三个原则。

1.公开原则

公开原则是指证券交易的信息必须公开。证券交易是一种面向社会的、公开的交易活动，核心要求是实现市场信息的公开。

2.公平原则

公平原则是指参与证券市场交易的各方在相同条件下和平等机会中进行交易。它要求所有参与者在交易中都有平等的法律地位，并且合法权益都能得到公平的保护。

3.公正原则

公正原则是指证券监管机构以及证券交易所能够公正地对待交易各方以及公正处理证券交易事务。

二、开户

视频 8-1

证券开户与委托

（一）开户类型

1.证券账户

证券账户是记录证券及证券衍生品种持有及其变动情况的载体。

（1）按照交易场所划分，证券账户可以分为上海证券账户、深圳证券账户和北京证券账户。

（2）按照账户用途划分，证券账户可以分为人民币普通股票账户、人民币特种股票账户、证券投资基金账户和其他账户等。人民币普通股票账户简称A股账户，按持有人分为自然人证券账户、一般机构证券账户、证券公司自营证券账户和证券投资基金专用证券账户等，可用于买卖人民币普通股票、债券、上市基金、权证等各类证券。人民币特种股票账户简称B股账户，按持有人可以分为境内投资者证券账户和境外投资者证券账户。证券投资基金账户简称基金账户，是用于买卖上市基金的一种专用型账户。

（3）一码通账户及关联的子账户。一码通账户用于汇总记载投资者各个子账户下证券持有及变动情况，记录投资者分级评价等适当性管理信息的总账户。

一个投资者只能申请开立一个一码通账户。一个投资者在同一市场最多可以申请开立3个A股账户、封闭式基金账户，只能申请开立1个信用账户、B股账户。

2.资金账户

资金账户是由证券公司为投资者开立的账户，用于记录投资者的资金状况。它是投资者用于证券交易资金清算的专用账户。

根据《证券法》的要求，证券公司客户的交易结算资金应当存放在商业银行，以每个客户的名义单独立户管理，因此资金账户实行第三方存管。第三方存管是指证券公司将客户证券交易结算资金交由银行等独立第三方存管。

（二）开户方式

个人和一般机构投资者开立证券账户应到证券公司营业部办理，分为现场开户和非现场开户两种方式。

（1）现场开户：投资者应携带有效的身份证件，选择任意一家证券公司营业部，现场办理证券账户及资金账户的开立业务。

（2）非现场开户：投资者可通过具有非现场开户业务资格的证券公司提供的网上开户系统，根据系统提示，自助办理开户手续；也可向该证券公司预约，通过见证方式办理开户手续。

证券公司、保险公司、证券投资基金、社会保障基金等特殊机构投资者则直接到中国结算沪、深分公司申请开立证券账户。

（三）证券托管制度

证券托管是指投资者将持有的证券委托给证券公司保管，并由后者代为处理有关证券权益事务的行为。

1.全面指定交易制度

上海证券交易所交易的证券，其托管制度是和全面指定交易制度联系在一起的。全面指定交易制度是指凡在上海证券交易所市场进行证券交易的投资者，必须事先指定上海证券交易所市场某一交易参与人（证券公司），作为其证券交易的唯一受托人，并由该交易参与人通过其特定的交易单元参与交易所市场证券交易的制度。投资者如不办理指定交易，上海证券交易所交易系统将自动拒绝其证券账户的交易申报指令，直至该投资者完成办理指定交易手续。

2.托管券商制度

深圳证券交易所交易证券的托管券商制度可概括为"自动托管，随处通买，哪买哪卖，转托不限"。深圳证券市场的投资者持有的证券需在自己选定的证券营业部托管。投资者的证券托管是自动实现的，投资者在哪家证券营业部买入证券，这些证券就自动托管在哪家证券营业部。投资者可以利用同一证券账户在国内任意一家证券营业部买入证券。投资者要卖出证券，必须到证券托管营业部方能进行（在哪里买入就在哪里卖出）。投资者也可以将其托管证券从一家证券营业部转移到另一家证券营业部托管，称为证券转托管。

三、委托

进入实行会员制的证券交易所参与集中交易的，必须是证券交易所的会员，投资者需要通过会员经纪商的代理才能在证券交易所买卖证券。在这种情况下，投资者向经纪商下达买进或卖出证券的指令，称为委托。

（一）委托形式

委托有不同的形式，可以分为柜台委托或电话、自助终端、网上委托等非柜台委托方式。

1.柜台委托

柜台委托是指委托人亲自或由其代理人到证券营业部交易柜台，根据委托程序和必需证件采用书面方式表达委托意向，由本人填写委托单并签章的形式。

2.电话委托

电话委托是指会员把电脑交易系统和普通电话网络连接起来，构成一个电话自动委托交易系统；投资者通过普通电话，按照该系统发出的提示，借助电话机上的数字和符号键输入委托指令。

3.自助终端委托

自助终端委托是投资者通过证券营业部设置的专用委托电脑终端，凭证券交易磁卡和交易密码进入电脑交易系统委托状态，自行将委托内容输入电脑交易系统，以完成证券交易。

4.网上委托

网上委托是指证券公司通过基于互联网或移动通信网络的网上证券交易系统，向投资者提供用于下达证券交易指令、获取成交结果的一种服务方式，包括需下载软件的客户端委托和无需下载软件、直接利用证券公司网站的页面客户端委托。

（二）委托指令

委托指令有多种形式，可以按照不同的依据来分类：根据委托订单的数量，有整数委托和零数委托；根据买卖证券的方向，有买进委托和卖出委托；根据委托价格限制，有市价委托、限价委托、停止损失委托和停止损失限价委托；根据委托时效限制，有当日委托、当周委托、无期限委托、开市委托、收市委托等。这里重点介绍根据委托价格限制所做的分类。

1.市价委托

市价委托是指客户向证券经纪商发出买卖某种证券的委托指令时，要求证券经纪商按证券交易所内当时的市场价格买进或卖出证券。市价委托的优点是：没有价格上的限制，证券经纪商执行委托指令比较容易，成交速度快且成交率高。其缺点是：只有在委托执行后才知道实际的执行价格，当行情变化较快或市场深度不够时，执行价格可能与客户发出委托时的市场价格差异较大。

2.限价委托

限价委托是指证券经纪商在执行客户的委托指令时，必须按客户限定的价格或比限定价格更有利的价格买卖证券。具体来讲，对于限价买进委托，成交价只能低于或等于限定价格；对于限价卖出委托，成交价只能高于或等于限定价格。

限价委托方式克服了市价委托的缺陷，但委托成交速度慢，有时甚至无法成交。

在市价申报方面，上海、深圳和北京证券交易所不完全相同。

（1）上海证券交易所接受的市价申报方式包括：最优5档即时成交剩余撤销申报；最优5档即时成交剩余转限价申报；本方最优价格申报；对手方最优价格申报。

（2）深圳证券交易所接受的市价申报方式包括：对手方最优价格申报；本方最优价格申报；最优5档即时成交剩余撤销申报；即时成交剩余撤销申报；全额成交或撤销申报。

（3）北京证券交易所接受的市价申报方式包括：对手方最优价格申报；本方最优价格申报；最优5档即时成交剩余撤销申报；最优5档即时成交剩余转限价申报。

3.停止损失委托

停止损失委托是一种限制性的市价委托，客户委托证券经纪商在证券价格上升到或超过指定价格时按市价或高于市价买进证券，或在证券价格下跌到或低于指定价格时按市价或低于市价卖出证券。此委托的目的在于遭受损失时严格止损，证券价格看涨时能够及时入手。

4.停止损失限价委托

停止损失限价委托是停止损失委托与限价委托的结合，当市价达到指定价格时，该委托自动变成限价委托。

目前，我国证券市场上客户只能采用限价委托或市价委托的方式来委托会员买卖证券。

（三）委托内容

客户委托指令应当包括以下内容：

1.证券账户号码

2.证券代码

3.买卖方向

4.委托数量

通过竞价买入股票、基金、权证，申报数量应当为100股（份）或其整数倍，单笔申报最大数量应当不超过100万股（份）；卖出申报余额不足100股（份）部分，应当一次性申报卖出。

通过竞价买入债券，申报数量应当为1手（1000元面值）或其整数倍，单笔申报最大数量不超过10万手；债券质押式回购申报数量应当为100手或其整数倍，单笔申报最大数量不超过10万手；债券买断式回购申报数量应当为1000手或其整数倍，单笔申报最大数量不超过5万手。

创业板股票限价申报的单笔申报数量不得超过30万股，市价申报的单笔申报数量不得超过15万股。科创板股票限价申报单笔申报数量应当不小于200股，且不超过10万股；市价申报买卖单笔申报数量应当不小于200股，且不超过5万股。

5.委托价格

A股、债券交易和债券买断式回购交易的申报价格最小变动单位为0.01元人民币；基金、权证为0.001元人民币；B股交易为0.001美元，债券质押式回购交易为0.005元人民币。

2%价格笼子制度。创业板在连续竞价阶段的限价申报，买入申报价格不得高于买入基准价格的102%和买入基准价格以上十个申报价格最小变动单位的孰高值；卖出申报价格不得低于卖出基准价格的98%和卖出基准价格以下十个申报价格最小变动单位的孰低值。

委托价格实行涨跌幅限制。其中，主板股票、基金的涨跌幅为10%，主板风险警示股票价格涨跌幅为5%，主板退市整理股票的涨跌幅为10%。科创板和创业板所有股票的涨跌幅为20%。北交所所有股票涨跌幅为30%。主板、科创板、创业板首次公开发行股票上市交易前5个交易日、北交所公开发行（不含上市公司增发）股票上市首个交易日、进入退市整理期交易的首个交易日、退市后重新上市的股票首个交易日不实行价格涨跌幅限制。

四、竞价成交

视频 8-2

证券竞价成交与结算过户

（一）交易方式

证券交易可以采取竞价交易、盘后固定价格交易、大宗交易三种交易方式。

1.竞价交易

竞价交易是指在证券交易市场中，买卖双方通过证券交易系统申报股票的交易价格以及交易数量，证券交易系统根据竞价原则撮合成交的交易方式。我国证券交易所采取两种竞价方式：集合竞价和连续竞价。每个交易日9：15—9：25为开盘集合竞价时间，14：57—15：00为收盘集合竞价时间，其中，9：15—9：20可以接收、撤销申报，9：20—9：25、14：57—15：00可以接收申报，但不可以撤销申报。每个交易日9：30—11：30、13：00—14：57为股票连续竞价时间，9：30—11：30、13：00—15：00为债券、基金、债券回购连续竞价时间。

2.盘后固定价格交易

盘后固定价格交易，指在收盘集合竞价结束后，证券交易所交易系统按照时间优先顺序对收盘定价申报进行撮合，并以当日收盘价成交的交易方式。科创板和创业板设有盘后固定价格交易（北交所允许盘后固定价格交易）。每个交易日的15：05至15：30为盘后固定价格交易时间。

3.大宗交易

大宗交易是指单笔数额较大的证券买卖。我国现行有关交易制度规定，如果证券单笔买卖申报达到一定数额的，证券交易所可以采用大宗交易方式进行交易。大宗交易分为协议大宗交易和盘后定价大宗交易，其中，协议大宗交易成交确认时间为每个交易日15：00至15：30，盘后定价大宗交易的成交确认时间为每个交易日的15：05至15：30。按照规定，证券交易所可以根据市场情况调整大宗交易的最低限额，我国三个证券交易所规定的大宗交易限额有所差异，具体如下：

（1）A股单笔买卖申报数量，上交所和深交所应当不低于30万股，或者交易金额不低于200万元人民币；北交所不低于10万股，或者交易金额不低于100万元人民币。

（2）B股单笔买卖申报数量，上交所应当不低于30万股，或者交易金额不低于20万美元；深交所不低于3万股，或者交易金额不低于20万元港币。

（3）基金大宗交易的单笔买卖申报数量，应当不低于200万份，或者交易金额不低于200万元。

（4）债券及债券回购单笔买卖申报数量，上交所应当不低于1 000手，或者交易金额不低于100万元；深交所不低于5千张，或者交易金额不低于50万元人民币。

（二）竞价成交原则

1.竞价成交基本原则

证券竞价成交的基本原则是价格优先与时间优先原则。

（1）价格优先原则是指较高价格买入申报优先于较低价格买入申报，较低价格卖出申报优先于较高价格卖出申报。

（2）时间优先的原则是指买卖方向、价格相同的申报，先申报者优先于后申报者。先后顺序按交易主机接受申报的时间确定。

2.集合竞价成交原则

集合竞价是指对在规定的一段时间内接受的买卖申报一次性集中撮合的竞价方式。集合竞价的所有交易以同一价格成交，然后进行集中撮合处理。

我国证券交易所集合竞价成交价格的确定原则：

（1）可实现最大成交量的价格；

（2）高于该价格的买入申报与低于该价格的卖出申报全部成交的价格；

（3）与该价格相同的买方或卖方至少有一方全部成交的价格。

两个以上申报价格符合上述条件的，使未成交量最小的申报价格为成交价格；仍有两个以上使未成交量最小的申报价格符合上述条件的，上海证券交易所取其中间价为成交价格，深圳证券交易所取距前收盘价最近的价格为成交价。

3.连续竞价成交原则

连续竞价是指对买卖申报逐笔连续撮合的竞价方式。连续竞价阶段每一笔买卖委托输入交易自动撮合系统后，当即判断并进行不同的处理：能成交者予以成交，不能成交者等待机会成交，部分成交者则让剩余部分继续等待。

我国证券交易所连续竞价成交价格的确定原则：

（1）最高买入申报价格与最低卖出申报价格相同，以该价格为成交价格；

（2）买入申报价格高于即时揭示的最低卖出申报价格的，以即时揭示的最低卖出申报价格为成交价格；

（3）卖出申报价格低于即时揭示的最高买入申报价格的，以即时揭示的最高买入申报价格为成交价格。

（三）竞价的结果

竞价的结果有三种可能：全部成交、部分成交、不成交。

投资者的委托未能成交的，在委托有效期内继续等待机会成交，直到有效期结束。对投资者失效的委托，被冻结的资金或证券解冻。

（四）竞价交易费用

投资者在委托买卖证券时，需支付多项费用和税金，如佣金、过户费、印花税等。

1.佣金

佣金是投资者在委托买卖证券成交后按成交金额一定比例支付的费用，是证券经纪商为客户提供证券代理买卖服务收取的费用。此项费用由证券公司经纪佣金、证券交易所手续费及证券交易监管费等组成。目前，证券交易佣金费率标准为不超过成交金额的3‰，双向收取。

2.过户费

过户费是委托买卖的股票、基金成交后，买卖双方为变更证券登记所支付的费用。目前，过户费费率标准为成交金额的0.01‰，双向收取。基金交易目前不收取过户费。

3.印花税

印花税是根据国家税法规定，在A股和B股成交后对买卖双方投资者按照规定的税率分别征收的税金。从2008年9月19日起，证券交易印花税只对出让方按成交金额的1‰税率征收，对受让方不再征收。自2023年8月28日起，证券交易印花税实施减半征收，股票按成交金额的0.5‰税率征收。

五、结算

证券结算包括证券清算与交割、交收两个过程。证券清算是指将每一交易日成交的证券数量与价款分别予以轧抵，对证券款项的应收或应付净额进行计算的处理过程。在证券交易过程中，根据清算结果，买方需交付一定款项而获得所购证券，卖方需交付一定证券而获得相应的价款。在这钱货两清的交易过程中，证券的收付称为交割，资金的收付称为交收。清算是对应收、应付证券及价款的轧抵计算，其结果是确定应收、应付净额，并不发生现金的实际转移；交割、交收则是对应收、应付净额的收付，发生现金的实际转移。

我国证券市场目前所使用的结算模式主要是法人结算模式。法人结算是指由证券经营机构以法人名义集中在证券登记结算机构开立资金清算交收账户，其所属证券营业部的证券交易的清算交收均通过此账户办理。

证券的交割因交割期不同，有如下几种。

（一）当日交割

证券商在交易所买卖证券成交后，交易双方在成交当日就进行证券与价款的收付。这种交易一般用于证券商自营买卖和其他急于获得证券或现金的客户。

（二）次日交割

证券商在证券交易所买卖证券成交后，交易双方在成交日下一个营业日进行证券与价款的交割，又称T+1交割。

（三）例行交割

证券买卖成交后，按照证券交易所的有关规定从证券买卖成交日算起的若干营业日内进行证券与价款的收付。一般情况下，凡是没有指示的证券交易均按例行交割处理。

（四）特约日交割

特约日交割即交易双方共同约定一个日期进行交割。一般交易双方商定在成交日算起15天内某一特定日进行证券、价款的交付。这种交割方式通常是为了给那些无法进行例行交割的客户提供方便，例如异地交易的客户异地之间的往来需要较长的时间。

目前，我国A股、基金、债券及其回购实行T+1交割制度，B股实行T+3交割制度。

六、过户

随着交易的完成，股票从卖方转给买方，表示原有股东拥有权利的转让，新的股票持有者则成为公司的新股东。然而由于原有股东的姓名及持股情况均记录于股东名簿上，因而必须变更股东名簿上相应的内容，这就是通常所说的过户手续。所以说，证券和价款清算与交割后，并不意味着证券交易程序的最后了结。

上海证券交易所的过户手续采用电脑自动过户，买卖双方一旦成交，过户手续即办理完成。深圳证券交易所也在采用先进的过户手续，买卖双方成交后，采用光缆把成交情况传到证券登记过户公司，将买卖记录在股东开设的账户上。

七、股票价格指数

（一）股票价格指数的含义

股票价格指数是描述股票市场总的价格水平变化的指标。它是选取有代表性的一组股票，把它们的价格进行加权平均，按照一定的数学方法经过计算得到股票价格的平均数。股票价格指数就是用以反映整个股票市场上各种股票市场价格的总体水平及其变动情况的指标，简称股票指数。它是由证券交易所或金融服务机构编制的表明股票行市变动的一种供参考的指示数字。股票指数是反映不同时期的股价变动情况的相对指标，其本身就包含了股价平均数的计算。就一个较长的时期来说，股票指数比股价平均数能更为精确地衡量股价的变动。

（二）股价指数编制的一般步骤

世界各地的股票市场都有自己独特的价格指数。尽管这些股价指数各有特点，但其编制原理大致相同，主要经过如下几个步骤。

1.选取样本股

选择样本股就是从股票市场中选择一定数量的具有代表性的上市公司为编制股票价格指数的样本股。样本股可以是全部上市公司的股票，也可以是其中有代表性的一部分。样本股的选择要考虑：

（1）样本股的市价总值要占交易所上市的全部股票市价总值的相当部分；

（2）样本股的价格变动趋势必须能反映股票市场价格变动的总趋势；

（3）要根据上市公司的行业分布、经济实力、资信等级等因素，选择适当数量的样本股票；

（4）样本股票不是一成不变的，可定期变换或作数量上的增减，以保持良好的代表性。

2.选定基期并以一定的方法计算基期平均股价

通常选择某一有代表性或股价相对稳定的日期为基期，并按选定的某一种方法计算这一天样本股的平均价格或总市值。

3.计算计算期平均股价并作必要的修正

采集样本股在计算期的价格，并按选定的方法计算平均价格或总市值。采样的时间间隔取决于股价指数的编制周期。以往的股价指数较多为按天编制的，采样价格即为每一交易日结束时的收盘价。近年来，股价指数的编制周期日益缩短，由"天"到"时"直至"分"，采样频率由一天一次变为全天随时连续采样。采样价格也从单一的收盘价发展为每时每刻的最新成交价或一定时间周期内的平均价。计算平均价格有三种办法，可以用算术平均法，也可以用几何平均法，但一般机构都采用加权平均法。如遇到有些公司拆股等情况，会影响到股价平均数，为保持股价指数的可比性，还需要加以适当修正。一般来说，编制周期越短，股价指数的灵敏性越强，越能及时地体现股价的涨落变化。

4.确定股价指数

股价指数是一种定基指数，它是以某个特定的年份或具体日期为基期（基期的股指水平为100），将报告期的股价水平与基期的股价水平相比就可以求出股价指数。为保持股价指数的连续性，使各个时期计算出来的股价指数相互可比，有时还需要对指数作相应的调整。

八、融资融券交易

融资融券交易又称证券信用交易或保证金交易，是指投资者向具有融资融券业务资格的证券公司提供担保物，借入资金买入证券（融资交易）或借入证券并卖出（融券交易）的行为。广义的融资融券交易还包括转融通交易，即金融机构对证券公司的融资融券。在我国，融资融券业务是指在证券交易所或者国务院批准的其他证券交易场所进行的证券交易中，证券公司向客户出借资金供其买入证券或者出借证券供其卖出，并由客户交存相应担保物的经营活动。

转融通业务指的是中国证券金融股份有限公司将自有或依法筹集的资金和证券出借给证券公司，以供其办理融资融券业务的经营活动。转融通分为转融资和转融券。

根据《证券公司融资融券业务试点管理办法》的规定，证券公司开展融资融券业务必须经中国证监会批准。根据《证券公司监督管理条例》，证券公司经营融资融券业务，应当具备以下条件：公司治理结构健全，内部控制有效；风险控制指标符合规定，财务状况、合规状况良好；有开展业务相应的专业人员、技术条件、资金和证券；完善的业务管理制度和实施方案。

九、沪港通、深港通与沪伦通

(一)沪港通

沪港通是指上海证券交易所和香港联合交易所允许两地投资者通过当地证券公司(或经纪商)买卖规定范围内的对方交易所上市的股票,是沪港股票市场交易互联互通机制。

沪港通包括沪股通和港股通两部分。沪股通是指投资者委托香港经纪商,经由香港联合交易所设立的证券交易服务公司,向上海证券交易所进行申报(买卖盘传递),买卖规定范围内的上海证券交易所上市的股票。港股通是指投资者委托内地证券公司,经由上海证券交易所设立的证券交易服务公司,向香港联合交易所进行申报(买卖盘传递),买卖规定范围内的香港联合交易所上市的股票。

沪股通股票范围是上海证券交易所上证180指数、上证380指数的成分股,以及上海证券交易所上市的A+H股公司股票。

沪港通下的港股通股票范围是香港联合交易所恒生综合大型股指数、恒生综合中型股指数的成分股和同时在香港联合交易所、上海证券交易所上市的A+H股公司股票。双方可根据试点情况对投资标的范围进行调整。

(二)深港通

深港通是深港股票市场交易互联互通机制的简称,指深圳证券交易所和香港联合交易所有限公司建立技术连接,使内地和香港投资者可以通过当地证券公司或经纪商买卖规定范围内的对方交易所上市的股票。

深股通的股票范围是市值60亿元人民币及以上的深证成分指数和深证中小创新指数的成分股,以及深圳证券交易所上市的A+H股公司股票。与沪股通标的偏重大型蓝筹股相比,深股通标的充分展现了深圳证券交易所新兴行业集中、成长特征鲜明的市场特色。

深港通下的港股通的股票范围是恒生综合大型股指数的成分股、恒生综合中型股指数的成分股、市值50亿元港币及以上的恒生综合小型股指数的成分股,以及香港联合交易所上市的A+H股公司股票。

(三)沪伦通

沪伦通,即上海证券交易所与伦敦证券交易所互联互通机制,是指符合条件的两地上市公司,依照对方市场的法律法规,发行存托凭证并在对方市场上市交易。同时,通过存托凭证与基础证券之间的跨境转换机制安排,实现两地市场的互联互通。沪伦通存托凭证业务包括东、西两个业务方向。东向业务是指符合条件的伦交所上市公司在上交所主板上市中国存托凭证(简称CDR)。西向业务是指符合条件的上交所的A股上市公司在伦交所主板发行上市全球存托凭证(简称GDR)。在试点初期,GDR发行人可以在伦敦市场融资。CDR发行人仅可以在上交所上市,而不在境内融资。存托凭证和基础股票之间可以相互转换,并因此实现了两地市场的互联互通。

视频8-3 　证券开户详解

视频8-4 　证券交易流程指引

视频8-5 　国债逆回购操作指引

综合练习 ☑ ●---------------------------------------●

1.根据《上海证券交易所股票上市规则》，首次公开发行股票申请主板上市的发行人，发行后的股本总额应不低于（　　）。

A. 3 000万元

B. 5 000万元

C. 8 000万元

D. 1亿元

2.根据《上海证券交易所科创板股票上市规则》，发行人申请科创板上市的条件不包括（　　）。

A. 发行后股本总额不低于人民币3 000万元

B. 公开发行的股份达到公司股份总数的25%以上

C. 最近三年净利润均为正，且累计净利润不低于1亿元

D. 符合中国证监会规定的发行条件

3.发行人申请在北京证券交易所上市，应当符合的条件之一是（　　）。

A. 发行人为在全国股转系统连续挂牌满6个月的创新层挂牌公司

B. 发行人为在全国股转系统连续挂牌满12个月的创新层挂牌公司

C. 发行人为在全国股转系统连续挂牌满18个月的创新层挂牌公司

D. 发行人为在全国股转系统连续挂牌满24个月的创新层挂牌公司

4.发行人申请公司债券上市，应当符合的条件不包括（　　）。

A. 符合《证券法》等法律、行政法规规定的公开发行条件

B. 经有权部门同意予以注册并依法完成发行

C. 符合证券交易所投资者适当性管理相关规定

D. 发行人最近一年净利润不低于5 000万元

5.上市公司股票被实施风险警示的情形不包括（　　）。

A. 财务状况异常，导致其股票存在终止上市风险

B. 公司经营不善，连续亏损超过3年

C. 投资者难以判断公司前景，其投资权益可能受到损害

D. 公司未按规定披露重大信息

6.关于证券账户和资金账户的说法正确的是（　　　）。

A.证券账户用于记录投资者的资金状况

B.资金账户用于记录证券及证券衍生品种的持有情况

C.一个投资者在同一市场最多可以申请开立3个A股账户

D.资金账户实行第三方存管，客户资金由证券公司存管

7.关于委托指令的说法错误的是（　　　）。

A.市价委托的优点是成交速度快，但执行价格可能与市场价格差异较大

B.限价委托的优点是能够控制成交价格，但可能无法成交

C.停止损失委托是一种市价委托，当市价达到指定价格时自动成交

D.我国证券市场允许投资者使用停止损失限价委托

8.关于竞价交易的说法正确的是（　　　）。

A.集合竞价的成交原则是价格优先、时间优先

B.连续竞价阶段，买入申报价格高于即时最低卖出申报价格时，以买入申报价格成交

C.竞价交易包括集合竞价和连续竞价两种方式

D.竞价交易的结果只有全部成交和不成交两种情况

9.股票价格指数的计算方法中，能更真实地反映市场整体走势的方法是（　　　）。

A.简单算术平均法

B.加权平均法

C.几何平均法

D.相对法

10.关于沪伦通，以下说法错误的是（　　　）。

A.沪伦通是上海证券交易所与伦敦证券交易所的互联互通机制

B.沪伦通包括东向业务和西向业务

C.沪伦通的CDR发行人在上交所上市，同时可以在境内融资

D.沪伦通通过存托凭证与基础证券之间的跨境转换实现互联互通

课程思政 ✓ ------------------------------------•

视频8-6

快板奏响退市曲　规则护航投资路

第三篇　证券投资分析篇

第九章

证券投资价值分析

思维导图

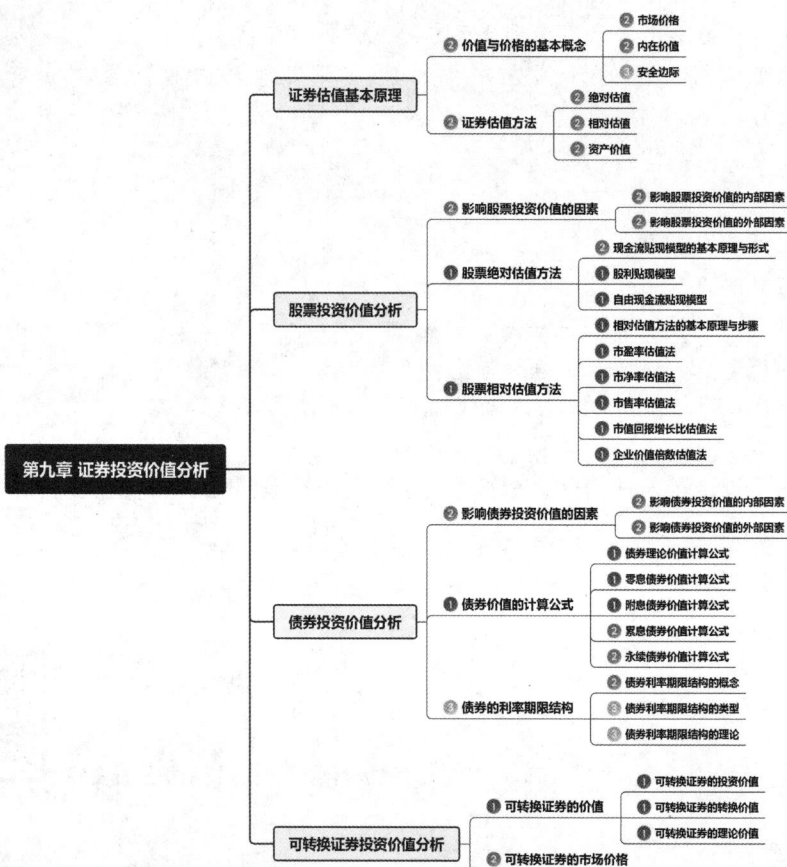

| 第九章 证券投资价值分析 | | | |

- 证券估值基本原理
  - ② 价值与价格的基本概念
    - ② 市场价格
    - ② 内在价值
    - ② 安全边际
  - ② 证券估值方法
    - 绝对估值
    - 相对估值
    - 资产价值
- 股票投资价值分析
  - ② 影响股票投资价值的因素
    - ② 影响股票投资价值的内部因素
    - ② 影响股票投资价值的外部因素
  - ① 股票绝对估值方法
    - ② 现金流贴现模型的基本原理与形式
    - ① 股利贴现模型
    - ① 自由现金流贴现模型
  - ① 股票相对估值方法
    - 相对估值方法的基本原理与步骤
    - ① 市盈率估值法
    - ① 市净率估值法
    - ① 市售率估值法
    - ① 市值回报增长比估值法
    - ① 企业价值倍数估值法
- 债券投资价值分析
  - ② 影响债券投资价值的因素
    - ② 影响债券投资价值的内部因素
    - ② 影响债券投资价值的外部因素
  - ① 债券价值的计算公式
    - ① 债券理论价值计算公式
    - ① 零息债券价值计算公式
    - ① 附息债券价值计算公式
    - ② 累息债券价值计算公式
    - ② 永续债券价值计算公式
  - ③ 债券的利率期限结构
    - ② 债券利率期限结构的概念
    - ③ 债券利率期限结构的类型
    - ④ 债券利率期限结构的理论
- 可转换证券投资价值分析
  - ① 可转换证券的价值
    - ① 可转换证券的投资价值
    - ① 可转换证券的转换价值
    - ① 可转换证券的理论价值
  - ② 可转换证券的市场价格

①掌握；②熟悉；③了解。

1. 掌握股票绝对估值方法和相对估值方法；债券价值计算公式；可转换债券的价值。

2. 熟悉证券估值基本原理；影响股票投资价值的因素；影响债券投资价值的因素；可转换债券的市场价格。

3. 了解债券利率期限结构的概念、类型和理论。

1. 通过证券投资估值模型的运用，培养学生具备严谨、求真、创新的科学精神。

2. 树立正确的风险意识，培育社会主义核心价值观。

第一节 证券估值基本原理

一、价值与价格的基本概念

证券估值是指对证券价值的评估。一方面，有价证券的买卖双方根据各自掌握的信息对证券价值分别进行评估，然后才能以双方均接受的价格成交，从这个意义上说，证券估值是证券交易的前提和基础；另一方面，当证券的持有者参考市场上同类或同种证券的价格来给自己持有的证券进行估价时，我们发现，此时证券估值似乎又成为证券交易的结果。

证券估值的复杂性很大程度上来源于人们对价格、价值等重要市场经济概念理解的多重性，从头梳理这些概念对我们讨论证券估值至关重要。

（一）市场价格

市场价格指的是该证券在市场中的交易价格，反映了市场参与者对该证券价值的评估。

（二）内在价值

这个概念大致有两层含义。

一是内在价值是一种相对"客观"的，由证券自身的内在属性或者基本面因素决定，不受外在因素（比如短期供求关系变动、投资者情绪波动等）影响。

二是市场价格基本上是围绕内在价值形成的。套用20世纪有名的犹太投资人安德烈·科斯托拉尼的妙喻，它们之间的关系"犹如小狗与牵着它的主人一般，小狗前前后后地跑，尽管不会离主人太远，但方向未必一致"。

现代金融学关于证券估值的讨论，基本上是运用各种主观的假设变量，结合相关金融原理或者估值模型，得出某种"理论价格"并认为那就是证券的内在价值。在这种理论的指导下，投资行为简化为

市场价格＜内在价值→价格被低估→买入证券

市场价格＞内在价值→价格被高估→卖出证券

（三）安全边际

格雷厄姆和多德在其经典著作《证券分析》一书中数十次提及"安全边际"（margin-of-safety）的概念。按照他们的理论，安全边际是指证券的市场价格低于其内在价值的部分，任何投资活动均以它为基础。对债券或优先股而言，它通常代表盈利能力超过利率或必要红利率，或者代表企业价值超过其优先索偿权的部分；对普通股而言，它代表了计算出的内在价值高于市场价格的部分，或者特定年限内预期收益或红利超过正常利息率的部分。

二、证券估值方法

（一）绝对估值

绝对估值指通过对证券基本财务要素的计算和处理得出该证券的绝对金额。各种基于现金流贴现的方法均属此类。

（二）相对估值

相对估值的哲学基础在于，不能孤立地给某个证券进行估值，而是参考可比证券的价格，相对地确定待估证券价值。通常需要运用证券的市场价格与某个财务指标之间存在的比例关系对证券进行估值，如常见的市盈率、市净率、市售率、市值回报增长比、企业价值倍数估值方法均属相对估值方法。

（三）资产价值

根据企业资产负债表的编制原理，企业的资产价值、负债价值与所有者权益价值三者之间存在下列关系：

所有者权益价值=资产价值-负债价值

因此，如果可以评估出三个因素中的两个，剩下的一个也可计算出来。常用方法包括重置成本法和清算价值法，分别适用于可以持续经营的企业和停止经营的企业。

第二节 股票投资价值分析

一、影响股票投资价值的因素

（一）影响股票投资价值的内部因素

1.公司净资产

净资产或资产净值是总资产减去总负债后的净值，它是全体股东的权益，是决定股票投资价值的重要基准。公司经过一段时间的运营，其资产净值必然有所变动。股票作为投资的凭证，每一股代表一定数量的净值。从理论上讲，净值应与股价保持一定比例，即净值增加，股价上涨；净值减少，股价下跌。

2.公司盈利水平

公司业绩好坏集中表现于盈利水平高低。公司的盈利水平是影响股票投资价值的基本因素之一。在一般情况下，预期公司盈利增加，可分配的股利也会相应增加，股票市场价格上涨；预期公司盈利减少，可分配的股利相应减少，股票市场价格下降。但值得注意的是，股票价格的涨跌和公司盈利的变化并不完全同时发生。

3.公司的股利政策

股份公司的股利政策直接影响股票投资价值。在一般情况下，股票价格与股利水平成正比：股利水平越高，股票价格越高；反之，股利水平越低，股票价格越低。股利来自公司的税后盈利，但公司盈利的增加只为股利分配提供了可能，并非盈利增加股利就一定增加。公司为了合理地在扩大再生产和回报股东之间分配盈利，都会有一定的股利政策。股利政策体现了公司的经营作风和发展潜力，不同的股利政策对各期股利收入有不同影响。此外，公司对股利的分配方式也会给股价波动带来影响。

4.股份分割

股份分割又称拆股、拆细，指将原有股份均等地拆成若干较小的股份。股份分割一般在年度决算月份进行，通常会刺激股价上升。因为股份分割前后投资者持有的公司净资产和以前一样，得到的股利也相同，所以股份分割给投资者带来的不是现时的利益。但是，投资者持有的股份数量增加了，给投资者带来了今后可多分股利和更高收益的预期，因此股份分割往往比增加股利分配对股价上涨的刺激作用更大。

5.增资和减资

增资是公司因业务发展需要增加资本额而发行新股的行为，对不同公司股票价格的影响不尽相同。在没有产生相应效益前，增资可能会使每股净资产下降，因而可能会促使股价下跌。但对那些业绩优良、财务结构健全、具有发展潜力的公司而言，增资意味着将增强公司经营实力，会给股东带来更多回报，股价不仅不会下跌，可能还会上涨。

当公司宣布减资时，多半是因为经营不善、亏损严重、需要重新整顿，所以股价会大幅下降。

6.公司资产重组

公司资产重组总会引起公司价值的巨大变动，因而其股价也会随之产生剧烈的波动。但需要分析公司重组对公司是否有利，重组后是否会改善公司的经营状况，这些是决定股价变动方向的因素。

（二）影响股票投资价值的外部因素

1.宏观经济因素

宏观经济走向和相关政策是影响股票投资价值的重要因素。宏观经济走向包括经济周期、通货变动以及国际经济形势等因素。国家的货币政策、财政政策、收入分配政策和对证券市场的监管政策等都会对股票的投资价值产生影响。

2.产业因素

产业的发展状况和趋势对于属于该产业的上市公司影响巨大，因而产业的发展状况和趋势、国家的产业政策和相关产业的发展等都会对该产业上市公司的股票投资价值产生影响。

3.市场因素

证券市场上投资者对股票走势的心理预期会对股票价格走势产生重要的影响。市场中的散户投资者往往有从众心理，对股市产生助涨助跌的作用。

二、股票绝对估值方法

视频9-1

股票绝对估值方法

（一）现金流贴现模型的基本原理和常见形式

现金流贴现模型（discounted cash flow，DCF）是运用收入的资本化定价方法来决定普通股票内在价值的方法。按照收入的资本化定价方法，任何资产的内在价值都是由拥有资产的投资者在未来时期所收到的现金流决定的。由于现金流是未来时期的预期值，因此必须按照一定的贴现率返还成现值。也就是说，一种资产的内在价值等于预期现金流的贴现值。

常用的现金流贴现模型有两类：一是股利贴现模型；二是自由现金流贴现模型，包括企业自由现金流贴现模型和股东自由现金流贴现模型。除此以外，还有一些分析师采用经济利润贴现估值模型。各种贴现模型的比较，见表9-1。

表9-1   各种贴现模型的比较

模型	现金流	贴现率
股利贴现模型	预期股利	必要收益率
企业自由现金流贴现模型	企业自由现金流	加权平均资本成本
股东自由现金流贴现模型	股东自由现金流	必要收益率
经济利润贴现估值模型	经济利润	加权平均资本成本

（二）股利贴现模型

1.一般公式

对股票而言，预期现金流即为预期未来支付的股利。因此，股利贴现现金流模型的一般公式为

$$V = \frac{D_1}{(1+k)^1} + \frac{D_2}{(1+k)^2} + \cdots + \frac{D_\infty}{(1+k)^\infty}$$

$$= \sum_{t=1}^{\infty} \frac{D_t}{(1+k)^t} \tag{9-1}$$

式中：V 为股票在期初的内在价值；D_t 为时期 t 末以现金形式表示的每股股利；k 为一定风险程度下现金流的合适的贴现率（也称必要收益率）。

在式（9-1）中，假定所有时期内的贴现率都是相同的。需要指出的是，股票在期初的内在价值与该股票的投资者在未来时期是否中途转让无关。根据式（9-1）可以引出净现值的概念。净现值等于内在价值与成本之差，即

$$NPV = V - P = \sum_{t=1}^{\infty} \frac{D_t}{(1+k)^t} - P \tag{9-2}$$

式中：P 为在 $t=0$ 时购买股票的成本。

如果 $NPV>0$，则意味着所有预期的现金流入的现值之和大于投资成本，即这种股票被低估价格，因此购买这种股票可行。

如果 $NPV<0$，则意味着所有预期的现金流入的现值之和小于投资成本，即这种股票价格被高估，因此不可购买这种股票。

2.内部收益率

内部收益率指使得投资净现值等于零的贴现率。如果用 k^* 代表内部收益率，根据内部收益率的定义可得

$$NPV = V - P = \sum_{t=1}^{\infty} \frac{D_t}{(1+k^*)^t} - P = 0$$

所以：

$$P = \sum_{t=1}^{\infty} \frac{D_t}{(1+k^*)^t} \tag{9-3}$$

由此可见，内部收益率实际上是使得未来股利流贴现值恰好等于股票市场价格的贴现率。

由式（9-3）可以解出内部收益率 k^*。将 k^* 与具有同等风险水平股票的必要收益率 k 相比较：如果 $k^*>k$，则可以考虑购买这种股票；如果 $k^*<k$，则不要购买这种股票。

运用现金流贴现模型决定普通股票内在价值存在着一个困难，即投资者必须预测所有未来时期支付的股利。由于普通股票没有固定的生命周期，因此通常要给无穷多个时期的股利流加上一些假定，以便于计算股票的内在价值。

这些假定始终围绕着股利增长率 g，一般来说，在时点 t 的股利为

$$D_t = D_{t-1}(1+g_t) \tag{9-4}$$

或者

$$g_t = \frac{D_t - D_{t-1}}{D_{t-1}} \tag{9-5}$$

不同股利增长率的假定派生出不同类型的股利贴现模型。

3.零增长模型

（1）公式。零增长模型假定股利增长率等于零，即 $g=0$。也就是说，未来的股利按一个固定数量支付。根据这个假定，用 D_0 替换公式（9-1）中的 D_t，得

$$V = \sum_{t=1}^{\infty} \frac{D_0}{(1+k)^t} = D_0 \sum_{t=1}^{\infty} \frac{1}{(1+k)^t} \tag{9-6}$$

因为 $k>0$，按照数学中无穷级数的性质，可知

$$\sum_{t=1}^{\infty} \frac{1}{(1+k)^t} = \frac{1}{k}$$

因此，零增长模型公式为

$$V = \frac{D_0}{k} \tag{9-7}$$

式中，V为股票的内在价值；D_0为未来每期支付的每股股利；k为到期收益率。

例如：假定某公司未来每期支付的每股股利为8元，必要收益率为10%。运用零增长模型，可知该公司每股股票的价值等于8÷0.10=80（元/股）；而当时每股股票价格为65元，每股股票净现值为80-65=15（元）。这说明每股股票被低估15元，因此可以购买这种股票。

（2）内部收益率。零增长模型也可用于计算投资于零增长证券的内部收益率。首先，用证券的当前价格P代替V，用k^*（内部收益率）代替k，零增长模型可变形为

$$P = \sum_{t=1}^{\infty} \frac{D_0}{(1+k^*)^t} = \frac{D_0}{k^*} \tag{9-8a}$$

进行转换，可得

$$k^* = \frac{D_0}{P} \tag{9-8b}$$

利用这一公式计算上例中公司股票的内部收益率，结果是：k^*=8÷65 = 12.3%。由于该股票的内部收益率大于其必要收益率（12.3%>10%），表明该公司股票价格被低估了。

（3）应用。零增长模型的应用似乎受到相当的限制，毕竟假定对某一种股票永远支付固定的股利是不合理的，但在特定的情况下，对于决定普通股票的价值仍然是有用的。而在决定优先股的内在价值时，这种模型相当有用，这是因为大多数优先股支付的股利是固定的。

4.不变增长模型

（1）公式。不变增长模型可以分为两种形式：一种是股利按照不变的增长率增长；另一种是股利以固定不变的绝对值增长。相比之下，前者比后者更为常见。因此，这里主要对股利按照不变增长率增长的情况进行介绍。

如果假设股利永远按不变的增长率增长，就可以建立不变增长模型。假设时期t的股利为

$$D_t = D_{t-1}(1+g_t) = D_0(1+g)^t \tag{9-9}$$

将$D_t = D_0(1+g)^t$代入现金流贴现模型式（9-2）中，可得

$$V = \sum_{t=1}^{\infty} \frac{D_0(1+g)^t}{(1+k)^t} = D_0 \sum_{t=1}^{\infty} \frac{(1+g)^t}{(1+k)^t} \tag{9-10}$$

根据数学中无穷级数的性质，如果$k>g$，可得

$$\sum_{t=1}^{\infty} \frac{(1+g)^t}{(1+k)^t} = \frac{1+g}{k-g} \tag{9-11}$$

从而得出不变增长模型：

$$V = \frac{D_0 (1 + g)}{k - g} \qquad (9-12)$$

由于$D_1 = D_0(1+g)$，有时把式（9-12）写成如下形式：

$$V = \frac{D_1}{k - g} \qquad (9-13)$$

例如：去年某公司支付每股股利为1.80元，预计在未来日子里该公司股票的股利按每年5%的比率增长，因此，预期下一年每股股利为1.80×（1+5%）=1.89（元）。假定必要收益率是11%，根据不变增长模型式（9-12）可知，该公司每股股票的价值为

1.80×（1+5%）÷（11%-5%）=1.89÷（11%-5%）=31.50（元）

当前每股股票价格是40元，因此每股股票被高估8.50元，投资者应该出售该股票。

（2）内部收益率。不变增长模型同样可以用于求解股票的内部收益率。首先，用股票的市场价格P代替V，其次，用k^*代替k，其结果是

$$P = \frac{D_0(1 + g)}{k^* - g} \qquad (9-14)$$

经过变换，可得

$$k^* = \frac{D_0(1 + g)}{P} + g = \frac{D_1}{P} + g \qquad (9-15)$$

用上述公式计算上例公司股票的内部收益率，可得

$k^* = 1.80 \times (1+5\%) \div 40 + 5\% = 9.725\%$

由于该公司股票的内在收益率小于其必要收益率，所以可知该公司股票价格被高估。

（3）应用。零增长模型实际上是不变增长模型的一个特例。假定增长率g等于零，股利将永远按固定数量支付，这时，不变增长模型就是零增长模型。

从这两种模型来看，虽然不变增长的假设比零增长的假设有较小的应用限制，但是在许多情况下仍然被认为是不现实的。由于不变增长模型是可变增长模型的基础，因此这种模型是极为重要的。

5.可变增长模型

零增长模型和不变增长模型都对股利的增长率进行了一定的假设。事实上，股利的增长率是变化不定的，因此，零增长模型和不变增长模型并不能很好地在现实中对股票的价值进行评估。下面主要对可变增长模型中的二元增长模型进行介绍。

（1）公式。二元增长模型假定在时间L以前，股利以一个g_1的不变增长速度增长；在时间L以后，股利以另一个不变增长速度g_2增长。在此假定下，可以建立二元可变增长模型：

$$V = \sum_{t=1}^{L} D_0 \frac{(1 + g_1)^t}{(1 + k)^t} + \sum_{t=L+1}^{\infty} D_t \frac{(1 + g_2)^{t-L}}{(1 + k)^t}$$

$$= \sum_{t=1}^{L} \frac{D_0(1 + g_1)^t}{(1 + k)^t} + \frac{1}{(1 + k)^t} \cdot \frac{D_{L+1}}{(k - g_2)} \qquad (9-16)$$

其中，

$$D_{L+1} = D_0(1 + g_1)^t \times (1 + g_2)$$

当市场价格高于股票的理论价值时，投资者应该出售该股票；反之，若市场价格低于股票的理论价格，则投资者应该买进该股票。

（2）内部收益率。在可变增长模型中，用股票的市场价格代替V，用k_0代替k，同样可以计算出内部收益率k^*。不过，由于可变增长模型较为复杂，不容易直接得出内部收益率，因此，主要采取试错法来计算k^*。

试错法的主要思路是，首先估计一个收益率水平k_0，将其代入可变增长模型中。如果计算出在此收益率水平下，股票的理论价值高于股票的市场价格，则认为估计的收益率水平低于实际的内部收益率k^*；同理，如果计算出在此收益率水平下，股票的理论价值低于股票的市场价格，则认为估计的收益率水平高于实际的内部收益率k^*。这样，通过反复试错，所估计的收益率水平将逐步逼近实际的内部收益率水平。

（3）应用。从本质上来说，零增长模型和不变增长模型都可以被看作可变增长模型的特例。例如，在二元增长模型中，当两个阶段的股利增长率都为零时，二元增长模型就是零增长模型；当两个阶段的股利增长率相等，但不为零时，二元增长模型就是不变增长模型。相对于零增长模型和不变增长模型而言，二元增长模型较为接近实际情况。然而，对于股票的增长形态，可以给予更细的分析，以更贴近实际情况。与二元增长模型相类似，还可以建立三元等多元增长模型，其原理、方法和应用方式与二元增长模型差不多，证券分析者可以根据自己的实际需要加以考虑。

（三）自由现金流贴现模型

自由现金流量，就是企业产生的、在满足了再投资需要之后剩余的现金流量，这部分现金流量是在不影响公司持续发展的前提下可供分配给企业资本供应者（股东和债权人）的最大现金额。通常，可以将自由现金流分为企业自由现金流（FCFF）和股东自由现金流（FCFE）两种。

1.企业自由现金流贴现模型

（1）企业自由现金流的计算。与股利贴现模型相似，企业自由现金流也分为零增长、不变增长、多阶段可变增长几种情况，只是将各期股利改为各期企业自由现金流。企业自由现金流计算公式如下：

$$FCFF=EBIT \times (1-T) +D\&A-\triangle NWC-CapEx+Other \qquad (9\text{-}17)$$
$$=息税前利润 \times (1-所得税税率)+折旧和摊销-净营运资本量-资本性投资+其他现金来源$$

式中：$EBIT$为息税前利润（扣除所得税和利息前的利润）；$D\&A$为折旧和摊销；$\triangle NWC$为净营运资本量；$Other$为其他现金来源。

（2）贴现率。企业自由现金流贴现模型采用企业加权平均资本成本（WACC）为贴现率。计算公式如下：

$$WACC=\frac{E}{E+D}\times K_E+\frac{D}{E+D}\times K_D\times（1-T）\qquad（9-18）$$

式中：E 为股票市值；D 为负债市值（通常采用账面值）；T 为公司所得税税率；K_E 为公司股本成本；K_D 为公司负债成本。

（3）计算步骤。根据预期企业自由现金流数值，用加权平均资本成本作为贴现率，计算企业的总价值；然后减去企业的负债价值，得到企业股权价值；最后用企业股权价值除以发行在外的总股数，即可获得每股价格。

例如，某公司上年度自由现金流为500万元，预计今年自由现金流增长率为5%，公司的负债比率（负债/总资产）为20%，股票投资者必要收益率为16%，负债的税前成本为8%，税率为25%，公司负债市场价值1 120万元，公司现有200万股普通股发行在外，则该公司股价为：

步骤一，确定现金流：

$FCFF_0=500$（万元）

$g_{FCFF}=5\%$

$FCFF_1=FCFF_0\times（1+g_{FCFF}）=500\times（1+5\%）=525$（万元）

步骤二，确定贴现率（$WACC$）：

$WACC=0.8\times16\%+0.2\times8\%\times（1-25\%）=12.8\%+1.2\%=14\%$

步骤三，计算出股票价值：

①公司价值（V_A）。

$V_A=FCFF_1\div（WACC-g_{FCFF}）=525\div（14\%-5\%）=5\ 833.3333$（万元）

②考虑到公司负债价值 V_D 为1 120万元，则公司股权价值为：

$V_E=V_A-V_D=5\ 833.3333-1\ 120=4713.3333$（万元）

③计算股票内在价值。因为发行在外股票数量为200万股，则每股内在价值为：

$4\ 713.3333\div200=23.57$（元）

2.股东自由现金流贴现模型

（1）股东自由现金流的定义与计算。股东自由现金流（$FCFE$）指公司经营活动中产生的现金流量，在扣除公司业务发展的投资需求和对其他资本提供者的分配后，可分配给股东的现金流量。计算公式如下：

$FCFE=FCFF-$用现金支付的利息费用$+$利息税收抵减$-$优先股股利$+$债务净增加

（2）贴现率。采用股东要求的必要收益率作为贴现率。

（3）计算步骤。首先，计算未来各期期望 FCFE，确定股东要求的必要收益率作为贴现率计算企业的权益价值 V_E，进而计算出股票的内在价值。

例如：某公司去年股东自由现金流FCFE为134.7万元，预计今年增长5%，公司现有200万普通股发行在外，股东要求的必要收益率为8%。则该公司股价计算为：

步骤一，确定未来现金流：

$FCFE_0=134.7$（万元）

$g_{FCFE}=5\%$

$FCFE_1=FCFE_0\times(1+g_{FCFE})=134.7\times(1+5\%)=141.435$（万元）

步骤二，计算股票内在价值：

①根据固定增长模型进行贴现，计算公司股权价值为

$V_E=FCFE_1\div(k-g_{FCFE})=141.435\div(8\%-5\%)=4\,714.5$（万元）

②估计每股股票的内在价值为

$4\,714.5\div200=23.57$（元）

三、股票相对估值方法

视频9-2

股票相对估值方法

（一）相对估值方法的基本原理和步骤

相对估值方法又称可比公司法，是指对股票进行估值时对可比较的或者有代表性的公司进行分析，利用可比公司的市场定价来估计目标企业价值的方法。相对估值方法的理论基础是资产的价值是市场愿意付给它的任何价格（取决于它的特征）。

相对估值法一般分为以下四个步骤：

（1）选取可比公司。可比公司是指与目标公司所处的行业、主营业务或主导产品、资本结构、经营规模、市场环境、盈利能力以及风险度等方面相同或相近的公司。

（2）计算可比公司的估值指标。常用的估值指标主要包括市盈率（P/E）、市净率（P/B）、市销率（P/S）、市值回报增长比（PEG）、企业价值倍数（EV/EBITDA）等。不同的估值指标适用于不同的公司和行业。

（3）计算适用于目标公司的可比指标。在计算出可比公司的估值指标后，需要对这些指标进行分析，剔除异常值，并计算出适用于目标公司的合理估值倍数，用于评估目标公司的价值。

（4）计算目标公司的企业价值或股权价值。使用目标公司的相关财务指标（如净利润、净资产、销售收入等）和计算出的可比指标，计算目标公司的企业价值或股权价值。

（二）市盈率估值法

市盈率（P/E）又称价格收益比或本益比，是衡量股票价格相对于公司盈利能力的估值指标。其计算公式为：

市盈率=股票市场价格÷每股收益

市盈率根据不同的每股收益计算基础分为以下几种类型：

（1）静态市盈率。它是基于公司过去12个月的每股收益计算的市盈率，反映的是公司过去一段时间的盈利能力。

（2）动态市盈率。它是基于公司未来12个月的预测每股收益计算的市盈率，

更多地反映了市场对公司未来盈利能力的预期。

（3）滚动市盈率。它介于静态市盈率和动态市盈率之间，通常以过去四个季度的每股收益为基础计算，每季度更新一次，时效性最强。

市盈率是投资业界中最常用的指标，公式中每股收益是衡量盈利能力的首要指标，实证分析表明市盈率差异与长期股票收益显著相关。缺点是每股收益（每股净利润）可能是负值，容易受短期影响，波动很大，容易被经理层操纵。

市盈率估值法是用市盈率公式计算可比公司市盈率/行业平均市盈率/市场平均市盈率的合理估值倍数，乘以目标公司的每股收益，估计出目标公司的股票价格。市盈率估值法适用于周期性较弱企业、一般制造业、服务业等股票估值，不适用于亏损公司、周期性公司。

（三）市净率估值法

市净率（P/B）又称净资产倍率，是衡量股票价格相对于公司净资产的估值指标。其计算公式为：

市净率=股票市场价格÷每股净资产

其中，每股净资产又称账面价值，一般都是正值，比每股净利润稳定，可以很好地反映资产流动性高的企业价值和公司解散时股东可分得的权益，通常被认为是股票价格下跌的底线。每股净资产越高，公司内部积累越雄厚，抗风险能力越强。缺点是账面价值忽略了无形资产的价值，当企业规模差异很大时，比较市净率意义不大，不同会计准则可能导致相同资产账面价值差异很大，账面价值和资产实际价值也可能有很大差异。市净率与市盈率相比，前者通常用于考察股票的内在价值，多为长期投资者所重视；后者通常用于考查股票的供求状况，更为短期投资者所关注。市净率估值法适用于周期性公司、重组型公司，不适用于重置成本变动较大的公司、固定资产较少的服务行业。

（四）市售率估值法

市售率（P/S）为股票市场价格与每股销售收入之比。市售率高的股票相对价值较高，以市售率为评分依据，给予0到100之间的一个评分，市售率评分越高，相应的股票价值也越高。

市售率=股票市场价格÷每股销售收入

市售率能有效反映新兴市场公司的潜在价值，具有可比性和预测性。它基于销售收入计算，通常为正值，不会出现负值，便于横向比较。市售率可识别短期运营困难但具有强大生命力和适应力的公司，尤其适用于处于成长期且发展前景良好的高科技公司，即使这些公司盈利低或为负，但销售额增长迅速，市售率能准确预测其未来发展前景。市售率估值法的缺点是销售收入增长不一定代表高盈利能力，且无法反映企业成本结构的差异。市售率估值法适用于销售收入和利润率较稳定的公司，不适用于销售不稳定的公司。

（五）市值回报增长比估值法

市值回报增长比（PEG）是用公司的市盈率除以公司的盈利增长率。

市值回报增长比=市盈率/增长率

如果一只股票当前的市盈率为20倍，其未来预期每股收益复合增长率为20%，那么这只股票的PEG就是1。当PEG等于1时，表明市场赋予这只股票的估值可以反映其未来业绩的成长性。如果PEG大于1，则这只股票的价值就可能被高估，或者市场认为这家公司的业绩成长性会高于市场预期。

通常，成长性股票的PEG会高于1，甚至在2以上，投资者愿意给予其高估值，表明这家公司未来很有可能会保持业绩的快速增长，这样的股票就容易有超出想象的市盈率估值。当PEG小于1时，要么是市场低估了这只股票的价值，要么市场认为其业绩成长性可能比预期要差。通常价值型股票的PEG都会低于1，以反映其业绩低增长的预期。市值回报增长比估值法适用于IT等成长性行业，不适用于成熟行业。

（六）企业价值倍数估值法

企业价值倍数（EV/EBITDA）是一种被广泛使用的公司估值指标，是企业价值（EV）与息税折旧摊销前利润（EBITDA）的比值。具体公式为：

企业价值倍数=企业价值（EV）÷息税折旧摊销前利润（EBITDA）

其中：企业价值（EV）=公司市值+总负债−总现金=公司市值+净负债

息税折旧摊销前利润（EBITDA）=营业利润+折旧费用+摊销费用

企业价值倍数相对于行业平均水平或历史水平较高，则通常说明高估，较低则说明低估，不同行业或板块有不同的估值（倍数）水平。

企业价值倍数和市盈率反映的都是市场价值和收益指标间的比例关系，只不过企业价值倍数是从全体投资人的角度出发的，而市盈率是从股东的角度出发的。企业价值倍数较市盈率有明显优势。首先，它不受所得税税率不同的影响，这使得不同国家和市场的上市公司估值更具可比性；其次，它不受资本结构不同的影响，公司对资本结构的改变不会影响估值，同样有利于比较不同公司的估值水平；最后，排除了折旧、摊销这些非现金成本的影响（现金比账面利润重要），可以更准确地反映企业价值。企业价值倍数估值法适用于资本密集型、准垄断或具有巨额商誉的收购型公司，不适用于固定资产更新变化较快的公司。

第三节 债券投资价值分析

一、影响债券投资价值的因素

（一）影响债券投资价值的内部因素

1.债券的期限

一般来说，在其他条件不变的情况下，债券的期限越长，其市场价格变动的可能性就越大，投资者要求的收益率补偿就越高。

2.债券的票面利率

债券的票面利率越低，债券价格的易变性就越大。在市场利率提高的时候，票面利率较低的债券价格下降较快。但是，当市场利率下降时，它们增值的潜力也很大。

3.债券的提前赎回规定

债券的提前赎回是债券发行人拥有的一种选择权，它允许债券发行人在债券到期前按约定的赎回价格部分或全部偿还债务。这种规定在财务上对发行人是有利的，因为发行人可以在市场利率降低时发行较低利率的债券，取代原先发行的利率较高的债券，从而降低融资成本。但对投资者来说，提前赎回使他们面临较低的再投资利率。这种风险要从价格上得到补偿。因此，具有较高提前赎回可能性的债券应具有较高的票面利率，其内在价值相对较低。

4.债券的税收待遇

一般来说，免税债券的到期收益率比类似的应纳税债券的到期收益率低。此外，税收还以其他方式影响着债券的价格和收益率。例如，由于附息债券提供的收益包括息票利息和资本收益两种形式，而美国把这两种收入都当作普通收入进行征税，但是对于后者的征税可以等到债券出售或到期时才进行，因此在其他条件相同的情况下，大额折价发行的低利附息债券的税前收益率必然略低于同类高利附息债券。也就是说，低利附息债券比高利附息债券的内在价值要高。

5.债券的流动性

债券的流动性是指债券可以随时变现的可能性，反映债券规避由市场价格波动而导致的实际价格损失的能力。流动性较弱的债券表现为其按市价卖出较困难，持有者会因此而面临遭受损失（包括承受较高的交易成本和资本损失）的风险。这种风险必须在债券的定价中得到补偿。因此，与流动性差的债券相比，流动性好的债券具有较高的内在价值。

6.债券的信用级别

债券的信用级别是指债券发行人按期履行合约规定的义务、足额支付利息和本金的可靠性程度。一般来说，除政府债券以外，一般债券都有信用风险（或称违约风险），只是风险大小不同而已。信用级别越低的债券，投资者要求的收益率越高，债券的内在价值也就越低。

（二）影响债券价值的外部因素

1.基础利率

基础利率是债券定价过程中必须考虑的一个重要因素。在证券的投资价值分析中，基础利率一般指无风险证券利率。一般来说，短期政府债券风险最小，可以近似看作无风险证券，其收益率可被用作确定基础利率的参照物。此外，银行的信用度很高，这就使得银行存款的风险较低，而且银行利率应用广泛，因此基础利率也可参照银行存款利率来确定。

2.市场利率

市场利率是债券利率的替代物，是投资于债券的机会成本。在市场总体利率水平上升时，债券的收益率水平也应上升，从而使债券的内在价值降低；反之，在市场总体利率水平下降时，债券的收益率水平也应下降，从而使债券的内在价值增加。

3.其他因素

影响债券定价的外部因素还有通货膨胀水平以及外汇汇率风险等。通货膨胀的存在可能使投资者从债券投资实现的收益不足以抵补由于通货膨胀而造成的购买力损失。当投资者投资于某种外币债券时，汇率的变化会使投资者的未来本币收入受到贬值损失。这些损失的可能性都必须在债券的定价中得到体现，使债券的到期收益率增加、债券的内在价值降低。

二、债券价值的计算公式

（一）债券理论价值计算公式

根据现金流贴现的基本原理，不含嵌入式期权的债券理论价值计算公式为：

$$P = \sum_{t=1}^{T} \frac{C_t}{(1 + y_t)^t} \tag{9-19}$$

式中：P 为债券理论价值；T 为债券距到期日时间长短（通常按年计算）；t 为现金流到达的时间；C 为现金流金额；y 为贴现率（通常为年利率）。

债券现金流的确定因素包括：债券的面值和票面利率；计付息间隔；债券的嵌入式期权条款；债券的税收待遇；其他因素，如债券的付息方式、币种等。

债券的贴现率是投资者对该债券要求的最低收益率，也称为必要收益率。其计算公式为：

债券必要收益率=真实无风险收益率+预期通货膨胀率+风险溢价

投资学中，通常把前两项之和称为名义无风险收益率，一般用相同期限零息国债的到期收益率（称为即期利率或零利率）来近似。

（二）零息债券价格计算公式

零息债券不计利息，折价发行，到期还本。其定价公式为：

$$P = \frac{FV}{(1 + y_T)^T} \tag{9-20}$$

式中：FV 为零息债券的面值。

（三）附息债券价值计算公式

附息债券可以被视为一组零息债券的组合。可以用零息债券定价公式分别为其中每只债券定价，加总后即为附息债券的理论价值。也可以直接套用不含嵌入式期权的债券理论价值计算公式进行定价。

对于每半年付息一次的债券来说，由于每年会收到两次利息支付，因此要对公式进行修改。第一，贴现利率采用半年利率，通常是将给定的年利率除以2；第二，到期前剩余的时期数以半年为单位予以计算，通常是将以年为单位计算的剩余时期数乘以2。

（四）累息债券价值计算公式

与附息债券不同的是，累息债券也有票面利率，但是规定到期一次性还本付息。可将其视为面值等于到期还本付息额的零息债券，并按零息债券定价公式定价。

（五）永续债券价值计算公式

永续债券价值计算的公式如下：

$$P = \frac{C}{y} \tag{9-21}$$

式中：C 为债券年利息额（等于面值乘以票面利率）；y 为贴现率（通常为年利率）。

三、债券的利率期限结构

（一）利率期限结构的概念

为了更好地理解债券的收益率，这里引入收益率曲线这个概念。收益率曲线以期限为横轴、以到期收益率为纵轴，反映一定时点上不同期限债券的收益率与到期期限之间的关系。债券的利率期限结构是指债券的到期收益率与到期期限之间的关系。该结构可通过利率期限结构图9-1表示，图中的曲线即收益率曲线。

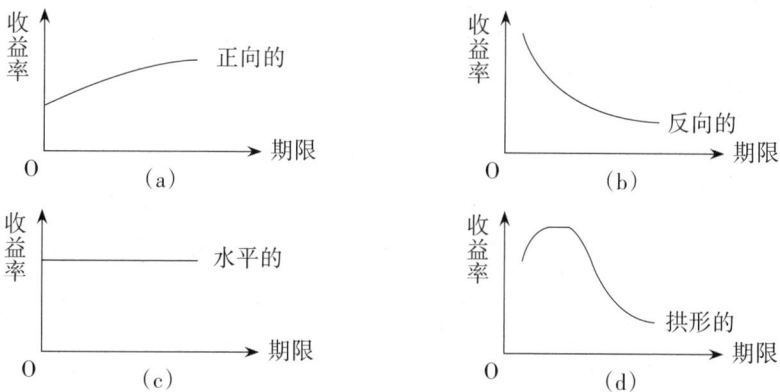

图9-1　债券的利率期限结构

（二）利率期限结构的类型

利率期限结构主要包括四种类型。

图9-1（a）显示的是一条向上倾斜的利率曲线，表示期限越长的债券，利率越高，这种曲线形状被称为"正向的"利率曲线。

图9-1（b）显示的是一条向下倾斜的利率曲线，表示期限越长的债券，利率越低，这种曲线形状被称为"相反的"或"反向的"利率曲线。

图9-1（c）显示的是一条平直的利率曲线，表示不同期限的债券利率相等，这通常是正利率曲线与反利率曲线转化过程中出现的暂时现象。

图9-1（d）显示的是拱形利率曲线，表示期限相对较短的债券，利率与期限

呈正向关系；期限相对较长的债券，利率与期限呈反向关系。

从历史资料来看，在经济周期的不同阶段可以观察到所有这四条利率曲线。

（三）利率期限结构的理论

在任一时点上，都有以下三种因素影响期限结构：对未来利率变动方向的预期，债券预期收益中可能存在的流动性溢价，市场效率低下或者资金从长期（或短期）市场向短期（或长期）市场流动可能存在的障碍。利率期限结构的理论就是分别基于这三种因素建立起来的。

1.市场预期理论

市场预期理论又称"无偏预期"理论，它认为利率期限结构完全取决于对未来即期利率的市场预期。如果预期未来即期利率上升，则利率期限结构呈上升趋势；如果预期未来即期利率下降，则利率期限结构呈下降趋势。需要注意的是，在市场预期理论中，某一时点的各种期限债券的收益率虽然不同，但是在特定时期内，市场上预计所有债券都取得相同的即期收益率，即长期债券是一组短期债券的理想替代物，长短期债券取得相同的利率，即市场是均衡的。

2.流动性偏好理论

流动性偏好理论的基本观点是投资者并不认为长期债券是短期债券的理想替代物。原因有两个方面：一方面，由于投资者意识到他们对资金的需求可能会比预期的早，因此他们有可能在预期的期限前被迫出售债券；另一方面，他们认识到，如果投资于长期债券，基于债券未来收益的不确定性，他们要承担较高的价格风险。因此，投资者在接受长期债券时就会要求对与较长偿还期限相联系的风险给予补偿，这便导致了流动性溢价的存在。

在这里，流动性溢价便是远期利率和未来的预期即期利率之间的差额。债券的期限越长，流动性溢价越大，越能体现期限长的债券拥有较高的价格风险。在流动性偏好理论中，远期利率不再只是对未来即期利率的无偏估计，它还包含流动性溢价。因此，利率曲线的形状是由对未来利率的预期和延长偿还期所必需的流动性溢价共同决定的，如图9-2所示。

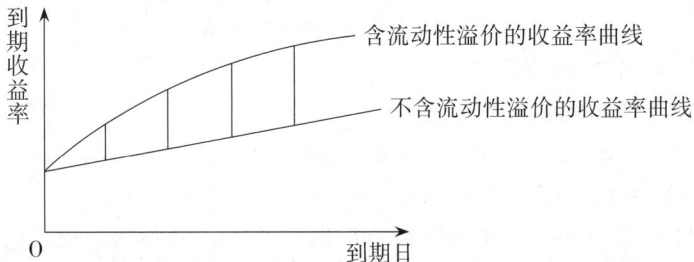

图9-2　流动性偏好下的期限结构

由于流动性溢价的存在，在流动性偏好理论中，如果预期利率上升，其利率期限结构是向上倾斜的；如果预期利率下降的幅度较小，其利率期限结构虽然是向上倾斜的，但两条曲线趋向于重合；如果预期利率下降较多，其利率期限结构是向下倾斜的。按照该理论，在预期利率水平上升和下降的时期大体相当的条件下，期限结构上升的情况要多于期限结构下降的情况。

3.市场分割理论

市场预期理论和流动性偏好理论，都假设市场参与者会按照他们的利率预期从债券市场的一个偿还期部分自由地转移到另一个偿还期部分，而不受任何阻碍。市场分割理论的假设却恰恰相反。该理论认为，在贷款或融资活动进行时，贷款者和借款者并不能自由地在利率预期的基础上将证券从一个偿还期部分转移到另一个偿还期部分。在市场存在分割的情况下，投资者和借款人由于偏好或者某种投资期限习惯的制约，他们的贷款或融资活动总是局限于一些特殊的偿还期部分；而且在其最严格的限制形式下，即使现行的利率水平表明如果他们进行市场间的转移会获得比实际要高的预期利率，投资者和借款人也不会离开自己的市场而进入另一个市场。

这样的结果使市场划分为两大部分：一部分是短期资金市场，另一部分是长期资金市场。于是，利率期限结构在市场分割理论下，取决于短期资金市场供求状况与长期资金市场供求状况的比较，或者说取决于短期资金市场供需曲线交叉点的利率与长期资金市场供需曲线交叉点的利率的对比。如果短期资金市场供需曲线交叉点利率高于长期资金市场供需曲线交叉点利率，利率期限结构则呈现向下倾斜的趋势。如果短期资金供需曲线交叉点利率低于长期资金市场供需曲线交叉点利率，利率期限结构则呈现向上倾斜的趋势。

总而言之，从这三种理论来看，期限结构的形成主要是由对未来利率变化方向的预期决定的，流动性溢价可起一定作用，但期限在1年以上的债券的流动性溢价大致是相同的，这使得期限为1年或1年以上的债券虽然价格风险不同，预期利率却大致相同。有时，市场的不完善和资本流向市场的形式也可能起到一定作用，使期限结构的形状暂时偏离按对未来利率变化方向进行估计形成的形状。

第四节 可转换证券投资价值分析

可转换证券是指可以在一定时期内按一定比例或价格转换成一定数量的另一种证券（简称标的证券）的特殊公司证券。可转换证券一般是公司发行的一种允许投资者将其转化为公司普通股的债券或优先股，前者称为可转换债券，后者称为可转换优先股，它们实际上是公司普通股的一种看涨期权。

一、可转换证券的价值

可转换证券的价值一般分为投资价值、转换价值、理论价值三种。

（一）可转换证券的投资价值

可转换证券的投资价值是指当它作为不具有转股选择权时的一种证券的价值。其计算方法与普通证券价值的计算方法相同，首先应估计与它具有同等资信和类似投资特点的不可转换证券的必要收益率，然后利用这个必要收益率折算出它未来现金流量的现值（可参见债券与优先股的定价）。

（二）可转换证券的转换价值

可转换证券的转换价值是指实施转换时得到的标的股票的市场价值，它等于标的股票每股市场价格与转换比例的乘积：

$$CV=P_s \times CR \tag{9-22}$$

式中：CV为转换价值，P_s为普通股每股市场价格，CR为转换比例。

例如：假定某可转换债券的面值为1 000元，票面利率为8%，剩余期限为5年，同类债券的必要收益率为9%，可转换债券的转换比例为40股，实施转换时标的股票的市场价格为每股26元，那么，该可转换债券的转换价值为：

$$CV=26 \times 40=1\ 040\ （元）$$

（三）可转换证券的理论价值

可转换证券的理论价值也称内在价值，是指将可转换证券转股前的利息收入和转股时的转换价值按适当的必要收益率折算的现值。

例如，假定投资者当前准备购买可转换证券，并计划持有该可转换证券到未来某一时期，且在收到最后一期的利息后立即实施转换，那么，可用下述公式计算该投资者准备购买的可转换证券的当前理论价值：

$$V_b = \sum_{t=1}^{n} \frac{A}{(1+r)^t} + \frac{CV}{(1+r)^n} = A\frac{1-(1+r)^{-n}}{r} + \frac{CV}{(1+r)^n} \tag{9-23}$$

式中：A为可转换证券每期支付的利息，且一年支付一次；t表示时期数；n表示持有可转换证券的时期总数；CV为可转换证券在持有期期末的转换价值；r表示必要收益率。

二、可转换证券的市场价格

可转换证券的市场价格就是可转换证券的市场价值。可转换证券的市场价格一般保持在它的投资价值和转换价值之上。如果可转换证券市场价格在投资价值之下，购买该证券并持有至到期，就可获得较高的到期收益率；如果可转换证券市场价格在转换价值之下，购买该证券并立即转换为标的股票，再将标的股票出售，就可获得该可转换证券转换价值与市场价值之间的价差收益。因此，无论上述两种情况中的哪一种情况发生，投资者的踊跃购买行为都会使该可转换证券的价格上涨，直到可转换证券的市场价格不低于投资价值和转换价值为止。为了更好地描述可转换证券的市场价格，这里引入转换平价、转换升水和转换贴水等概念。

可转换证券的转换平价是指使可转换证券市场价值（即市场价格）等于该可转换证券转换价值时的标的股票的每股价格，即

转换平价=可转换证券的市场价格／转换比例

比较下述两个公式：

可转换证券的市场价格=转换比例×转换平价

可转换证券的转换价值=转换比例×标的股票市场价格

不难看出，当转换平价大于标的股票的市场价格时，可转换证券的市场价格大于可转换证券的转换价值，即可转换证券持有人转股前所持有的可转换证券的市场价值大于实施转股后所持有的标的股票资产的市价总值。如果不考虑标的股票价格未来变化，此时转股对持有人不利。相反，当转换平价小于标的股票的市场价格时，可转换证券的市场价格小于可转换证券的转换价值，即可转换证券持有人转股前所持有的可转换证券的市场价值小于实施转股后所持有的标的股票资产的市价总值。如果不考虑标的股票价格未来变化，此时转股对持有人有利。

正因如此，转换平价可被视为将可转换证券转换为标的股票的投资者的盈亏平衡点。由于可转换证券转股不具有可逆性，即转股后不能将标的股票再转为可转换证券，因此，对于已将可转换证券转换为标的股票的投资者来说，当初购买可转换证券的价格的高低并不重要，重要的是依据购买价格计算出转换平价，并将转换平价与目前标的股票市场价格进行比较，以判断出售目前持有的标的股票是否盈利。

当可转换证券的市场价格大于可转换证券的转换价值时，前者减后者所得的数值被称为可转换证券的转换升水，即

转换升水=可转换证券的市场价格-可转换证券的转换价值

转换升水比率一般可用下述公式计算：

转换升水比率=转换升水÷可转换证券的转换价值×100%

=（转换平价-标的股票的市场价格）÷标的股票的市场价格×100%

当可转换证券的市场价格小于可转换证券的转换价值时，后者减前者得到的数值被称为可转换证券的转换贴水，即

转换贴水=可转换证券的转换价值-可转换证券的市场价格

转换贴水比率一般可用下述公式计算：

转换贴水比率=转换贴水÷可转换证券的转换价值×100%

=（标的股票的市场价格-转换平价）÷标的股票的市场价格×100%

例如：某公司的可转换债券面值为1 000元，转换价格为25元，当前市场价格为1 200元，其标的股票当前的市场价格为每股26元，那么，该可转换债券转换比例为1 000÷25=40，该可转换债券当前的转换价值为40×26=1 040（元），该可转换债券当前的转换平价为1 200÷40=30（元）。

由于标的股票当前的市场价格（每股26元）小于按当前该可转换债券市场价格（1 200元）计算的转换平价（30元），所以按当前1 200元的价格购买该可转换债券并立即转股对投资者不利。

由于该可转换债券1 200元的市场价格大于其1 040元的转换价值，因此该可转换债券当前处于转换升水状态，可得

该可转换债券转换升水=1 200-1 040=160（元）

该可转换债券转换升水比率=160÷1 040×100%

=（30-26）÷26×100%

=15.38%

综合练习 ✔ ┄┄┄┄┄┄┄┄┄┄┄┄┄┄┄┄┄┄┄┄┄┄┄┄ •

1.现金流贴现估值法不包括（　　）。

A.市盈率法

B.股利贴现模型

C.股东自由现金流贴现模型

D.企业自由现金流贴现模型

2.股利现金流贴现不变增长模型的假设前提是（　　）。

A.市场占有率按照不变的增长率增长，或以固定不变的绝对值增长

B.股利按照不变的增长率增长，或以固定不变的绝对值增长

C.净利润按照不变的增长率增长，或以固定不变的绝对值增长

D.主营业务收入按照不变的增长率增长，或以固定不变的绝对值增长

3.假设资本资产定价模型成立，某只股票的 $\beta=1.5$，市场风险溢价=8%，无风险利率=4%，而某权威证券分析师指出该股票在一年以内可能上涨10%，你是否会投资该股票？（　　）。

A.是，因为考量风险之后，该投资显然划算

B.否，因为该股票的风险大于市场投资组合的风险

C.否，因为该股票的预期收益率低于所要求的收益率

D.是，因为其收益率远高于无风险利率

4.企业自由现金流贴现模型采用（　　）为贴现率。

A.企业平均成本

B.企业平均股权成本

C.企业加权平均资本成本

D.企业加权成本

5.下列不属于相对估值法的是（　　）。

A.市盈率法（P/E）

B.市净率法（P/B）

C.EV/EBITDA

D.股利贴现法

6.对于附息债券来说，其预期现金流来源包括（   ）。

A.转股股利和票面价值

B.必要收益率和票面额

C.定期收到的利息和票面本金额

D.内部收益率和票面价值

7.在其他债券要素不变的情况下，如果债券的价格下降，到期收益率（   ）。

A.必然下降

B.必然上升

C.必然不变

D.不确定

8.设有甲和乙两种债券：甲债券面值1 000元，期限10年，票面利率10%，复利计息，到期一次性还本付息；乙债券期限7年，其他条件与甲债券相同。假设甲债券和乙债券的必要收益率均为9%，那么下列说法错误的是（   ）。

A.甲债券的理论价值大于1 000元

B.乙债券的理论价值小于1 000元

C.甲债券的理论价值大于乙债券的理论价值

D.与乙债券相比，甲债券的理论价值对市场利率的变动更敏感

9.对于债券收益率曲线形状的解释产生了不同的期限结构理论，不包括（   ）。

A.流动性陷阱理论

B.市场预期理论

C.市场分割理论

D.流动性偏好理论

10.可转换证券的市场价格一般围绕投资价值或转换价值波动，这意味着当可转换证券价格（   ）。

A.在投资价值之上，购买该证券并持有至到期，就可获得较高的到期收益率

B.在投资价值之下，购买该证券并持有至到期，就可获得较高的到期收益率

C.在转换价值之上，购买该证券并立即转换为标的股票，再将标的股票出售，就可获得差价收益

D.在转换价值之下，购买该证券并立即转换为标的股票，再将标的股票出售，就可获得差价收益

思政课堂 ✅

视频9-4

中国电研的探索之路

第十章

证券投资基本分析

思维导图

第十章 证券投资基本分析

- 证券投资基本分析概述
  - ① 基本分析的含义
  - ② 基本分析的方法
    - ② 由上而下分析法
    - ② 由下而上分析法

- 证券投资宏观经济分析
  - ② 宏观经济分析概述
    - ① 宏观经济分析的意义
    - ② 宏观经济分析的主要方法
    - ② 宏观经济信息的搜集与处理
  - ① 宏观经济分析的基本指标
    - ① 国民经济总体指标
    - ① 投资与消费指标
    - ① 金融指标
    - ① 财政指标
  - ① 国内宏观经济运行分析
    - ① 宏观经济运行对证券市场影响的途径
    - ② 宏观经济变动对证券市场的影响
  - ① 国家宏观经济政策分析
    - ① 财政政策
    - ① 货币政策
    - ① 汇率政策
    - ① 收入政策
  - ② 国际宏观经济分析
    - ① 国际经济形势
    - ② 国际金融市场
  - ② 宏观非经济因素分析
    - ② 政治因素
    - ② 法律因素
    - ② 军事因素
    - ② 社会文化因素
    - ② 自然因素

- 证券投资行业分析
  - ② 行业分析概述
    - ① 行业分析的意义
    - ② 行业的分类
    - ② 行业分析信息的搜集与处理
  - ② 描述行业基本状况的指标
    - ① 行业景气指数
    - ② 中经产业景气指数
    - ② 行业集中度指数
  - ① 行业的一般特征分析
    - ① 经济周期与行业分析
    - ① 行业市场结构与竞争程度分析
    - ① 行业生命周期分析
  - ① 行业兴衰的实质及影响因素
    - ① 行业兴衰的实质
    - ② 行业兴衰的影响因素
  - ② 区域分析
    - ② 经济因素
    - ② 政治因素
    - ② 技术因素
    - ② 自然地理因素
    - ② 基础设施因素
    - ② 社会文化因素

- 证券投资公司分析
  - ② 公司分析概述
    - ① 公司分析的意义
    - ② 公司分析信息的搜集与处理
  - ① 公司基本分析
    - ① 公司行业地位分析
    - ① 公司区位分析
    - ① 公司产品竞争能力分析
    - ① 公司经营能力分析
    - ① 公司盈利能力和成长性分析
  - ① 公司财务分析
    - ① 公司主要财务报表
    - ① 公司财务报表分析方法
    - ① 公司财务比率分析
    - ① 公司财务综合分析
    - ① 公司财务分析中应注意的问题
  - ② 公司重大事件分析
    - ① 关于重大事件的规定
    - ② 主要重大事件对公司证券价格的影响

①掌握；②熟悉；③了解。

学习目标

1.掌握证券投资基本分析的含义；宏观经济分析的基本指标；国内宏观经济运行分析；国家宏观经济政策分析；行业的一般特征分析；公司基本分析；公司财务比率分析；公司财务综合分析。

2.熟悉证券投资基本分析的方法；宏观经济分析的主要方法；宏观经济分析信息的搜集与处理；国际宏观经济分析；宏观非经济因素分析；行业分析信息的搜集与处理；描述行业基本状况的指标；行业兴衰的影响因素；区域分析；公司分析信息的搜集与处理；公司主要财务报表；公司财务报表分析方法；公司财务分析中应注意的问题；主要重大事件对公司证券价格的影响。

3.了解宏观经济分析的意义；行业分析的意义；行业的分类；行业兴衰的实质；公司分析的意义；关于重大事件的规定。

思政目标

1.通过学习证券投资宏观分析和行业分析，树立正确的风险意识，培育社会主义核心价值观，坚定"四个自信"，激发爱国情怀。

2.通过学习上市公司基本分析和财务分析的方法，培养正确的职业操守和严谨求真的科学精神。

第一节 证券投资基本分析概述

一、基本分析的含义

证券投资基本分析是根据经济学、金融学、财务管理学及投资学等基本原理，对决定证券价值及价格的基本要素进行分析，评估证券的投资价值，判断证券的合理价位，并提出相应投资建议的一种分析方法。

二、基本分析的方法

（一）由上而下分析法

1.基本原理

由上而下分析法是指从宏观分析出发，重视对大环境变量的考虑，挑选未来前景较好的产业，再从所选的产业中挑出具有竞争力和绩效不错的公司。

2.主要步骤及内容

（1）宏观分析。宏观分析包括宏观经济因素分析（宏观经济分析）和宏观非经济因素分析。其中，宏观经济分析主要包括国内宏观经济运行分析、国家宏观经济政策分析和国际宏观经济分析；宏观非经济因素分析是对除经济因素以外的主要宏观因素——包括政治因素、法律因素、军事因素、社会文化因素、自然因素等——进行分析。宏观分析的重点是宏观经济分析。

（2）行业和区域分析。行业和区域分析是从中观层面对影响证券价格的因素进行分析，其对证券价格的影响主要是结构性的。其中，行业分析主要分析经济周期与行业关系、行业市场结构及竞争程度、行业生命周期、行业兴衰的实质及影响因素等，从而分析其对证券价格的影响；区域分析主要分析区域因素包括经济因素、政治因素、技术因素、自然地理因素、基础设施因素、社会文化因素等对证券价格的影响。行业和区域分析的重点是行业分析。

（3）公司分析。公司分析是基本分析的重点。公司分析侧重对公司的竞争能力、经营管理能力、盈利能力、发展潜力、财务状况、经营业绩以及潜在风险等进行分析，借此评估和预测证券的投资价值、价格及其未来变化的趋势。

（二）由下而上分析法

1.基本原理

由下而上分析法是先通过某些数量指标筛选出符合标准的公司，对公司的基本面、财务状况及商业模式等进行分析，之后对公司所处的行业和区域进行分析，最后进行宏观分析。

2.主要步骤及内容

由下而上分析法的步骤与由上而下分析法的步骤正好相反，内容相同，也就是按如下顺序进行：①公司分析；②行业和区域分析；③宏观分析。

第二节 证券投资宏观经济分析

一、宏观经济分析概述

（一）宏观经济分析的意义

1.把握证券市场的总体变动趋势

在证券投资领域中，宏观经济分析非常重要。只有把握住经济发展的大方向，才能作出正确的长期决策；只有密切关注宏观经济因素的变化，尤其是货币政策和财政政策因素的变化，才能抓住证券投资的市场时机。

2.判断整个市场的投资价值

证券市场的投资价值与国民经济整体素质和结构变动息息相关。这里所说的证券市场的投资价值是指整个市场的平均投资价值，因为不同部门、不同行业与成千上万的不同企业相互影响、互相制约，共同作用于国民经济发展的速度和质量，所以从一定意义上说，整个证券市场的投资价值就是整个国民经济增长质量与速度的反映。宏观经济是个体经济的总和，企业的投资价值必然在宏观经济的总体中综合反映出来，所以，宏观经济分析是判断整个证券市场投资价值的关键。

3.掌握宏观经济政策对证券市场的影响力度与方向

证券投资与国家宏观经济政策息息相关。在市场经济条件下，国家通过财政政策和货币政策来调节经济，或挤出泡沫，或促进经济增长，这些政策直接作用于企业，从而影响经济增长速度和企业效益。因此，进行证券投资时，必须认真分析宏观经济政策，这无论是对投资者、投资对象，还是对证券业本身乃至整个国民经济的持续健康发展都具有非常重要的意义。

（二）宏观经济分析的主要方法

1.总量分析法

总量分析法是指对影响宏观经济运行总量指标的因素及其变动规律进行分析，如对国内生产总值、消费额、投资额、银行贷款总额及物价水平的变动规律进行分析，进而说明整个经济的状态。

2.结构分析法

结构分析法是指对经济系统中各组成部分及其对比关系变动规律进行分析，如国内生产总值中三种产业的结构分析、消费和投资的结构分析、经济增长中各因素作用的结构分析等。

3.动态分析法

动态分析法是以宏观经济运行显现出来的数量特征为标准，判断其是否符合正常发展趋势的要求，并对未来发展趋势进行预测的一种统计分析方法。

（三）宏观经济分析信息的搜集与处理

宏观经济分析信息包括政府的重点经济政策与措施、一般生产统计资料、金融物价统计资料、贸易统计资料、每年国民收入统计与景气动向等。这些信息来源主要有：

（1）从网络、电视、报纸等媒介了解世界经济动态与国内经济大事；

（2）政府部门与经济管理部门，省、自治区、直辖市公布的各种经济政策、计划、统计资料和经济报告，各种统计年鉴；

（3）各主管部门、行业管理部门搜集和编制的统计资料；

（4）部门与企业内部的原始记录；

（5）各预测、情报和咨询机构公布的资料；

（6）国家领导人和有关部门、省市领导报告或讲话中的统计数字和信息；

（7）其他。

对信息、数据的质量要求包括准确性、系统性、及时性、可比性、适用性等。有时信息、资料可能因口径不一致而不可比，或存在不反映变量变化规律的异常值，需要对数据资料进行处理。

二、宏观经济分析的基本指标

视频10-1

宏观经济指标分析

（一）国民经济总体指标

1.国内生产总值与经济增长率

国内生产总值（GDP）指一个国家所有常住单位在一定时期内生产活动的最终

成果。核算GDP的方法有生产法、收入法和支出法：

（1）用生产法核算的GDP=总产出−中间投入=各产业增加值之和

（2）用收入法核算的GDP=劳动者报酬+生产税净额+固定资产折旧+营业盈余

（3）用支出法核算的GDP=消费+投资+政府购买+净出口

经济增长率也称经济增长速度，是反映一定时期经济发展水平变化程度的动态指标，也是反映一个国家经济是否具有活力的基本指标。

2.工业增加值

工业增加值是指工业行业在报告期内以货币表现的工业生产活动的最终成果，是衡量国民经济的重要统计指标之一。

3.失业率

失业率是指劳动力人口中失业人数所占的百分比。劳动力人口是指年龄在16周岁以上具有劳动能力的人的全体。失业率上升与下降是以GDP相对于潜在GDP变动为背景的，而其本身则是现代社会的一个主要问题。当失业率很高时，资源被浪费，人们收入减少。在这种时期，经济问题还可能影响人们的情绪和家庭生活，进而引发一系列社会问题。

4.通货膨胀率

通货膨胀是指一般价格水平的持续、普遍、明显地上涨。通货膨胀率是用某种价格指数衡量的通货膨胀程度。一般来说，衡量通货膨胀率的常用指标有三种：居民消费价格指数（CPI）、生产者价格指数（PPI）、国内生产总值物价平减指数（GDP deflator）。

5.采购经理指数

采购经理指数（PMI）是根据对采购经理的问卷调查数据而编制的月度公布指数。PMI具有明显的先导性，对国家经济活动的监测和预测具有重要作用，通常以50%作为经济强弱的分界点。PMI高于50%，反映经济活动有所扩张；低于50%，则反映经济活动有所收缩。

6.国际收支

国际收支一般是一国居民在一定时期内与非居民在政治、经济、军事、文化及其他往来中所产生的全部交易的系统记录。这里的居民指在国内居住一年以上的自然人和法人。国际收支包括经常项目和资本项目。全面了解和掌握国际收支状况，有利于从宏观上对国家的开放规模和开放程度进行规划、预测和控制。

（二）投资与消费指标

1.投资规模

投资规模是反映一定时期一国投资的主要指标，指一定时期在国民经济各部门、各行业再生产中投入资金的数量。投资规模是否适度，是影响经济稳定与增长的一个主要因素。投资规模过小，不利于经济的进一步发展；投资规模安排过大，超出了一定时期人力、物力和财力的可能，又会造成国民经济比例的失调，导致经济大起大落。全社会固定资产投资是衡量投资规模的主要变量，它包括建造和购置固定资产的经济活动，是反映固定资产投资规模、速度、比例关系和使用方向的综合性指标。

2.社会消费品零售总额

社会消费品零售总额是指国民经济各行业通过多种商品流通渠道向城乡居民和社会集团供应的消费品总额，它包括各种经济类型的批发零售贸易业、餐饮业、制造业和其他行业售给城乡居民和社会集团的消费品零售额以及农民售给非农业居民和社会集团的消费品零售额。社会消费品零售总额是研究国内零售市场变动情况、反映经济景气程度的重要指标，它的大小和增长速度也反映了城乡居民与社会集团消费水平的高低、居民消费意愿的强弱。社会消费品需求是国内需求的重要组成部分，对一国经济增长具有巨大的促进作用。

（三）金融指标

1.金融总量指标

（1）货币供应量。货币供应量是单位和居民个人在银行的各项存款和手持现金之和，其变化反映着中央银行货币政策的变化，对企业生产经营、金融市场（尤其是证券市场）的运行和居民个人的投资行为有着重大的影响。

（2）金融机构各项存贷款余额。金融机构各项存贷款余额是指某一时点金融机构存款金额与金融机构贷款金额。

（3）金融资产总量。金融资产总量是指手持现金、银行存款、有价证券、保险等其他资产的总和。

（4）社会融资总量。社会融资总量是指一定时期内（每月、每季或每年）实体经济从金融体系获得的全部资金总额。它是全面反映金融与经济关系，以及金融对实体经济资金支持的总量指标。

2.利率

利率的波动反映出市场资金供求的变动状况。当资金供不应求时，利率上升；当资金需求减少时，利率下降。另外，利率还影响着人们的储蓄、投资和消费行为，利率结构也影响着居民对金融资产的选择，影响着证券的持有结构。

3.汇率

汇率是外汇市场上一国货币与他国货币相互交换的比率。一般来说，国际金融市场上的外汇汇率是由一国货币所代表的实际购买力平价和自由市场对外汇的供求共同决定的。

4.外汇储备与外汇占款

外汇储备是一国对外债权的总和，用于偿还外债和支付进口，是国际储备的一种。一国当前持有的外汇储备是以前各时期一直到现期为止的国际收支顺差的累计结果。当国际收支出现顺差时，外汇储备就会增加，拥有外汇储备的企业或其他单位可能会把它兑换成本币，比如用来在国内市场购买原材料等，这样就形成了对国内市场的需求。

外汇占款是指中央银行收购外汇资产而相应投放的本国货币。它具有两种含义：一是统一考虑银行柜台市场和银行间外汇市场两个市场的整个银行体系（包括央行和商业银行）收购外汇所形成的向实体经济的本币投放；二是中央银行在银行间外汇市场中收购外汇所形成的本币投放。

（四）财政指标

1.财政收入

财政收入是指国家为了保证实现政府职能的需要，通过参与社会产品分配所取得的收入，包括各项税收、专项收入、其他收入和国有企业计划亏损补贴（负收入，冲减财政收入）。

2.财政支出

财政支出是为满足政府执行职能需要而使用的财政资金，包括资本性支出和经常性支出，它们的变化对国内总供需的影响是不同的。资本性支出的扩大可以扩大投资需求；经常性支出的扩大则扩大消费需求，其中既有个人消费需求，也有公共物品的消费需求。

3.赤字或结余

财政收入与财政支出的差额即为赤字（差值为负时）或结余（差值为正时）。核算财政收支总额是为了进行财政收支状况的对比。收大于支是盈余，收不抵支则出现财政赤字。如果财政赤字过大，就会引起社会总需求的膨胀和社会总供求的失衡。

4.主权债务

主权债务是指一国以自己的主权为担保向外借来的债务。一国适度举债，可以利用国外资本发展本国经济，但过度举债，就会引发主权债务危机。对主权债务风险的判断是基于国债负担率、债务依存度、赤字率、偿债率等指标作出的。国际上一般认为，国家的偿债率的警戒线为20%，发展中国家为25%，危险线为30%；当偿债率超过25%时，说明该国外债还本付息负担过重，有可能发生债务危机。

三、国内宏观经济运行分析

（一）宏观经济运行对证券市场影响的途径

1.公司经营效益

无论从长期还是从短期看，宏观经济环境都是影响公司生存和发展的最基本因素。公司的经营效益会随着宏观经济运行周期、市场环境、宏观经济政策、利率水平和物价水平等宏观经济因素的变动而变动。当宏观经济运行趋好时，企业总体盈利水平提高，证券市场的市值自然上涨；如果政府采取强有力的宏观调控政策，紧缩银根，则企业的投资和经营会受到影响，盈利下降，证券市场的市值就可能下降。

2.居民收入水平

在经济处于上升周期或实行提高居民收入的政策时，居民收入水平提高，将促进消费，增加相关企业的利润。另外，居民收入水平的提高也会直接促进证券市场的投资需求。

3.投资者对股价的预期

投资者对股价的预期，也就是投资者的信心，是宏观经济影响证券市场的重要途径。当宏观经济趋好时，投资者预期公司效益和自身的收入水平会上升，证券市场自然人气旺盛，从而推动市场平均价格走高；反之，则会令股票市场平均价格走低。

4.资金成本

当国家经济政策发生变化，居民、单位的资金持有成本将随之变化，资金流向改变，从而影响证券市场的需求和走势。

(二)宏观经济变动对证券市场的影响

1.GDP变动

GDP是一国经济成就的根本反映，从长期看，在上市公司的行业结构与该国产业结构基本一致的情况下，股票平均价格的变动与GDP的变动趋势是吻合的。在进行宏观经济运行情况分析时，必须将GDP与经济形势结合起来进行考察。下面对几种基本情况进行阐述。

(1)持续、稳定、高速的GDP增长。在这种情况下，社会总需求与总供给协调增长，经济结构基本合理，经济发展势头良好，这时证券市场将呈现上升走势。

①伴随总体经济成长，上市公司利润持续上升，股息和红利不断增长，企业经营环境不断改善，产销两旺，投资风险也越来越小，从而公司的股票和债券全面升值，促使价格上扬。

②人们对经济形势形成了良好的预期，投资积极性得以提高，从而增加了对证券的需求，促使证券价格上涨。

③随着GDP的持续增长，国民收入和个人收入都不断得到提高，收入增加也将增加证券投资的需求，从而使证券价格上涨。

(2)高通胀下的GDP增长。在这种情况下，经济严重失衡，总需求大大超过总供给，表现为较高的通货膨胀率，这是经济形势恶化的征兆，如不采取调控措施，必将导致未来的"滞胀"(通货膨胀与经济停滞并存)。经济中的矛盾会突出地表现出来，企业经营将面临困境，居民实际收入也将降低，因而失衡的经济增长必将导致证券价格下跌。

(3)宏观调控下的GDP减速增长。当GDP呈失衡的高速增长时，政府可能采用宏观调控措施以维持经济的稳定增长，这样必然减缓GDP的增长速度。如果调控目标得以顺利实现，GDP仍以适当的速度增长而未导致GDP的负增长或低增长，就说明宏观调控措施十分有效，经济矛盾得以逐步缓解，为进一步增长创造了有利条件，这时证券市场亦将反映这种好的形势而呈平稳渐升的态势。

(4)转折性的GDP变动。如果GDP一定时期以来呈负增长，当负增长速度逐渐减缓并呈现向正增长转变的趋势时，表明恶化的经济环境逐步得到改善，证券市场走势也将由下跌转为上升。当GDP由低速增长转向高速增长时，表明低速增长中，经济结构得到调整，新一轮经济高速增长已经来临，证券市场亦将随之出现快速上涨之势。证券市场一般提前对GDP的变化作出反应，它是反映预期GDP的变化，因而对GDP变动进行分析时必须着眼于未来，这是最基本的原则。

2.经济周期变动

股票市场素有经济晴雨表之称。经济情况从来不是静止不动的，某个时期产出、价格、利率、就业率不断上升直至某个高峰——繁荣，之后可能是经济的衰退，产出、产品销售、利率、就业率开始下降，直至某个低谷——萧条。经济萧条阶段的明显特征是需求严重不足，生产相对严重过剩，销售量下降，价格低落，企业盈利水平极低，生产萎缩，出现大量破产倒闭，失业率增大。接下来则是经济重新复苏，进入一个新的经济周期。

证券市场综合了人们对于经济形势的预期，这种预期较全面地反映了人们对经济发展过程中表现出的有关信息的切身感受。这种预期又必然反映到投资者的投资行为中，从而影响证券市场的价格。

既然股价反映的是对经济形势的预期，因而其表现必定领先于经济的实际表现（除非预期出现偏差，经济形势本身才对股价产生纠错反应）。

（1）当经济持续衰退至尾声——萧条时期，百业不振，投资者已远离股票市场。此时，那些对经济形势作出合理判断的投资者会默默吸纳股票，坐看股价缓缓上升。

（2）当经济日渐复苏、股价实际上已经升至一定水平时，随着人们普遍认同以及投资者自身境遇的不断改善，股市日渐活跃，需求不断扩大，股价不停攀升，屡创新高。而那些有识之士在综合分析经济形势的基础上，会悄然抛出股票，供需力量逐渐发生转变。

（3）当经济形势逐渐被更多的投资者所认识，供求趋于平衡直至供大于求时，股价便开始下跌。

（4）当经济形势发展按照人们的预期走向衰退时，与上述相反的情况便会发生。

3.通货变动

通货是指一国的法定货币，它的国内购买力是以可比物价变动情况来衡量的。在一般情况下，在没有价格管制、价格基本由市场调节的情况下，通货变动与物价水平是同义语。通货变动包括通货膨胀和通货紧缩。

（1）通货膨胀对证券市场的影响。通货膨胀对证券市场（特别是个股）的影响无永恒的定势，完全可能产生同时相反方向的影响。对这些影响进行分析必须从该时期通胀的原因、程度，配合当时的经济结构和形势、政府可能采取的干预措施等方面入手。以下是分析的一般原则：

① 若通货膨胀是温和的、稳定的，则对股价的影响较小，能增加债券的必要收益率，使债券价格下跌。

② 若通货膨胀在可容忍范围内，而经济处于景气（扩张）阶段，产量、就业

持续增长，则股价也将持续上升。

③ 若通货膨胀是严重的，则将严重扭曲经济，加速货币贬值，这时人们将会通过购买房屋、囤积商品等进行保值；资金将流出证券市场，同时企业经营将严重受挫，盈利水平下降，引起股价和债券价格下跌。

（2）通货紧缩对证券市场的影响。通货紧缩所处阶段不同，严重程度不同，对证券市场的影响也会有所不同。

① 通货紧缩初期，因为货币购买力增强，公众消费和投资增加，带动证券市场兴旺发展。

② 随着通货紧缩的进一步发展，失业率提高，公众对未来的收入预期悲观，会减少支出；投资者预期未来产品价格和生产成本下降，会减少投资，使证券价格下降；总需求减少，使物价继续下降，步入恶性循环。

③ 随着紧缩加剧，整个生产领域需求不足，经营恶化，证券市场长期下跌。通货紧缩带来的经济负增长，使得股票、债券及房地产等资产价格大幅下降，银行资产状况严重恶化。经济危机与金融萧条的出现反过来又影响投资者对证券市场走势的信心。

四、国家宏观经济政策分析

视频10-2

宏观经济政策分析

（一）财政政策

财政政策是政府根据客观经济规律制定的指导财政工作和处理财政收支关系的一系列方针、准则和措施的总称。

1.财政政策的手段

财政政策的手段包括国家预算、税收、国债、财政补贴、财政管理体制、转移支付制度等。这些手段可以单独使用，也可以配合使用。

（1）国家预算。国家预算是财政政策的主要手段。作为政府的基本财政收支计划，国家预算能够全面反映国家财力规模和平衡状态，可以影响社会供求总量的平衡。在一定时期，当其他社会需求总量不变时，财政赤字具有扩张社会总需求的功能，财政结余政策和压缩财政支出具有缩小社会总需求的功能。

财政投资的多少和投资方向直接影响和制约国民经济的部门结构，因而具有造就未来经济结构框架的功能，也有矫正当期结构失衡的功能。

（2）税收。税收是国家凭借政治权力参与社会产品分配的重要形式。它既是筹集财政收入的主要工具，又是调节宏观经济的重要手段。

① 税收可以调节收入的分配。税制的设置可以调节和制约企业间的税负水平。通过设置个人所得税，可以调节个人收入的差距。

② 税收可以调节社会总供求的结构。税收可以根据消费需求和投资需求的不同对象设置税种或在同一税种中实行差别税率，以控制需求数量、调节供求结构。

③ 税收对促进国际收支平衡具有重要的调节功能。对出口产品实行退税政策可用来鼓励出口，对进口关税的设置可用来调节进口商品的品种和数量。

（3）国债。国债是国家按照有偿信用原则筹集财政资金的一种有效形式，同时也是实现政府财政政策，进行宏观调控的重要工具。

① 国债可以调节国民收入初次分配形成的格局，将部分企业和居民的收入以信用方式集中到政府手中，扩大政府收支的规模，并可以调节国民收入的使用结构和产业结构。

② 国债可以调节资金供求和货币流通量。政府主要通过扩大或减少国债发行、降低或提高国债利率和贴现率以及中央银行的公开市场业务来调节资金供求和货币供应。国债的发行对证券市场资金的流向也有较大影响，将会分流证券市场的资金。

（4）财政补贴。财政补贴是国家为了某种特定需要，将一部分财政资金无偿补助给企业和居民的一种再分配形式，是国家财政通过干预分配，调节国民经济和社会生活的一种手段。

（5）财政管理体制。财政管理体制是中央与地方之间、地方各级政府之间以及国家与企事业单位之间资金管理权限和财力划分的一种根本制度，主要功能是调节各地区、各部门之间的财力分配。

（6）转移支付制度。转移支付制度是中央财政将集中的一部分财政资金按一定的标准拨付给地方财政的一项制度，主要功能是调整中央政府与地方政府之间的财力纵向不平衡以及调整地区间财力横向不平衡。

2.财政政策对证券市场的影响

财政政策分为扩张性财政政策（即积极的财政政策）、紧缩性财政政策和中性财政政策。总的来说，紧缩性财政政策将使得过热的经济受到控制，进而使证券市场走弱；而扩张性财政政策将刺激经济发展，使证券市场走强；中性财政政策对实体经济及证券市场的影响很微小。

（1）扩张性财政政策对证券市场的影响。扩张性财政政策的经济效应及其对证券市场的影响分析如下：

① 减少税收，降低税率，扩大减免税范围。其效应是增加微观经济主体的收入，刺激经济主体的投资需求和消费支出。其对证券市场的影响为：刺激经济主体的投资需求，直接引起证券市场价格上涨；刺激经济主体的消费支出则使得社会总需求增加，而总需求增加，使企业利润增加，降低还本付息风险，从而促进股票和债券价格上涨。

② 扩大财政支出，加大财政赤字。其效应是扩大社会总需求，从而刺激投资，企业利润增加；扩大就业，居民收入增加，投资者信心增强，使得股票和债券价格

上升。但过度使用此项政策，财政收支出现巨额赤字时，将增加经济不稳定因素，通货膨胀加剧，有可能使投资者对经济的预期不乐观，反而造成股价下跌。

③增加国债发行。其效应是使得社会货币流通量减少，股票和企业债券投资减少，导致证券价格下跌；但国债发行增加，扩大财政支出，又会推动证券价格上涨。

④增加财政补贴。财政补贴往往使财政支出扩大，会扩大社会总需求和刺激供给增加，从而使证券市场的总体价格水平趋于上涨。

（2）紧缩性财政政策对证券市场的影响。紧缩性财政政策的经济效应及其对证券市场的影响与扩张性财政政策相反，这里不再——叙述。

（二）货币政策

所谓货币政策，是指政府为实现一定的宏观经济目标所制定的关于货币供应和货币流通组织管理的基本方针和基本准则。

1.货币政策工具

货币政策工具是中央银行为了实现货币政策目标所采用的政策手段，可分为一般性货币政策工具、选择性货币政策工具、补充性货币政策工具和创新性货币政策工具。

（1）一般性货币政策工具。一般性货币政策工具也叫"三大法宝"，是指对货币供给总量或信用总量进行调节，且经常使用，具有传统性质的货币政策工具，包括法定存款准备金政策、再贴现政策和公开市场业务。

①法定存款准备金政策。法定存款准备金政策是指由中央银行强制要求商业银行等金融机构按规定的比率上缴存款准备金，中央银行通过提高或降低法定存款准备金率达到收缩或扩张信用的目标。当中央银行提高法定存款准备金率时，商业银行可运用的资金减少，贷款能力下降，货币乘数变小，市场货币流通量便会相应减少。所以在通货膨胀时，中央银行可提高法定存款准备金率；反之，则降低法定存款准备金率。

调整法定存款准备金率的效果十分明显。一方面，它在很大程度上限制了商业银行体系创造派生存款的能力，而且其他政策工具也都是以此为基础，提高法定存款准备金率就等于冻结了一部分商业银行的超额准备；另一方面，法定存款准备金率对商业银行的资金总量影响巨大，这是因为，它对应数额庞大的存款总量，并通过货币乘数的作用对货币供给总量产生更大的影响。人们通常认为这一政策工具效果过于猛烈，它的调整会在很大程度上影响整个经济和社会心理预期，因此，一般对法定存款准备金率的调整都持谨慎态度。

②再贴现政策。再贴现政策是指中央银行对商业银行用持有的未到期的票据向中央银行融资所作出的规定，一般包括再贴现率的确定和再贴现的资格条件。再贴现率主要着眼于短期政策效应，由中央银行根据市场资金供求进行调整，影响商业银行借入资金成本，影响其对社会的信用量，从而调整货币供给总量。中央银行对再贴现条件的规定则着眼于长期，发挥抑制或扶持作用，能起到改变资金流向的

作用。

③公开市场业务。公开市场业务是指中央银行在金融市场上公开买卖有价证券，以调节市场货币供应量的政策行为。当中央银行认为应该增加货币供应量时，就在金融市场上买进有价证券（主要是政府债券）；反之，就出售所持有的有价证券。

（2）选择性货币政策工具。选择性货币政策工具是指中央银行针对某些特殊的经济领域或特殊用途的信贷而采用的信用调节工具。常见的选择性货币政策工具主要包括：消费者信用控制、证券市场信用控制、不动产信用控制、优惠利率、特种存款。

（3）补充性货币政策工具。中央银行有时还运用一些补充性货币政策工具，对信用进行直接控制和间接控制，具体包括信用直接控制工具和信用间接控制工具。信用直接控制工具主要有信用分配、直接干预、流动性比率、利率限制等；信用间接控制工具主要有道义劝告、窗口指导、金融检查等。

（4）创新性货币政策工具。近年来中央银行又创新了一些货币政策工具，进一步丰富了货币政策工具箱，增强了中央银行流动性管理的灵活性和主动性，也提高了调控货币总量和宏观经济的精准度。

① 常备借贷便利。中国人民银行在2013年创设，是商业银行等金融机构根据自身的流动性需求，通过资产抵押的方式向中央银行申请授信额度的一种融资方式，一般期限较短（大部分1个月以内），利率水平根据货币政策调控和引导市场利率的需求等综合确定。

② 中期借贷便利。中国人民银行在2014年创设，借贷期限为3个月以上，1年以内。

③ 抵押补充贷款。中国人民银行在2014年创设，定向为三家政策性银行发放，为国民经济重点领域、薄弱环节和社会事业发展等方面提供长期稳定、成本适当的大额资金来源，按保本微利原则确定贷款利率，采取质押方式发放。

④ 信贷资产质押再贷款。中国人民银行在2015年创设，指的是商业银行可以用现有的信贷资产到央行去质押，获得新的资金。

⑤ 临时流动性便利。中国人民银行在2017年创设，为春节前在现金投放中占比高的几家大型商业银行提供临时流动性支持，期限为28天，利率与同期限公开市场操作利率大致相同。

⑥ 证券、基金、保险公司互换便利。中国人民银行在2024年创设，支持符合条件的证券、基金、保险公司通过资产抵押，从中央银行获取流动性，可以大幅提升相关机构的资金获取能力和股票增持能力。

⑦ 股票回购、增持专项再贷款。中国人民银行在2024年创设，引导银行向上市公司和主要股东提供贷款，支持回购和增持股票，是银行支持资本市场发展的一次业务创新，可以提升资本市场流动性，助力上市公司发展。

2.货币政策对证券市场的影响

货币政策分为扩张性货币政策（即积极的货币政策）、紧缩性货币政策和中性货币政策。扩张性货币政策通过增加货币供应量、降低利率、放松信贷控制来带动总需求的增长，因此经济萧条时，多采用扩张性货币政策，证券市场将走强；紧缩性的货币政策使得过热的经济受到控制，证券市场也将走弱；中性货币政策对实体经济及证券市场的影响很微小。下面以扩张性货币政策为例分析其对证券市场的影响：

（1）货币供应量对证券市场的影响。实行扩张性货币政策时，中央银行可以通过降低法定存款准备金率、降低再贴现率等来增加货币供应量，这样会引起证券价格发生变动。

① 降低法定存款准备金率或再贴现率，会增加商业银行储备头寸，企业能顺利地取得更多贷款，从而提高上市公司业绩，推动股价上扬。

② 货币供应量增加使社会总需求增大，刺激生产发展，同时居民收入得到提高，因而对证券投资的需求增加，证券价格上扬。

③ 货币供应量增加会使银行利率随之下降，部分资金从银行转移出来流向证券市场，也将扩大证券市场的需求，同时利率下降还会提高证券的评估价值，两者均会使证券价格上升。

④ 货币供应量增加将引发通货膨胀。当通货膨胀上升到一定程度，可能恶化经济环境，将对证券市场起反面作用，而且政府采取措施，实施紧缩政策（包括紧缩财政政策和紧缩货币政策）将为时不远，当市场对此作出预期时，证券价格将会下跌。

（2）利率对证券市场的影响。实行扩张性货币政策时，中央银行通过降低基准利率，使商业银行存、贷款利率和市场利率下降，影响人们的储蓄、投资和消费行为，影响居民对金融资产的选择和证券持有结构，使证券价格上升。

① 利率下降，公司借款成本减少，利润率上升，股票价格自然上涨。特别是负债率比较高，而且主要靠银行贷款从事生产经营的企业，这种影响将极为显著。

② 利率下降，投资的机会成本减小，从而使证券的评估价值增加，导致其价格上涨。

③ 利率下降，吸引部分资金从储蓄转向证券市场，特别是股市，导致对证券投资的需求增加，证券价格上涨。

④ 利率下降，表明实行扩张性的货币政策，刺激经济发展，使投资者信心增强，证券价格上涨。

（3）公开市场业务对证券市场的影响。实行扩张性货币政策时，中央银行通过公开市场购回债券来增大货币供应量，一方面，减少国债的供给，从而减少证券市场的总供给，使得证券价格上扬，特别是被中央银行购买的国债品种（通常是短期国债）将首先上扬；另一方面，中央银行回购国债相当于向证券市场提供了一笔资金，这笔资金最直接的效应是提高对证券的需求，从而使整个证券市场价格上扬。

可见，公开市场业务的调控工具最先、最直接地对证券市场产生影响。

（4）其他货币政策工具对证券市场的影响。实行扩张性货币政策时，中央银行可以调高证券市场融资比例与融券比例，延长银行消费贷款还本付息年限，通过直接信用控制或间接信用控制提高贷款限额，增加信贷规模，也可以通过创新性货币政策工具为有流动性需求的金融机构提供便利类贷款。这些措施都会使证券市场整体呈上升趋势，而且还会因为板块效应对证券市场产生结构性影响。

（三）汇率政策

汇率政策是中央银行为达到一定的经济目标运用政策手段对经济进行干预、把本国货币与外国货币的比价确定或控制在适度水平而采取的措施。

1.汇率政策的手段

汇率政策的手段包括外汇存款准备金率、外汇风险准备金率、离岸央行票据、逆周期因子等。

（1）外汇存款准备金率。商业银行所获得的外汇存款需要按照一定的比率存放在央行处，外汇存款准备金率越高，央行持有的外汇越多，本币短期需求相对下滑，供给增加，本币汇率下降。央行通过调整商业银行的外汇存款准备金率，影响外汇市场的流动性。

（2）外汇风险准备金率。为抑制外汇市场过度波动，中央银行对开展代客远期售汇业务的金融机构按外汇风险准备金率收取外汇风险准备金。外汇风险准备金率越高，商业银行所承受的机会成本越高，并且这部分机会成本最终由购买外汇者承担，因此外汇需求会下滑，本币汇率短暂上升。

（3）离岸央行票据。离岸央行票据是指在内地以外发行的央行票据，一般是在香港发行。发行离岸央行票据之后，境外人民币供给减少，人民币更稀缺，会导致离岸人民币汇率上升，并且离岸央行票据发行会向内地传导人民币升值的信号，带动内地商业银行作出一系列应对，推动人民币汇率上升。

（4）逆周期因子。人民币对美元的汇率中间价是"前一日收盘价+一篮子货币汇率变化"，加入逆周期因子后变成了"前一日收盘价+一篮子货币汇率变化+逆周期因子"。这是央行用来影响汇率的一种工具，主要是为了稳住人民币汇率，可以加强对中间价报价的掌控力，有效管理汇率预期。

2.汇率变动及汇率政策对证券市场的影响

影响汇率变动的因素很多，包括国际收支状况、相对通货膨胀率、相对利率、国际储备、经济增长率、汇率政策、市场预期、投机交易、政治因素等，其中，汇率政策主要通过外汇存款准备金率、外汇风险准备金率、离岸央行票据、逆周期因子等各种政策手段来实现。诸多因素交织在一起引起汇率变动，而汇率变动又会对证券市场产生多方面的影响。一般来讲，一国的经济越开放，证券市场的国际化程度越高，证券市场受汇率的影响越大。

（1）本币汇率下降，本国产品竞争力强，出口型企业将增加收益，因而企业的股票和债券价格将上涨；相反，依赖进口的企业成本增加，利润受损，其股票和债券价格将下跌。

（2）本币汇率下降，将导致资本流出本国，资本的流失将使得本国证券市场需求减少，从而证券市场价格下跌。

（3）本币汇率下降，本币表示的进口商品价格提高，进而带动国内物价水平上涨，引起通货膨胀。通货膨胀对证券市场的影响需根据当时的经济形势和具体企业以及政策行为进行分析。

（4）本币汇率下降，为维持汇率稳定，政府可能动用外汇储备，抛售外汇，从而减少本币的供应量，使得证券市场价格下跌。

（5）本币汇率下降，政府可能利用债市与汇市联动操作达到既控制外汇汇率的升势，又不减少本国货币供应量，即抛售外汇，同时回购国债，则将使国债市场价格上扬。

（四）收入政策

收入政策是国家为实现宏观调控总目标和总任务在分配方面制定的原则和方针。与财政政策和货币政策相比，收入政策具有更高层次的调节功能，它制约财政政策和货币政策的作用方向和作用力度，而且最终也要通过财政政策和货币政策来实现。

收入政策目标包括收入总量目标和收入结构目标。收入总量目标着眼近期宏观经济总量平衡，着重处理积累与消费、失业与通货膨胀、人们近期生活水平改善与国家长远经济发展的关系；收入结构目标着眼于调节各种收入的比例，以解决公共消费与私人消费、收入差距等问题。

1.收入政策调控机制

收入政策的调控机制主要通过财政机制和货币机制来实施，还可以通过行政干预和法律调整等机制来实施。财政机制通过预算控制、税收控制、补贴调控和国债调控等手段贯彻收入政策；货币机制通过调控货币供应量、调控货币流通量、调控信贷方向和数量、调控利息率等贯彻收入政策。

2.我国收入政策变化对证券市场的影响

我国现阶段实行按劳分配为主体、多种分配方式并存的中国特色社会主义分配制度。随着经济的发展，居民的金融投资意识也逐步增强，越来越多的人进入证券市场，购买债券或进行股票投资。随着社会主义市场经济体制的建立和完善，我国收入分配格局（即结构）发生了根本性的变化，民间金融资产大幅度增加，并具有一定的规模。随着收入分配格局的进一步完善，这种增加的趋势愈加明显。这部分资金必然要寻找出路：或者储蓄，或者投资。由于资金分散，直接的实业投资很难普遍进行，大部分投资需借助金融市场来实现。民间金融资产的增加和社会总积累向社会分配的趋向，将导致储蓄增加，同时增加证券市场需求，促进证券市场规模的发展和价格水平的逐步提高。

着眼于短期供求总量均衡的收入总量调控通过财政、货币政策来进行，因而收入总量调控通过财政政策和货币政策的传导对证券市场产生影响。

五、国际宏观经济分析

（一）国际经济形势

世界经济一体化经过多年发展，目前，各国之间的经济联系越来越紧密。一个国家国内经济的发展不可避免地会受到国际经济形势的影响，证券市场也会受到很大影响，所以，要密切关注世界经济形势的发展变化，包括主要经济体的经济发展状况、国际投资发展状况和国际贸易关系变动等。

（二）国际金融市场

金融全球化使得各国金融市场的联动逐渐增强，随着我国资本市场逐步对外开放，国际金融市场对我国证券市场的影响日益增大。国际金融市场如果发生动荡，将加大国内宏观经济增长目标的执行难度，从而在宏观面和政策面上间接影响证券市场的发展。

（1）国际金融市场动荡导致出口增幅下降、外商直接投资下降，从而使经济增长率下降，失业率上升。而宏观经济环境的恶化会导致上市公司业绩下降及投资者信心不足，从而使证券价格下跌。

（2）国际金融市场动荡对外向型上市公司和外贸行业公司的业绩影响最大，对其股价的冲击也最大，这势必影响其在证券市场上的表现。

（3）国际金融市场动荡，有关政府部门应吸取教训，采取降低证券市场风险、加强监管、提高上市公司素质等积极措施，保证证券市场稳健发展。这些措施也会影响证券市场。

六、宏观非经济因素分析

（一）政治因素

政治因素是指影响证券价格变动的政治事件，如政权更迭、政策变动、外交关系的突变以及国际政治的重大变化等，都可能对证券市场产生影响，有时甚至成为影响证券价格变动的决定性因素。一般来说，一国政局稳定，证券价格受其影响较小；政局不稳定，则往往会引起证券价格的下跌。

（二）法律因素

法律因素是指一国的法律特别是证券市场的法律规范状况。一般来说，法律法规比较完善、制度比较健全的证券市场，表现相对稳定，证券价格受人为操纵的情况较少；而法律法规不健全的证券市场则投机性强，波动性大，人为操纵成分大。证券市场相关法律的修订和实施也会影响证券价格的变动，例如，在我国《证券法》和《公司法》的修订、《证券公司融资融券业务管理办法》的审议通过等都对证券市场有重要影响。

（三）军事因素

军事因素主要是指军事冲突。军事冲突是一国国内，或国家之间、国际利益集团之间的矛盾发展到不能采取政治手段来解决的程度的结果。军事冲突小，会造成一个国家或一个地区社会经济生活的动荡；军事冲突大，特别是发生较大规模的战争，则会打破正常的国际秩序，严重破坏社会生产力，使得政治经济不稳定，人们的投资意愿受到极大影响。军事冲突会使证券市场的正常交易遭到破坏，大部分行业的证券价格会下跌，但与军需有关的证券价格则会上涨。

（四）社会文化因素

社会文化因素包括语言文字、价值观念、道德准则、教育水平、人口素质、风俗习惯等，在一定程度上会影响人们的投资观念和投资行为，进而对证券市场产生影响。例如，一个国家的文化传统会在很大程度上决定着人们的储蓄和投资心理，从而影响证券市场上资金的流入流出，进而影响到证券价格。此外，投资者的受教育水平和文化素质等会影响其投资决策。如果投资者的整体文化素质较高，投资都较为理性，证券价格就会相对稳定；反之，证券价格会有较大的波动。

（五）自然因素

自然因素变动有时也会对证券市场产生很大的影响。一旦发生如水灾、地震等自然灾害，会对企业的生产经营和经济社会产生很大的不利影响，从而引起证券价格下跌。

第三节 证券投资行业分析

一、行业分析概述

（一）行业分析的意义

行业是指从事国民经济中同性质的生产或其他经济社会活动的经营单位和个体等构成的组织结构体系，如林业、汽车业、银行业等。

行业分析是指根据经济学原理，综合应用统计学、计量经济学等分析工具对行业经济的运行状况、产品生产、销售、消费、技术、行业竞争力、市场竞争格局、行业政策等行业要素进行深入的分析，从而发现行业运行的内在经济规律，进而进一步预测未来行业发展的趋势。

进行行业分析具有如下意义：

（1）解释行业所处发展阶段及其在国民经济中的地位。

（2）分析影响行业发展的各种因素以及判断其对行业影响的力度，预测行业的未来发展趋势，揭示行业投资风险。

（3）对具体投资领域进行选择，挖掘最具投资潜力的行业，以便在此基础上选出最具投资价值的上市公司。

行业经济活动是介于宏观经济活动和微观经济活动之间的经济层面，行业分析是连接宏观经济分析和上市公司分析的桥梁，是基本分析的重要环节。

（二）行业的分类

1.道·琼斯分类法

道·琼斯分类法是指在19世纪末，为选取在纽约证券交易所上市的有代表性的股票而对各公司进行的分类，它是证券指数统计中最常用的分类法之一。道·琼斯分类法将股票分为三类：工业（30家公司，包括采掘业、制造业和商业）、运输业（20家公司，包括航空、铁路、汽车运输和航运业）和公用事业（6家公司，包括电话公司、煤气公司和电力公司）。

2.标准行业分类法

联合国统计司曾制定了一个《全部经济活动国际标准行业分类》（International Standard Industrial Classification of All Economic Activities），简称《国际标准行业分类》，建议各国采用。它把国民经济划分为10个门类，对每个门类再划分大类、中类、小类。标准行业分类法的优点在于对全部经济活动进行分类，并且使其规范化，具有很强的可比性，有利于分析各国各地的产业结构，而且与三次产业分类法联系密切。

3.我国国民经济的行业分类

《国民经济行业分类》国家标准于1984年首次发布，分别于1994年和2002年进行修订，2011年第三次修订，2017年第四次修订。

第四次修订后执行《国民经济行业分类》国家标准GB/T4754-2017，将我国国民经济分为20个门类、97个大类、473个中类、1 380个小类，基本反映出我国行业结构状况。其中，门类从A到T分别为：A.农、林、牧、渔业；B.采矿业；C.制造业；D.电力、热力、燃气及水生产和供应业；E.建筑业；F.批发和零售业；G.交通运输、仓储和邮政业；H.住宿和餐饮业；I.信息传输、软件和信息技术服务业；J.金融业；K.房地产业；L.租赁和商务服务业；M.科学研究和技术服务业；N.水利、环境和公共设施管理业；O.居民服务、修理和其他服务业；P.教育；Q.卫生和社会工作；R.文化、体育和娱乐业；S.公共管理、社会保障和社会组织；T.国际组织。

4.我国证券市场的行业分类

2023年《中国上市公司协会上市公司行业统计分类指引》将上市公司共分成19个门类，91个大类。其中，门类从A到S分别为：A.农、林、牧、渔业；B.采矿业；C.制造业；D.电力、热力、燃气及水生产和供应业；E.建筑业；F.批发和零售业；G.交通运输、仓储和邮政业；H.住宿和餐饮业；I.信息传输、软件和信息技术服务业；J.金融业；K.房地产业；L.租赁和商务服务业；M.科学研究和技术服务业；N.水利、环境和公共设施管理业；O.居民服务、修理和其他服务业；P.教育；Q.卫生和社会工作；R.文化、体育和娱乐业；S.综合。

（三）行业分析信息的搜集与处理

行业分析信息包括行业发展现状、行业发展趋势、行业市场容量、行业集中度、行业销售增长率现状及趋势、毛利率现状及趋势和净资产收益率现状及趋势等。这些信息的来源主要有：

（1）统计年鉴；

（2）有关政府部门公开发布的统计数据；

（3）国际组织编制的综合或专门统计年鉴；

（4）行业协会编制的本行业相关信息；

（5）专门咨询机构发布的咨询报告；

（6）报纸、杂志、学术论文等刊载的行业相关信息；

（7）国家专利部门公布的行业相关专利信息；

（8）国家制定并公布的产业政策；

（9）中国海关、国家发展和改革委员会公布的倾销和反倾销调查信息及相关政策；

（10）专家或资深从业人士的相关观点或分析结论；

（11）IPO招股说明书等公开资料中涉及的行业相关信息；

（12）政府内参；

（13）其他。

信息的处理是对搜集到的信息进行识别、分类、分离和选择的过程。处理信息要保证最后选取信息的准确性、及时性、可比性和适用性。

二、描述行业基本状况的指标

（一）行业景气指数

行业景气指数，又称为景气度，它是对企业景气调查中的定性指标通过定量方法加工汇总，综合反映某一特定调查群体或某一社会经济现象所处的状态或发展趋势的一种指标。景气指数以100为临界值，范围在0～200之间，即景气指数高于100，表明经济状态趋于上升或改善，处于景气状态；景气指数低于100，表明经济状况处于下降或恶化，处于不景气状态。

（二）中经产业景气指数

中经产业景气指数是一个指数体系。这个指数体系中的各产业指数包括景气指数（以行业生产、销售、利润、就业、投资等主要经济指标合成）、预警指数（以10个左右行业先行指标合成反映行业发展态势），以及用红、黄、绿、浅蓝、蓝色灯号直观描述行业经济冷热状况的行业预警灯号。

（三）行业集中度指数

行业集中度指数又称行业集中率，是指该行业的相关市场内前N家（4家或8家）最大的企业所占市场份额（产值、产量、销售额、销售量、职工人数、资产总额等）的总和。例如，CR8是指8家最大的企业占有该相关市场的份额。

根据美国经济学家贝恩和日本通产省对产业集中度的划分标准，产业市场结构可粗分为寡占型（CR8≥40%）和竞争型（CR8<40%）两类。其中，寡占型又可细分为极高寡占型（CR8≥70%）和低集中寡占型（40%≤CR8<70%）；竞争型又可细分为低集中竞争型（20%≤CR8<40%）和分散竞争型（CR8<20%）。

三、行业的一般特征分析

视频 10-3

行业一般特征分析

（一）经济周期与行业分析

根据经济周期和行业发展的关系，可以将行业分为增长型行业、周期型行业和防守型行业。

1.增长型行业

增长型行业的发展状况与经济活动总水平的周期及其振幅不紧密相关，主要依靠技术进步、新产品开发、提供更优质的服务和改善经营管理等使其经常呈现出增长形态。在经济高涨时，其行业发展速度通常高于平均水平；在经济衰退时，所受影响较小甚至仍能保持一定的增长。这些行业的股票价格不会随着经济周期的变化而变化。如新一代信息技术、生物技术等行业表现出了这种形态。

对于增长型行业，在经济周期的各个阶段都可以投资，但由于其股票价格不会随着经济周期的变化而变化，所以很难把握精确的购买时机。

2.周期型行业

周期型行业的运动状态与经济周期紧密相关。经济上升时期，这些行业会紧随其扩张；经济衰退期，这些行业也相应衰落。产生这种现象的原因是，当经济上升时，对这些行业相关产品的购买相应增加；当经济衰退时，这些行业相关产品的购买被延迟。如耐用品制造业及其他需求收入弹性较大的行业属于典型的周期型行业。

由于周期型行业的经营状况与经济周期密切相关，所以适合在经济复苏和繁荣期进行投资，在经济即将衰退时退出。

3.防守型行业

防守型行业的经营状况在经济周期上升和下降阶段都很稳定。这种形态的存在是因为防守型行业的产品需求相对稳定，需求收入弹性小，经济周期处于衰退阶段对这种行业的影响也比较小，甚至有些防守型行业在经济衰退时期还会有一定的实际增长。如食品业和公用事业属于防守型行业。

投资于防守型行业一般属于收入型投资，而非资本利得型投资。在经济上升阶段进行投资，其资本利得收入相对较低；而在经济衰退期，由于其产品往往是生活必需品或是必要的公共服务，需求相对稳定，行业中有代表性的公司盈利水平也相对比较稳定。所以适合在经济衰退期对该类型行业进行投资。

（二）行业市场结构及竞争程度分析

产业组织分析 SCP 理论构架了系统化的市场结构（structure）—市场行为

（conduct）—市场绩效（performance）的分析框架，着重突出市场结构的作用，认为市场结构是决定市场行为和市场绩效的关键因素。

根据行业中拥有的企业数量、产品性质、企业控制价格的能力、新企业进入该行业的难易程度等因素，把行业的市场结构划分为四种，即完全竞争、垄断竞争（或称不完全竞争）、寡头垄断和完全垄断。各种行业的市场结构决定了其发展前景和盈利潜力的大小。

1.完全竞争

完全竞争型市场是指竞争不受任何阻碍和干扰的市场。其特点是：

（1）生产者众多，各种生产资料可以完全流动；

（2）产品不论是有形的还是无形的，都是同质的、无差别的；

（3）没有一个企业能够影响产品的价格，企业永远是价格的接受者而不是价格的制定者；

（4）企业的盈利基本上由市场对产品的需求来决定；

（5）生产者可自由进入或退出这个市场；

（6）市场信息对买卖双方都是充分的，生产者和消费者对市场情况非常了解。

在现实经济中，完全竞争的市场结构是少见的，初级产品（如农产品）的市场结构较类似于完全竞争。此种结构证券投资风险较大。

2.垄断竞争

垄断竞争型市场是指既有垄断又有竞争的市场。在垄断竞争型市场上，每个企业都具有一定的垄断力，但它们之间又存在激烈的竞争。其特点是：

（1）生产者众多，各种生产资料可以流动；

（2）生产的产品同种但不同质，即产品之间存在着差异，产品的差异性是指各种产品之间存在着实际或想象上的差异，这是垄断竞争与完全竞争的主要区别；

（3）由于产品差异性的存在，生产者可以树立自己产品的信誉，从而对其产品的价格有一定的控制能力。

在国民经济各行业中，制成品（如纺织、服装等轻工业产品）的市场结构一般属于垄断竞争。此种市场结构证券投资风险较小，适合成长趋势投资。

3.寡头垄断

寡头垄断型市场是指相对少量的生产者在某种产品的生产中占据很大市场份额，从而控制了这个行业的供给市场。该市场结构的特点是：

（1）相对少量的生产者在某种产品的生产中占据很大市场份额，从而控制了这个行业的供给；

（2）通常存在着一个起领导作用的企业，其他企业跟随该企业定价与经营方式的变化而相应地进行某些调整。

资本密集型、技术密集型产品（如钢铁、汽车等重工业）以及少数储量集中的矿产品（如石油等）的市场多属这种结构。生产这些产品所必需的巨额投资、复杂的技术或产品储量的分布限制了新企业对这个市场的进入。此种市场结构证券投资风险较小，适合价值投资。

4.完全垄断

完全垄断型市场是指一家企业生产某种特质产品的情形，即整个行业的市场完全处于一家企业所控制的市场结构。特质产品是指那些没有或缺少相近的替代品的产品。完全垄断可分为两种类型：政府完全垄断和私人完全垄断。政府完全垄断通常在公用事业中居多。私人完全垄断主要有：根据政府授予的特许专营，根据专利生产的独家经营，以及由于资本雄厚、技术先进而建立的排他性的私人垄断经营。

完全垄断型市场结构的特点是：

（1）市场被独家企业所控制，其他企业不可以或不可能进入该行业；

（2）产品没有或缺少相近的替代品；

（3）垄断者能根据市场的供需情况制定理想的价格和产量，在高价少销和低价多销之间进行选择，以获取最大的利润；

（4）垄断者在制定产品价格与生产数量方面的自由性是有限度的，要受到反垄断法和政府管制的约束。

当前的现实生活中没有真正的完全垄断型市场，每个行业都或多或少地引进了竞争。公用事业和某些资本、技术高度密集型或稀有金属矿藏开采等行业属于接近完全垄断的市场结构。此种结构证券投资风险小。

行业的市场结构不同，竞争程度也不一样，这可以用前述行业集中度指标反映出来，也可以用波特五力模型进行分析。

美国著名的战略管理学者迈克尔·波特于1979年创立了波特五力模型，认为决定行业竞争强度和市场吸引力有五种力量，即潜在进入者、替代品、购买者、供应商以及行业中现有竞争者间的抗衡，如图10-1所示。

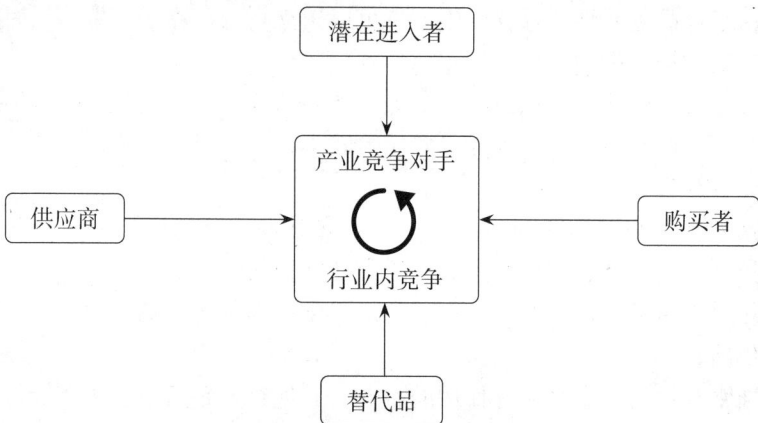

图10-1　波特五力模型

其中，行业内竞争是行业总体竞争状况的主要决定因素，而潜在进入者进入会加剧行业竞争从而导致行业利润率下降，替代品则会使行业的市场空间受到挤压，进而影响行业的利润。另外，供应商和购买者的多少以及议价能力强弱也会影响行业利润。供应商多，议价能力弱，就不会对行业盈利性产生潜在压力，如果供应商少，对行业所需的投入品形成垄断，提高投入品价格，则行业利润受限；同样，购买者多，议价能力弱，也不会对行业盈利性产生潜在压力，如果购买者少，议价能力强，就会压低产品价格，使行业利润受到影响。

通过前面的分析，行业的四种市场结构的相互关系，如图10-2所示。

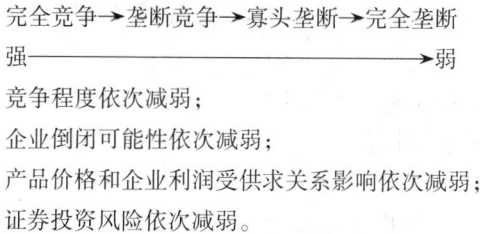

完全竞争→垄断竞争→寡头垄断→完全垄断

强━━━━━━━━━━━━━━━━━━━━━→弱

竞争程度依次减弱；

企业倒闭可能性依次减弱；

产品价格和企业利润受供求关系影响依次减弱；

证券投资风险依次减弱。

图10-2　四种市场结构的相互关系

（三）行业生命周期分析

如同人有生命周期一样，行业的发展也会经历从产生到成长，再到成熟，最后走向衰退直至消亡的过程。行业生命周期可分为幼稚期、成长期、成熟期和衰退期，如图10-3所示。

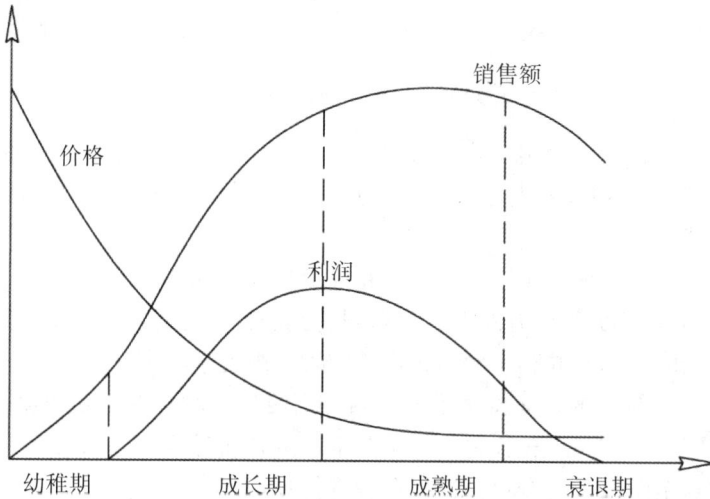

图10-3　行业生命周期

1.幼稚期

在这一阶段，由于新行业刚刚诞生或初建不久，只有为数不多的公司参与投资。另外，创业公司的研究和开发费用较高，而大众对其产品尚缺乏全面了解，致使产品市场需求狭小，销售收入较低，所以这些创业公司财务上可能不但没有盈利，反而出现较大亏损。同时，较高的产品成本和价格与较小的市场需求之间的矛盾使得创业公司面临很大的市场风险，创业公司还可能因财务困难而引发破产风险。因此，这类企业更适合投机者和创业投资者。

在幼稚期后期，随着行业生产技术的成熟、生产成本的降低和市场需求的扩大，新行业便逐步由高风险、低收益的幼稚期迈入高风险、高收益的成长期。

2.成长期

在成长期的初期，产品销量迅速增长，市场逐步扩大，然而企业可能仍然处于亏损或者微利状态。

进入加速成长期后，销售收入和利润开始加速增长，但企业仍然需要大量资金来实现高速成长。投资于新行业的厂商大量增加，出现了生产厂商之间和产品之间相互竞争的局面。在这一时期，拥有较强研究开发实力、市场营销能力、雄厚资本实力和畅通融资渠道的企业逐渐占领市场。这个时期的行业增长非常迅猛，部分优势企业脱颖而出，投资于这些企业的投资者往往获得极高的投资回报，所以成长期有时被称为投资机会时期，适合趋势型投资。

进入成长期后期，生产厂商不仅依靠扩大产量和提高市场份额来获得竞争优势，同时还需不断提高生产技术水平，降低成本，研制和开发新产品，从而战胜或紧跟竞争对手，维持企业的生存。

这一时期企业的利润虽然增长很快，但所面临的竞争风险也非常大，破产率与被兼并率相当高。由于市场竞争优胜劣汰规律的作用，市场上生产厂商的数量会在一个阶段后出现大幅度减少，之后开始逐渐稳定下来。由于市场需求趋向饱和，产品的销售增长率减慢，迅速赚取利润的机会减少，整个行业便开始进入成熟期。

3.成熟期

行业的成熟期是一个相对较长的时期。具体来说，各个行业成熟期的时间长度往往有所区别，一般而言，技术含量高的行业成熟期历时相对较短，而公用事业行业成熟期持续的时间较长。

成熟期是行业发展的高峰时期。厂商数量减少，规模空前，出现了一定程度的垄断，产品普及程度高，销售收入和利润达到较高的水平，但相对稳定，增长缓慢，整个市场的生产布局和份额在相当长的时期内处于稳定状态。厂商之间的竞争逐渐从价格手段转向各种非价格手段，如提高质量、改善性能和加强售后服务等。企业的风险因市场结构比较稳定、新企业难以进入而降低，技术风险和市场风险已基本消除。这个阶段，适合价值型投资者进行投资。

4.衰退期

衰退期出现在较长的稳定期之后。由于大量替代品的出现，原行业产品的市场需求开始逐渐减少，产品的销售量也开始下降，某些厂商开始向其他更有利可图的行业转移资金，因而原行业出现了厂商数目减少、利润水平停滞不前或不断下降的萧条景象。但在很多情况下，行业的衰退期往往比行业生命周期的其他三个阶段的总和还要长，大量行业是衰而不亡，甚至会与人类社会长期共存。此阶段只有少量投机者参与投资。

按行业所处生命周期的阶段不同，也可以将行业分为朝阳行业、平缓增长行业和夕阳行业三类。朝阳行业处于幼稚期或成长期，平缓增长行业处于成熟期，而夕阳行业则处于衰退期，三个阶段分别显现出快速增长、缓慢增长、衰退的行业特征。具体判断某个行业所处生命周期阶段时，可以从以下几方面进行综合考察：

（1）行业规模。随着行业的兴衰，行业的市场容量有一个"小—大—小"的过程，行业的资产总规模也要经历"小—大—萎缩"的过程。

（2）产出增长率。在成长期，产出增长率较高；成熟期以后逐渐降低，经验数据一般以15%为界；到了衰退阶段，行业处于低速运行状态，有时甚至处于负增长状态。

（3）利润率水平。利润率水平是行业兴衰程度的一个综合反映，一般都有"低—高—稳定—低—严重亏损"的过程。

（4）技术进步和技术成熟程度。随着行业的兴衰，行业创新能力有一个强增长到逐步衰减的过程，技术成熟程度有一个"低—高—老化"的过程。

（5）开工率。一般情况下，长时期的开工充足说明行业处在成长或成熟期，衰退期往往伴随着开工不足。

（6）从业人员的职业化水平和工资福利收入水平。随着行业兴衰，从业人员的职业化和工资福利收入水平有一个"低—高—低"的过程。

（7）资本进退。行业生命周期中的每个阶段都会有企业的进退发生。在成熟期以前，进入的企业数量及资本量大于退出量；而进入成熟期，进入行业的企业数量及资本量与退出量有一个均衡的过程；在衰退期，退出超过进入，行业规模逐渐萎缩，转产、倒闭多有发生。

投资者如何选择行业或如何选择行业的发展阶段进行投资，取决于投资者可承受风险的程度。愿意承担高风险的投资者，可选择处于成长期的行业，以获取高额回报；相反，不愿冒太大风险的投资者可以选择处于成熟期的行业，以获得稳定的投资收益。

四、行业兴衰的实质及影响因素

（一）行业兴衰的实质

行业兴衰的实质是行业在整个产业体系中的地位变迁，也就是行业经历"幼稚产业—先导产业—主导产业—支柱产业—夕阳产业"的过程，是资本在某一行业领域"形成—集中—大规模集聚—分散"的过程，是新技术的"产生—推广—应用—转移—落后"的过程。

（二）行业兴衰的影响因素

1.技术进步

技术进步对行业的影响是巨大的，它往往催生了一个新的行业，同时迫使一个旧的行业加速进入衰退期。未来优势行业将伴随新的技术创新而产生，尖端技术将催生新的优势行业。

2.产业政策

政府对行业的管理和调控主要通过产业政策实现。按照产业组织分析SCP理论，改善市场绩效的方式就是通过产业政策调整市场结构。对于社会经济发展急需的瓶颈行业、高科技业采取鼓励措施进行扶持，会推动这些行业的发展；对于某些产能严重过剩、高耗能、高污染的行业采取抑制政策，会限制其发展。一般来说，产业政策包括产业结构政策、产业组织政策、产业技术政策、产业布局政策等。

3.产业组织创新

产业组织创新是指同一产业内企业的组织形态和企业间关系的创新。产业组织创新的过程（活动）实际上是对影响产业组织绩效的密切相关要素进行整合优化的过程，是使产业组织重新获取竞争优势的过程。

从作用的效果来看，一方面，产业组织创新是推动产业结构升级的重要力量之一；另一方面，产业组织创新不仅仅是产业内企业与企业之间垄断抑或竞争关系平衡的结果，更是企业组织创新与产业组织创新协调与互动的结果。产业组织创新能在一定程度上引起产业（或行业）生命周期运行轨迹或生命周期阶段持续时间的变化。

4.社会习惯的改变

随着人们生活水平和受教育程度的提高，消费心理、消费习惯、文明程度和社会责任感会逐渐改变，从而引起对某些商品的需求变化，并进一步影响行业的兴衰。社会观念、社会习惯、社会趋势的变化对企业的经营活动、生产成本和收益等都会产生一定的影响，足以使一些不再适应社会需要的行业衰退，并刺激新兴行业的发展。

5.经济全球化

所谓经济全球化，是指商品、服务、生产要素与信息跨国界流动的规模与形式不断增加，通过国际分工，在世界市场范围内提高资源配置效率，从而使各国经济的相互依赖程度有日益加深的趋势。经济全球化是全球生产力发展的结果，其推动力是追求利润和取得竞争优势。

经济全球化导致产业的全球性转移。发达国家将低端制造技术加速向发展中国家进行产业化转移；制造业正向技术密集型和高新技术行业加速转移。选择性发展将是未来各国形成优势行业的重要途径，产业全球化导致的国际竞争和国际投资等因素，将会影响行业结构发生很大变化。

五、区域分析

区域分析主要是分析各种区域因素对证券价格的影响，同行业分析一样，介于宏观分析和公司分析之间，都是中观分析的内容之一。不同的区域由于所拥有的各种条件因素不同，就会形成不同的经济发展态势，从而形成区域经济发展不平衡的状况。区域经济发展不同，会给证券价格带来不同的影响。某些区域有资源优势和良好的信息流、资金流、物流等，产业就会在这些区域集中，区域内也会涌现出一些优势产业。此外，分属于不同区域的公司，即使属于相同行业，其证券价格也会存在差异。区域因素主要包括经济因素、政治因素、技术因素、自然地理因素、基础设施因素、社会文化因素等。

（一）经济因素

经济因素是区域因素中影响上市公司证券价格的最重要因素，主要包括经济发展水平、经济特色、产业结构、市场和产业环境、生产要素供应等。

（二）政治因素

政治因素对区域经济的发展具有重要的作用，主要包括区域战略与区域规划、政府职能、政府政策等。

（三）技术因素

技术因素对生产率水平和产业升级有着直接且重要的影响，主要包括科学技术发展水平、科技创新能力、信息化水平及应用等。

（四）自然地理因素

自然地理因素是影响区域内上市公司经营发展的物质条件之一，主要包括地理位置、气候条件、自然风光、地形地貌、矿产资源、水资源、各种原材料等。

（五）基础设施因素

基础设施因素是区域经济发展的主要组成部分，是维系和促进各类生产和生活活动的基本物质条件，主要包括能源供应系统、给水排水系统、交通系统、通信系统、环境系统、生活服务系统等。

（六）社会文化因素

社会文化因素对区域内公司的生产经营管理也有着很大影响，主要包括语言文字、价值观念、道德准则、教育水平、人口素质、文化传统、风俗习惯等。

一般来说，经济发展快、政策有力、技术先进、交通便利、基础设施完善、居民素质高、信息化程度高的区域，投资比较活跃，企业效益好，投资者对其证券价格会有较好的预期；相反，各方面条件因素不好的区域，其证券价格总体上会呈下降趋势。

第四节 证券投资公司分析

一、公司分析概述

（一）公司分析的意义

公司分析是指对影响证券价格的微观因素也就是公司本身的因素进行分析，是指通过对公司经营发展状况，如公司的竞争能力、经营管理能力、盈利能力、发展潜力、财务状况、经营业绩及潜在风险等进行分析，来评估和预测证券的投资价值及未来变化趋势。

进行公司分析具有如下意义：

（1）分析公司经营发展状况及其在行业中的地位；

（2）分析影响公司发展的各种因素及影响力度，预测其发展潜力和前景，揭示投资风险；

（3）在宏观分析和中观分析的基础上，选出最具投资价值的公司。

（二）公司分析信息的搜集与处理

公司分析所需数据和信息的来源包括：

（1）行业咨询报告；

（2）上市公司调研报告；

（3）市场调查报告；

（4）上市公司财务报表；

（5）媒体报道；

（6）公开来源，如统计局、财政、税务、海关等官方数据；

（7）非正式来源，如实地考察、公司内部人员的告知；

（8）其他。

公司分析信息的搜集方法有以下几种：一是调查法，包括普查和抽样调查；二是观察法；三是实验法；四是文献检索；五是网络信息收集。

公司分析信息的处理是指获取信息后对其进行加工处理，使之成为有用信息并发布出去的过程，主要包括信息的获取、储存、转化、传送和发布等。

二、公司基本分析

公司基本分析是证券投资中的公司分析的一项重要内容，是在了解公司概况的基础上，明确公司最重要的利润产出点和最主要的业务风险，分析公司的竞争优势及获利能力的可持续性，对公司的潜在盈利能力和发展前景进行定性分析。主要包括公司行业地位分析、公司区位分析、公司产品竞争能力分析、公司经营能力分析、公司盈利能力和成长性分析等内容。

（一）公司行业地位分析

行业地位分析的目的是找出公司在所处行业中的竞争地位，如是否为领导企业，在价格上是否具有影响力，是否有竞争优势等。企业的行业地位决定了其盈利能力高于还是低于行业平均水平，决定了其行业内的竞争地位。衡量公司行业竞争地位的主要指标是行业综合排序和产品的市场占有率。

（二）公司区位分析

区位是指某事物在地理空间上的位置信息以及该事物与其他事物的空间关系。上市公司的投资价值与所在区位经济的发展密切相关。对上市公司进行区位分析，就是将上市公司的价值分析与所在区位经济的发展联系起来，分析上市公司未来发展前景，从而确定其投资价值。

公司区位分析主要包括：①区位内的自然条件和基础条件（气候条件、矿产资源、水资源、能源供应系统、交通系统、通信系统、生活服务系统等）；②区位内政府的产业政策；③区位内的经济特色、区位内经济与区位外经济的联系和互补性、龙头作用及其发展活力与潜力的比较优势（包括区位的经济发展环境、条件与水平、经济发展现状等有别于其他区位的特色）。

（三）公司产品竞争能力分析

公司产品竞争能力可以从产品优势、产品的市场占有情况和品牌战略等方面进行分析。

1.产品优势

一个企业的产品优势可体现在三个方面：成本优势、技术优势和质量优势。

成本优势是指公司的产品依靠低成本获得高于同行业其他企业的盈利能力。企业一般通过规模经济、专有技术、优惠的原材料和低廉的劳动力实现成本优势。在很多行业中，成本优势是决定竞争优势的关键因素，理想的成本优势往往成为同行业价格竞争的抑制力。技术优势是指企业拥有的比同行业其他竞争对手更强的技术实力及其研究与开发新产品的能力。这种能力主要体现在生产技术水平和产品的技术含量上。质量优势是指企业的产品以高于其他企业同类产品的质量赢得市场，从而取得竞争优势。不断提高企业产品的质量，是提升企业产品竞争力行之有效的方法。在与竞争对手成本相等或相近的情况下，具有质量优势的上市公司往往在该行业中占据领先地位。

2.市场占有情况

产品的市场占有情况在衡量公司产品竞争力方面占有重要地位，通常从两个方面进行考察：一是公司产品的市场覆盖率，也指产品在各个地区的覆盖和分布。根据销售市场地域的范围能大致地估计一个公司的经营能力和实力；二是公司产品在同类产品市场上的占有率。市场占有率是对公司的实力和经营能力较精确的估计。市场占有率和市场覆盖率的组合分析可得到以下四种情况：

（1）市场占有率和市场覆盖率都比较高，说明该公司的产品销售和分布在同行业中占有优势地位，产品的竞争能力强；

（2）市场占有率高而市场覆盖率低，说明公司的产品在某个地区受欢迎，有竞争能力，但大面积推广缺乏销售网络；

（3）市场占有率低而市场覆盖率高，说明公司的销售网络强，但产品的竞争能力较弱；

（4）市场占有率和市场覆盖率都低，说明公司的产品缺乏竞争力，产品的前途有问题。

3.品牌战略

品牌是一个商品名称和商标的总称，它可以用来辨别一个卖者或者卖者集团的货物或劳务，以便同竞争者的产品相区别。一个品牌不仅是一种产品的标志，而且是产品质量、性能、满足消费者效用的可靠程度的综合体现。品牌竞争是产品竞争的深化和延伸，当产业发展进入成熟阶段，产业竞争充分展开时，品牌就成为产品及企业竞争力的一个非常重要的因素。

好的品牌不仅能够提升产品的竞争力，具有创造市场、联合市场、巩固市场的作用，而且能够被用来对其他品牌进行收购兼并。

（四）公司经营能力分析

公司经营能力主要从公司法人治理结构、公司经理层的素质、公司员工的素质和创新能力等方面进行分析。

1.公司法人治理结构

公司法人治理结构有狭义和广义两种定义。狭义上的公司法人治理结构是指有关公司董事会的功能、结构和股东的权利等方面的制度安排；广义上的公司法人治理结构是指有关公司控制权和剩余索取权分配的一整套法律、文化和制度安排，包括人力资源管理、收益分配和激励机制、财务制度、内部制度和管理等。

健全的公司法人治理结构至少体现在以下几个方面：①有效的股东大会制度；②规范的股权结构；③完善的独立董事制度；④董事会权力的合理界定与约束；⑤优秀的职业经理层；⑥监事会的独立性和监督责任；⑦利益相关者的共同治理。

2.公司经理层的素质

所谓素质，是指一个人的品质、性格、学识、能力等方面的总和。在现代企业里，经理人员不仅担负着企业生产经营活动等各项管理职能，而且还要负责或参与各类非经理人员的选择、使用与培训工作。因此，经理人员的素质是决定企业能否取得成功的一个重要因素。在一定意义上，是否有卓越的经理人员和经理层，直接决定着企业的经营成果。对经理人员的素质分析是公司经营能力分析的重要组成部分。一般而言，企业的经理人员应具备如下素质：①有从事管理工作的愿望；②有较强的专业技术能力；③有良好的道德品质修养；④有较强的人际关系协调能力。

3.公司员工的素质和创新能力

公司员工的素质和创新能力也会对公司的发展起到很重要的作用。作为公司的员工，应该具备如下素质：①有较强的专业技术能力；②对企业的忠实程度高；③对本职工作的责任感强；④有良好的团队合作精神和创新能力等。通过对员工的素质进行分析可以判断公司发展的持久力和创新能力。

（五）公司盈利能力和成长性分析

公司盈利能力和成长性可以从公司盈利预测、经营战略、规模变动特征及扩张潜力等方面进行分析。

1.盈利预测

对公司盈利进行预测，是判断公司估值水平及投资价值的重要基础。盈利预测是建立在对公司深入了解和判断的基础上，通过对公司基本面分析，进而对公司有关经营状况作出假设。这些假设主要包括销售收入预测、生产成本预测、管理和销售费用预测、财务费用预测等。

2.经营战略

经营战略是企业面对激烈变化的环境与严峻的挑战，为求得长期生存和不断发展而进行的总体性谋划。它是企业战略思想的集中体现，是企业经营范围的科学规定，同时又是制定规划的基础。经营战略是在符合和保证实现企业使命的条件下，充分利用环境中存在的各种机遇和创新机会的基础上，确定企业同环境的关系，规定企业的经营范围、成长方向和竞争对策，合理调整企业结构和分配企业的资源。

对公司经营战略的评价比较困难，不易标准化，可以包括如下方面的内容：①经营战略是否明确、统一；②高级管理层的稳定性及其影响；③公司各方面资源的适应性；④公司竞争地位分析；⑤公司产品策略分析；⑥公司竞争战略分析和评估。

3.公司规模变动特征及扩张潜力

公司规模变动特征和扩张潜力一般与其所处的行业发展阶段、市场结构、经营战略密切相关，是从微观方面具体考虑公司的成长性。可以从以下几个方面进行分析：

（1）探究公司规模的扩张是由供给推动还是由市场需求拉动，是通过公司的产品创造市场需求还是生产产品去满足市场需求，是依靠技术进步还是依靠其他生产要素等，以找出企业发展的内在规律；

（2）纵向比较公司历年的销售、利润、资产规模等数据，把握公司的发展趋势——是加速发展，稳步扩张，还是停滞不前；

（3）对公司销售、利润、资产规模等数据及其增长率与行业平均水平及主要竞争对手的数据进行比较，了解其行业地位的变化；

（4）分析预测公司主要产品的市场前景及公司未来的市场份额，对公司的投资项目进行分析，并预计其销售和利润水平；

（5）分析公司的财务状况以及公司的投资和筹资潜力。

三、公司财务分析

公司财务分析是证券投资中公司分析最重要的部分，是运用比率分析法、比较分析法等分析方法，对上市公司的各种财务报表账面数字的变动趋势及其相互关系进行分析，评价公司过去的经营业绩，揭示公司目前的财务状况及经营成果，预测公司未来的发展趋势，为投资者及有关各方作出合理决策提供有用的信息。

（一）公司主要财务报表

上市公司必须遵守信息披露制度，定期公开自己的财务状况，提供有关财务资料，以便投资者查询。上市公司公布的财务资料中，主要是一些财务报表，其中最为重要的有资产负债表、利润表和现金流量表。这三大财务报表也是财务分析的主要依据。

1.资产负债表

资产负债表是反映企业在某一特定日期（如季末、半年末或年末）财务状况的会计报表。表中各项目之间的关系是：资产=负债+所有者权益，即资产各项目的合计等于负债和所有者权益各项目的合计。通过分析资产负债表，可以了解企业的财务状况，对企业的偿债能力、资本结构合理性、流动资金充足性等作出判断。资产负债表的格式见表10-1。

表10-1

资产负债表

会企01表

编制单位：　　　　　　　　　　___年__月__日　　　　　　　　　　单位：元

资产	期末余额	上年年末余额	负债和所有者权益	期末余额	上年年末余额
流动资产：			流动负债：		
货币资金			短期借款		
交易性金融资产			交易性金融负债		
衍生金融资产			衍生金融负债		
应收票据			应付票据		
应收账款			应付账款		
应收款项融资			预收款项		
预付款项			合同负债		
其他应收款			应付职工薪酬		
存货			应交税费		
合同资产			其他应付款		
持有待售资产			持有待售负债		
一年内到期的非流动资产			一年内到期的非流动负债		
其他流动资产			其他流动负债		
流动资产合计			流动负债合计		
非流动资产：			非流动负债：		
债权投资			长期借款		
其他债权投资			应付债券		
长期应收款			其中：优先股		

资产	期末余额	上年年末余额	负债和所有者权益	期末余额	上年年末余额
长期股权投资			永续债		
其他权益工具投资			租赁负债		
其他非流动金融资产			长期应付款		
投资性房地产			预计负债		
固定资产			递延收益		
在建工程			递延所得税负债		
生产性生物资产			其他非流动负债		
油气资产			非流动负债合计		
使用权资产			负债合计		
无形资产			所有者权益（或股东权益）：		
开发支出			实收资本（或股本）		
商誉			其他权益工具		
长期待摊费用			其中：优先股		
递延所得税资产			永续债		
其他非流动资产			资本公积		
非流动资产合计			减：库存股		
			其他综合收益		
			专项储备		
			盈余公积		
			未分配利润		
			所有者权益（或股东权益）合计		
资产总计			负债和所有者权益总计		

2.利润表

利润表是反映企业一定期间（如一个季度、半年或一年）生产经营成果的会计报表。表中各项目之间的关系是：收入−费用=利润。通过利润表，可以分析企业盈利能力的大小或经营状况的好坏，对企业在行业中的竞争地位和持续发展能力等作出判断。利润表的格式见表10-2。

表10-2   **利润表**

会企02表

编制单位：   ____年__月   单位：元

项目	本期金额	上期金额
一、营业收入		
减：营业成本		
税金及附加		
销售费用		
管理费用		
研发费用		
财务费用		
其中：利息费用		
利息收入		
加：其他收益		
投资收益（损失以"−"号填列）		
其中：对联营企业和合营企业的投资收益		
以摊余成本计量的金融资产终止确认收益		
净敞口套期收益（损失以"−"号填列）		
公允价值变动收益（损失以"−"号填列）		
信用减值损失（损失以"−"号填列）		
资产减值损失（损失以"−"号填列）		
资产处置收益（损失以"−"号填列）		
二、营业利润（亏损以"−"号填列）		
加：营业外收入		
减：营业外支出		
三、利润总额（亏损总额以"−"号填列）		

项目	本期金额	上期金额
减：所得税费用		
四、净利润（净亏损以"-"号填列）		
（一）持续经营净利润（净亏损以"-"号填列）		
（二）终止经营净利润（净亏损以"-"号填列）		
五、其他综合收益的税后净额		
（一）不能重分类进损益的其他综合收益		
1.重新计量设定受益计划变动额		
2.权益法下不能转损益的其他综合收益		
3.其他权益工具投资公允价值变动		
4.企业自身信用风险公允价值变动		
……		
（二）将重分类进损益的其他综合收益		
1.权益法下可转损益的其他综合收益		
2.其他债权投资公允价值变动		
3.金融资产重分类计入其他综合收益的金额		
4.其他债权投资信用减值准备		
5.现金流量套期储备		
6.外币财务报表折算差额		
……		
六、综合收益总额		
七、每股收益：		
（一）基本每股收益		
（二）稀释每股收益		

3.现金流量表

现金流量表是反映企业一定期间现金的流入流出情况及引起现金变化原因的财务报表。现金流量表主要包括经营活动、投资活动和筹资活动产生的现金流量三个部分。通过分析现金流量表，可以了解和评价企业获取现金和现金等价物的能力，并据以预测企业未来现金流量。现金流量表的格式见表10-3。

表10-3 现金流量表

会企03表

编制单位：　　　　　　　　　　　____年__月　　　　　　　　　　　单位：元

项目	本期金额	上期金额
一、经营活动产生的现金流量：		
销售商品、提供劳务收到的现金		
收到的税费返还		
收到其他与经营活动有关的现金		
经营活动现金流入小计		
购买商品、接受劳务支付的现金		
支付给职工以及为职工支付的现金		
支付的各项税费		
支付其他与经营活动有关的现金		
经营活动现金流出小计		
经营活动产生的现金流量净额		
二、投资活动产生的现金流量：		
收回投资收到的现金		
取得投资收益收到的现金		
处置固定资产、无形资产和其他长期资产收回的现金净额		
处置子公司及其他营业单位收到的现金净额		
收到其他与投资活动有关的现金		
投资活动现金流入小计		
购建固定资产、无形资产和其他长期资产支付的现金		
投资支付的现金		
取得子公司及其他营业单位支付的现金净额		
支付其他与投资活动有关的现金		
投资活动现金流出小计		
投资活动产生的现金流量净额		
三、筹资活动产生的现金流量：		

项目	本期金额	上期金额
吸收投资收到的现金		
取得借款收到的现金		
收到其他与筹资活动有关的现金		
筹资活动现金流入小计		
偿还债务支付的现金		
分配股利、利润或偿付利息支付的现金		
支付其他与筹资活动有关的现金		
筹资活动现金流出小计		
筹资活动产生的现金流量净额		
四、汇率变动对现金及现金等价物的影响		
五、现金及现金等价物净增加额		
加：期初现金及现金等价物余额		
六、期末现金及现金等价物余额		

（二）公司财务报表分析方法

财务报表分析的方法有比较分析法和因素分析法两大类。财务报表的比较分析是指对两个或几个有关的可比数据进行对比，揭示财务指标的差异和变动关系，是财务报表分析中最基本的方法；财务报表的因素分析则是依据分析指标和影响因素的关系，从数量上确定各因素对财务指标的影响程度。

其中，比较分析方法中最常用的是财务比率分析，包括公司单个时期的财务比率分析、公司不同时期财务比率的比较分析、公司与同行业其他公司财务比率的比较分析三种。

（三）公司财务比率分析

财务比率是指同一张财务报表的不同项目之间、不同类别之间，或同一年度内不同财务报表的有关项目之间，各会计要素的相互关系。比率分析涉及公司管理的各个方面，具体包括偿债能力分析、营运能力分析、盈利能力分析、成长能力分析、投资收益分析和现金流量分析等。

1.偿债能力分析

（1）短期偿债能力分析。短期偿债能力可以通过流动比率和速动比率进行分析。

①流动比率。流动比率是流动资产除以流动负债得到的比值，计算公式为：

$$流动比率 = \frac{流动资产}{流动负债}$$

公式中的"流动资产"和"流动负债"数据均来自资产负债表。

流动比率越高，流动资产越多，短期债务越少，则偿债能力越强。流动比率排除了公司规模不同的影响，更适合公司之间以及一个公司不同历史时期之间的比较。

一般认为生产型公司合理的最低流动比率是2，这是因为，流动资产中变现能力最差的存货金额约占流动资产总额的一半，剩下的流动性较大的流动资产至少要等于流动负债，公司的短期偿债能力才会有保证。但人们长期以来的这种认识，因其未能在理论上得到证明，还不能成为统一标准。

计算出来的流动比率，只有和同行业平均流动比率、公司历史上的流动比率进行比较，才能知道是高还是低。但要找出过高或过低的原因还必须分析流动资产与流动负债所包括的内容以及经营上的因素。一般情况下，营业周期、流动资产中的应收账款数额和存货的周转速度是影响流动比率的主要因素。

②速动比率。人们（特别是短期债权人）还希望获得比流动比率更进一步的有关短期偿债能力的比率指标。这个指标被称为速动比率，也被称为酸性测试比率。速动比率是从流动资产中扣除存货部分，再除以流动负债得到的比值，计算公式为：

$$速动比率 = \frac{流动资产 - 存货}{流动负债}$$

公式中的"存货"数据来自资产负债表。

计算速动比率时，剔除存货的主要原因是：在流动资产中，存货的变现能力最差；部分存货可能已损失报废，还没作处理；部分存货已抵押给某债权人；存货估价还存在着成本与当前市价相差悬殊的问题。

在不希望公司用变卖存货的办法还债，以及排除使人产生种种误解因素的情况下，速动比率反映的短期偿债能力更加令人信服。

通常认为正常的速动比率为1，低于1的速动比率被认为短期偿债能力偏低。但这也仅是一般的看法，因为行业不同，速动比率会有很大差别，没有统一标准的速动比率。

影响速动比率可信度的重要因素是应收账款的变现能力。账面上的应收账款不一定都能变成现金，实际坏账可能比计提的准备金要多，季节性的变化也可能使报表的应收账款数额不能反映平均水平。

由于行业之间存在差别，在计算速动比率时，除扣除存货以外，还可以从流动资产中去掉其他一些可能与当期现金流量无关的项目，以计算更进一步的短期偿债能力指标，如采用保守速动比率（或称超速动比率），计算公式为：

$$保守速动比率 = \frac{货币资金 + 交易性金融资产 + 应收账款 + 应收票据}{流动负债}$$

公式中的"货币资金""交易性金融资产""应收账款""应收票据"数据均来自资产负债表。

（2）长期偿债能力分析。长期偿债能力可以通过资产负债率和产权比率进行分析。

①资产负债率。资产负债率是负债总额除以资产总额得到的百分比。它反映在总资产中有多大比例是通过借债来筹资的，也可以衡量公司在清算时保护债权人利益的程度。其计算公式为：

$$资产负债率 = \frac{负债总额}{资产总额} \times 100\%$$

公式中的"负债总额"和"资产总额"数据均来自资产负债表。

资产负债率反映债权人所提供的资本占全部资本的比例，也被称为举债经营比率，它有以下几个方面的含义。

一是从债权人的立场看。债权人最关心的是贷给公司款项的安全程度，也就是能否按期收回本金和利息。如果股东提供的资本在公司资本总额中只占较小的比例，则公司的风险将主要由债权人负担，这对债权人是不利的。因此，债权人希望公司债务比例越低越好，这样公司偿债有保证，贷款就不会有太大的风险。

二是从股东的立场看。由于公司通过举债筹措的资金与股东提供的资金在经营中发挥同样的作用，所以股东关心的是全部资本利润率是否超过借入款项的利率，即借入资本的代价的高低。在公司全部资本利润率超过因借款而支付的利息率时，股东所得到的利润就会加大；相反，如果运用全部资本所得的利润率低于借款利息率，则对股东不利，因为借入资本的多余利息要用股东所得的利润份额来弥补。因此，从股东的立场看，在全部资本利润率高于借款利息率时，负债比例越高越好，否则相反。

三是从经营者的立场看。如果举债规模很大，超出债权人心理承受程度，则被认为是不保险的，公司就筹不到钱。如果公司不举债，或负债比例很低，就说明公司畏缩不前，对前途信心不足，利用债权人资本进行经营活动的能力很差。借款比率越高（当然不是盲目地借款），越显得公司有活力，所以从财务管理的角度来看，公司应当审时度势，全面考虑，在利用资产负债率制定借入资本决策时，必须充分估计可能增加的风险，在二者之间权衡利害得失，作出正确决策。

②产权比率。产权比率是负债总额除以股东权益总额得到的比率，也称为负债权益比率。其计算公式为：

$$产权比率 = \frac{负债总额}{股东权益总额} \times 100\%$$

公式中的"股东权益总额"数据来自资产负债表，"股东权益"即资产负债表中的"所有者权益"。

产权比率这一指标反映由债权人提供的资本与股东提供的资本的相对关系，反映公司基本财务结构是否稳定。一般来说，股东资本大于借入资本较好，但也不能一概而论。比如从股东角度来看，在通货膨胀加剧时，公司多借债可以把损失和风险转嫁给债权人；在经济繁荣时期，公司多借债可以获得额外的利润；在经济萎缩时期，公司少借债可以减轻利息负担和财务风险。高产权比率是高风险、高报酬的财务结构，低产权比率是低风险、低报酬的财务结构。

2.营运能力分析

营运能力是指公司经营管理中利用资金运营的能力，主要表现为资产管理及资产利用的效率。

（1）存货周转率和存货周转天数。在流动资产中，存货所占的比重较大。存货的流动性将直接影响公司资金的使用效率，一般用存货的周转速度指标（即存货周转率或存货周转天数）来反映。

存货周转率是营业成本被平均存货所除得到的比率，也叫存货的周转次数。它是衡量和评价公司购入存货、投入生产、销售产品、收回货款等各环节管理状况的综合性指标。用时间表示的存货周转率就是存货周转天数。其计算公式为：

$$存货周转率 = \frac{营业成本}{平均存货} （次）$$

$$存货周转天数 = \frac{计算期天数}{存货周转率} （天）= \frac{平均存货 \times 计算期天数}{营业成本} （天）$$

公式中的"营业成本"数据来自利润表，"平均存货"数据来自资产负债表中的"存货"期初数与期末数的平均数，"计算期天数"取决于计算期的长短，可以用简化天数360天、90天、30天计算。

一般来讲，存货周转速度越快，存货占用资金的水平越低，流动性越强，存货转换为现金或应收账款的速度越快；存货周转速度越慢，则变现能力越差。

存货周转分析的目的是从不同的角度和环节上找出存货管理中的问题，使存货管理在保证生产经营连续性的同时，尽可能少占用经营资金，提高资金的使用效率，增强公司短期偿债能力，促进公司管理水平的提高。

（2）应收账款周转率和应收账款周转天数。应收账款周转率是营业收入与平均应收账款的比值，它反映年度内应收账款转为现金的平均次数，说明应收账款流动的速度；应收账款周转天数是应收账款周转率的倒数乘以计算期天数，也称应收账款回收期或平均收现期，它表示公司从取得应收账款的权利到收回款项转换为现金所需要的时间，是用时间表示的应收账款周转速度。

及时收回应收账款，不仅可以增强公司的短期偿债能力，也反映出公司管理应收账款方面的效率。应收账款周转率和应收账款周转天数的计算公式分别为：

$$应收账款周转率 = \frac{营业收入}{平均应收账款} （次）$$

$$\text{应收账款周转天数} = \frac{\text{计算期天数}}{\text{应收账款周转率}} \text{（天）}$$

$$= \frac{\text{平均应收账款} \times \text{计算期天数}}{\text{营业收入}} \text{（天）}$$

公式中的"营业收入"数据来自利润表，"平均应收账款"数据来自资产负债表中的"应收账款"期初数与期末数的平均数，"计算期天数"取决于计算期的长短，可以用简化天数360天、90天、30天计算。

一般来说，应收账款周转率越高，平均收账期越短，说明应收账款的收回越快；否则，公司的营运资金会过多地滞留在应收账款上，影响正常的资金周转。影响应收账款周转率和应收账款周转天数指标正确计算的因素有：季节性经营、大量使用分期付款结算方式、大量使用现金结算的销售、年末销售的大幅度增加或下降。

可以将计算出的指标与公司前期、行业平均水平或其他类似公司相比较，判断该指标的高低。

（3）流动资产周转率。流动资产周转率是营业收入与全部流动资产的平均额的比值，计算公式为：

$$\text{流动资产周转率} = \frac{\text{营业收入}}{\text{平均流动资产}} \text{（次）}$$

公式中的"平均流动资产"是资产负债表中"流动资产合计"期初数与期末数的平均数。

流动资产周转率反映流动资产的周转速度。周转速度快，会相对节约流动资产，等于相对扩大资产投入，增强公司盈利能力；而延缓周转速度，则需要补充流动资产参加周转，造成资金浪费，降低公司盈利能力。

（4）固定资产周转率。固定资产周转率是营业收入与固定资产的平均额的比值。其计算公式为：

$$\text{固定资产周转率} = \frac{\text{营业收入}}{\text{平均固定资产}} \text{（次）}$$

公式中的"平均固定资产"是资产负债表中"固定资产"期初数与期末数的平均数。

该比率是衡量公司运用固定资产效率的指标。一般情况下，比率越高，表明固定资产周转越快，说明企业固定资产投资得当，运用效率越高，利用效果好；反之，则表明公司资产使用效率不高，拥有固定资产数量过多，设备闲置没有得到充分利用。

（5）总资产周转率。总资产周转率是营业收入与平均资产总额的比值。其计算公式为：

$$\text{总资产周转率} = \frac{\text{营业收入}}{\text{平均资产总额}} \text{（次）}$$

公式中的"平均资产总额"是资产负债表中"资产总计"期初数与期末数的平

均数。

总资产周转率反映资产总额的周转速度。周转越快，说明销售能力越强。公司可以通过薄利多销的方法，加速资产的周转，带来利润绝对额的增加。

3.盈利能力分析

盈利能力又称获利能力，是指公司在一定时期内获取利润的能力。一般来说，公司的盈利能力只涉及正常的营业状况，应当排除非正常的营业状况给公司带来的收益或损失。

（1）营业毛利率。营业毛利率是指公司一定时期内营业毛利占营业收入的百分比，其中毛利是营业收入与营业成本的差。营业毛利率的计算公式为：

$$营业毛利率 = \frac{营业毛利}{营业收入} \times 100\% = \frac{营业收入 - 营业成本}{营业收入} \times 100\%$$

营业毛利率表示每一元营业收入扣除营业成本后，有多少钱可以用于各项期间费用和形成盈利。足够高的营业毛利率是公司获取营业净利的基础，没有足够高的毛利率便不能盈利。营业毛利率体现了公司生产经营活动最基本的获利能力。

（2）营业利润率。营业利润率是指公司一定时期内营业利润与营业收入的百分比。其计算公式为：

$$营业利润率 = \frac{营业利润}{营业收入} \times 100\%$$

公式中的"营业利润"数据来自利润表。

（3）营业净利率。营业净利率是指公司一定时期内净利润与营业收入的百分比。其计算公式为：

$$营业净利率 = \frac{净利润}{营业收入} \times 100\%$$

公式中的"净利润"数据来自利润表。

营业利润率和营业净利率分别表示每一元营业收入能产生多少营业利润和净利润，是反映公司一定时期盈利能力的重要指标。指标越高，说明公司的盈利能力越强；指标越低，则盈利能力越差。

（4）资产净利率。资产净利率是公司净利润除以平均资产总额得到的百分比。其计算公式为：

$$资产净利率 = \frac{净利润}{平均资产总额} \times 100\%$$

把公司一定期间的净利与资产相比较，表明公司资产利用的综合效果。指标越高，表明资产利用效率越高，说明公司在增加收入和节约资金使用等方面取得了良好的效果，否则相反。

资产净利率是一个综合指标。公司资产是由投资人投资或公司举债形成的。净利润的多少与公司资产的多少、资产结构、经营管理水平有着密切关系。为了正确评价公司经济效益的高低、挖掘提高利润水平的潜力，可以用资产净利率与公司前期、计划、本行业平均水平和本行业内的优秀公司进行对比，分析形成差异的原因。影响资产净利率高低的因素主要有产品价格、单位成本、产品产量和销量、资金占用量等。

（5）净资产收益率。净资产收益率是净利润除以平均净资产（即平均股东权益）得到的百分比，也称股东权益收益率、净值报酬率或权益报酬率。其计算公式为：

$$净资产收益率 = \frac{净利润}{平均净资产} \times 100\%$$

公式中的"净资产"即资产负债表中的"所有者权益"，"平均净资产"就是资产负债表中"所有者权益合计"期初数与期末数的平均数。

如果有优先股，公式可以调整为：

$$净资产收益率 = \frac{净利润 - 优先股股利}{平均股东权益总额 - 平均优先股股东权益} \times 100\%$$

净资产收益率反映公司所有者权益的投资报酬率，具有很强的综合性。

4.成长能力分析

公司成长能力分析，又称发展能力分析，是指通过分析公司的资产、收入及利润的增长情况，分析公司是否具备持续发展的能力。

（1）总资产增长率。总资产增长率是公司总资产增长额除以期初资产总额得到的百分比。其计算公式为：

$$总资产增长率 = \frac{期末资产总额 - 期初资产总额}{期初资产总额} \times 100\%$$

公式中的"期末资产总额"和"期初资产总额"数据均来自资产负债表。

（2）净资产增长率。净资产增长率是公司净资产增长额除以期初净资产得到的百分比。其计算公式为：

$$净资产增长率 = \frac{期末净资产 - 期初净资产}{期初净资产} \times 100\%$$

公式中的"期末净资产"和"期初净资产"数据均来自资产负债表，"净资产"即股东权益，也即资产负债表中的"所有者权益"。

总资产增长率和净资产增长率分别反映了公司总资产规模和净资产规模的增长情况，是从资产规模扩张的角度来衡量公司的成长能力的。指标为正，说明公司资产规模增加，指标越高，说明资产规模增加得越快；指标为负，说明公司资产规模减少。

（3）营业收入增长率。营业收入增长率是公司营业收入增长额除以上期营业收入得到的百分比。其计算公式为：

$$营业收入增长率 = \frac{本期营业收入 - 上期营业收入}{上期营业收入} \times 100\%$$

公式中的"本期营业收入"和"上期营业收入"数据均来自利润表。

营业收入增长率反映了公司营业收入的增长情况，反映了公司的业务拓展情况和市场占有能力，以此来衡量公司的成长性。指标为正，说明公司营业收入增加，指标越高，说明增加得越快，表明公司的市场前景越好；指标为负，说明公司营业收入减少，表明公司的产品或服务可能不符合市场需求，公司的发展必然受到影响。

（4）营业利润增长率。营业利润增长率是公司营业利润增长额除以上期营业利润得到的百分比。其计算公式为：

$$营业利润增长率 = \frac{本期营业利润 - 上期营业利润}{上期营业利润} \times 100\%$$

公式中的"本期营业利润"和"上期营业利润"数据均来自利润表。

（5）净利润增长率。净利润增长率是公司净利润增长额除以上期净利润得到的百分比。其计算公式为：

$$净利润增长率 = \frac{本期净利润 - 上期净利润}{上期净利润} \times 100\%$$

公式中的"本期净利润"和"上期净利润"数据均来自利润表。

营业利润增长率和净利润增长率分别反映了公司营业利润和净利润的增长情况，是从获取利润的角度来衡量公司的成长性的。指标为正，说明公司利润增加，指标越高，说明增长速度越快，表明公司的成长性越好；指标为负，说明公司的利润减少，成长性差。需要注意的是：由于公司的净利润与营业利润相比，会受到营业外收支和税负的影响，所以营业利润增长率的可靠性更强，能够更好地分析和评价公司的成长性。

5.投资收益分析

投资收益分析是指通过一些指标分析投资者投资公司股票获得的收益水平。

（1）每股收益。每股收益反映公司的普通股股东持有每一股能享有的利润（或需承担的亏损）。基本每股收益的计算公式为：

$$基本每股收益 = \frac{归属于普通股股东的当期净利润}{当期发行在外普通股的加权平均数} (元)$$

如果公司只有普通股时，公式中的"归属于普通股股东的当期净利润"就是利润表中的"净利润"；如果公司除普通股外还有优先股，则应从净利润中扣除优先股股利。

此外，还可以计算每股收益扣除和稀释每股收益。前者是考虑每股收益可能受一些偶然性因素影响，在基本每股收益中扣除非经常性损益得到，更能体现公司的真实业绩；后者是考虑公司的稀释性潜在普通股对每股收益的影响，假设所有发行在外的稀释性潜在普通股均已转换为普通股进行调整而得到，是一种假设性的指标，并不代表实际的每股收益。

每股收益是衡量上市公司盈利能力最重要的财务指标，它反映普通股的获利水平。在分析时，可以进行公司间的比较，以评价公司的相对盈利能力；也可以进行同一公司不同时期的比较，了解公司盈利能力的变化趋势；还可以进行经营成果和盈利预测的比较，掌握公司的管理能力。

使用每股收益指标分析投资收益时要注意以下问题：每股收益不反映股票所含有的风险；不同股票的每一股在经济上不等量，它们所含有的净资产和市价不同，即换取每股收益的投入量不同，限制了公司间每股收益的比较；每股收益多，不一定意味着多分红，还要看公司的股利分配政策。

（2）市盈率。市盈率是（普通股）每股市价除以每股收益得到的比率，亦称本益比。其计算公式为：

$$市盈率 = \frac{每股市价}{每股收益}（倍）$$

市盈率是衡量上市公司盈利能力的重要指标，反映投资者对每一元净利润所愿支付的价格，可以用来估计公司股票的投资报酬和风险，是市场对公司的共同期望指标。一般来说，市盈率越高，表明市场对公司的未来越看好。在市价确定的情况下，每股收益越高，市盈率越低，投资风险越小；反之亦然。在每股收益确定的情况下，市价越高，市盈率越高，风险越大；反之亦然。

使用市盈率指标时应注意以下问题：①该指标不能用于不同行业公司的比较，成长性好的新兴行业市盈率普遍较高，而传统行业的市盈率普遍较低，这并不说明后者的股票没有投资价值；②在每股收益正值很小或为负值时，由于市价不至于降为零，公司的市盈率会很高，如此情形下的高市盈率不能说明任何问题；③市盈率的高低受市价的影响，而影响市价变动的因素很多，包括投机炒作等，因此，观察市盈率的长期趋势很重要。

（3）股利支付率。股利支付率，也叫股息发放率，是普通股每股股利除以每股收益得到的百分比。其计算公式为：

$$股利支付率 = \frac{每股股利}{每股收益} \times 100\%$$

股利支付率反映的是公司股利分配政策和支付股利的能力。

（4）每股净资产。每股净资产是期末净资产（即期末股东权益）与发行在外的期末普通股总数的比值，也称为每股账面价值或每股权益。其计算公式为：

$$每股净资产 = \frac{期末净资产}{期末普通股总数}（元）$$

如果有优先股，公式可以调整为：

$$每股净资产 = \frac{期末股东权益总额 - 优先股权益}{期末普通股总数}（元）$$

每股净资产反映发行在外的每股普通股所代表的净资产成本，即账面权益。在投资分析时，只能有限度地使用这个指标，因为是用历史成本计量的，所以它既不反映净资产的变现价值，也不反映净资产的产出能力。每股净资产在理论上提供了股票的最低价值。

（5）市净率。市净率，也叫净资产倍率，是每股市价与每股净资产的比值。其计算公式为：

$$市净率 = \frac{每股市价}{每股净资产}（倍）$$

市净率是每股股价与每股净资产的比值，表明股价以每股净资产的若干倍在流通转让，评价股价相对于每股净资产而言是否被高估。市净率越小，说明股票的投资价值越高，股价的支撑越有保证；反之，则投资价值越低。

6.现金流量分析

现金流量分析是在现金流量表出现以后发展起来的，其方法体系并不完善，一致性也不充分。现金流量分析不仅要依靠现金流量表，还要结合资产负债表和利润表进行。

（1）流动性分析。一般来讲，真正能用于偿还债务的是现金流量，所以以现金流量和债务的比较可以更好地反映公司偿还债务的能力。

①现金到期债务比，是经营现金净流量与本期到期债务的比值。其计算公式为：

$$现金到期债务比 = \frac{经营现金净流量}{本期到期债务}$$

公式中的"经营现金净流量"是现金流量表中的"经营活动产生的现金流量净额"，"本期到期债务"是指本期到期的长期债务和本期应付的应付款项。

该指标若高于行业平均值，则说明公司偿还到期债务的能力是比较强的。

②现金流动负债比，是经营现金净流量与流动负债的比值。其计算公式为：

$$现金流动负债比 = \frac{经营现金净流量}{流动负债}$$

该指标若高于行业平均值，则说明公司偿还流动债务的能力是比较强的。

③现金债务总额比，是经营现金净流量与负债总额的比值。其计算公式为：

$$现金债务总额比 = \frac{经营现金净流量}{债务总额}$$

现金债务总额比越高，表明公司偿还债务的能力越强。

（2）获取现金能力分析。获取现金能力是指经营现金净流量和投入资源的比值。投入资源可以是营业收入、总资产或普通股股数等。

①营业现金比率。其计算公式为：

$$营业现金比率 = \frac{经营现金净流量}{营业收入}$$

营业现金比率反映每一元营业收入得到的净现金，其数值越大越好。

②全部资产现金回收率。其计算公式为：

$$全部资产现金回收率 = \frac{经营现金净流量}{资产总额}$$

全部资产现金回收率反映公司资产产生现金的能力。若该指标高于行业平均值，则说明公司资产产生现金的能力较强。

③每股营业现金净流量。其计算公式为：

$$每股营业现金净流量 = \frac{经营现金净流量}{普通股股数}$$

每股营业现金净流量反映公司最大的分派股利能力。

（3）财务弹性分析。财务弹性是指公司适应经济环境变化和利用投资机会的能力。这种能力来源于现金流量和支付现金需要的比较。现金流量超过需要，有剩余的现金，适应性就强。财务弹性是用经营现金流量与支付要求进行比较。支付要求可以是投资需求或承诺支付等。

①现金满足投资比率。其计算公式为：

$$现金满足投资比率 = \frac{近期经营活动现金净流量}{近5年资本支出、存货增加、现金股利之和}$$

现金满足投资比率越大，说明资金自给率越高。达到1时，说明公司可以用经营活动获取的现金满足扩充所需资金；若小于1，则说明公司是靠外部融资来补充资金的。

②现金股利保障倍数。其计算公式为：

$$现金股利保障倍数 = \frac{每股营业现金净流量}{每股现金股利}$$

现金股利保障倍数越大，说明支付现金股利的能力越强。

（4）收益质量分析。收益质量是指报告收益与公司业绩之间的关系。如果收益能如实反映公司业绩，则认为收益的质量好；如果收益不能很好地反映公司业绩，则认为收益的质量不好。

从现金流量表的角度看，收益质量分析主要是分析会计收益与现金净流量的比率关系，其主要的财务比率是营运指数。其计算公式为：

$$营运指数 = \frac{经营现金净流量}{经营所得现金}$$

$$经营所得现金 = 经营净收益 + 非付现费用$$
$$= 净利润 - 非经营收益 + 非付现费用$$

收益质量的信息列示在现金流量表的补充资料中。其中，"非经营收益"涉及处置固定资产、无形资产和其他长期资产的损失、固定资产报废损失、公允价值变动损失、财务费用、投资损失等；"非付现费用"涉及资产减值准备、固定资产和其他资产折旧（各家公司具体项目名称有异）、无形资产摊销、长期待摊费用摊销等。

小于1的营运指数，说明收益质量不够好。首先，营运指数小于1，说明一部分收益尚没有取得现金，停留在实物或债权形态，而实物或债权资产的风险大于现金，应收账款能否足额变现是有疑问的，存货也有贬值的风险，所以未收现的收益质量低于已收现的收益。其次，营运指数小于1，说明营运资金增加了，反映出公司为取得同样的收益占用了更多的营运资金，即取得收益的代价增加了，所以同样的收益代表着较差的业绩。应收账款增加和应付款减少使收现数减少，影响到公司的收益质量。应收账款如不能收回，已经实现的收益就会落空；即使延迟收现，其收益质量也低于已收现的收益。

（四）公司财务综合分析

进行财务报表分析的最终目的在于全面、准确、客观地揭示与披露企业的财务状况和经营情况，并对企业经济效益与管理绩效作出合理评价。单独分析任何一项财务指标，或将某些孤立的指标堆积在一起，都不足以全面评价企业的财务状况和经营成果，只有将各种财务指标有机联系起来，进行系统分析，才能对企业作出全面、综合的财务评价。财务综合分析方法有很多，在此主要介绍杜邦分析法和沃尔评分法。

1.杜邦财务分析体系

杜邦财务分析体系（简称杜邦体系）是利用各财务指标之间的内在关系，对企业综合经营情况及经营业绩进行系统分析评价的方法，因其最初由美国杜邦公司创立并成功运用而得名。

（1）杜邦财务分析体系的内容。首先，对净资产收益率（ROE）进行如下分解：

$$净资产收益率 = \frac{净利润}{净资产}$$

$$= \frac{净利润}{总资产} \times \frac{总资产}{净资产}$$

$$= 总资产收益率 \times 权益乘数$$

还可以进一步分解如下：

$$净资产收益率 = \frac{净利润}{净资产}$$

$$= \frac{净利润}{总资产} \times \frac{总资产}{净资产}$$

$$= \frac{净利润}{营业收入} \times \frac{营业收入}{总资产} \times \frac{总资产}{净资产}$$

$$= 营业净利率 \times 总资产周转率 \times 权益乘数$$

上面两个公式中，权益乘数为：

$$权益乘数 = \frac{总资产}{净资产} = \frac{1}{\frac{净资产}{总资产}} = \frac{1}{\frac{总资产 - 总负债}{总资产}} = \frac{1}{1 - 资产负债率}$$

由此可见，净资产收益率受三个方面因素的影响：①营业净利率，反映了公司的盈利能力；②总资产周转率，反映了公司的营运能力；③权益乘数，反映了公司的资本结构、偿债能力和举债带来的财务杠杆作用。

对净资产收益率进行分解后，有助于分析公司盈利能力、营运能力、偿债能力和资本结构的变动程度及其对净资产收益率的影响程度，找到使得净资产收益率上升或下降的具体原因。公司的盈利能力或营运能力差都会导致 ROE 下降。增加公司负债的数量似乎有利于提高 ROE，但是增加负债的同时会提高利息支出，而利息支出的提高会降低营业利润率，进而引起 ROE 的降低。所以，ROE 可能会随着负债的增加而上升，也可能随着负债的增加而下降，要视情况而定。此外，负债融资还有一系列其他影响，一家公司的杠杆程度取决于其资本结构政策。

杜邦财务分析体系如图 10-4 所示。

净资产收益率

总资产收益率 × 权益乘数

营业净利率 × 总资产周转率　1÷（1- 资产负债率 ）

净利润 ÷ 营业收入　营业收入 ÷ 资产总额　负债总额 ÷ 资产总额

收入总额 - 成本总额　流动资产 + 非流动资产

营业收入
投资收益
公允价值变动收益
资产处置收益
汇兑收益
营业外收入

营业成本
税金及附加
研发费用
资产减值损失
信用减值损失
营业外支出
所得税费用

期间费用
销售费用
管理费用
财务费用

货币资金
交易性金融资产
应收票据
应收账款
预付款项
其他应收款
存货
其他流动资产

可供出售金融资产
长期应收款
长期股权投资
其他权益工具投资
投资性房地产
固定资产
在建工程
使用权资产

无形资产
开发支出
商誉
长期待摊费用
递延所得税资产
其他非流动资产

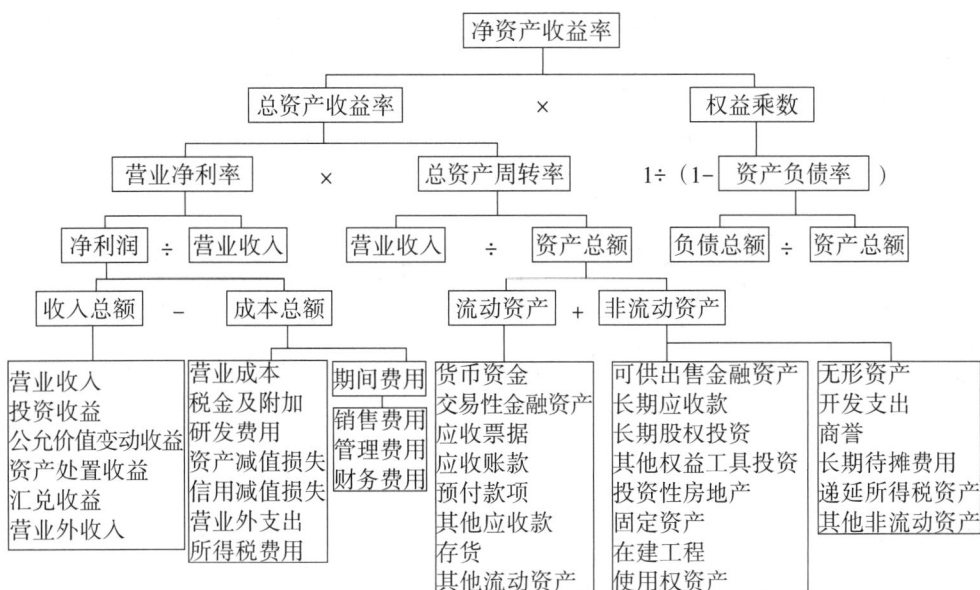

图10-4　杜邦财务分析体系

（2）杜邦财务分析举例。杜邦分析法可以帮助公司分析财务绩效问题。例如，A和B是属于同一个行业的两家公司，近两年来A公司的ROE有所下降，B公司的ROE有所上升，见表10-4。那么在此期间，是什么导致了A公司的ROE下降了呢？

表10-4　　　　　　　　　A公司和B公司杜邦财务分析比较

指标	ROE（%） （1）=（2）×（3）×（4）		营业净利率（%） （2）		总资产周转率 （次/年）（3）		权益乘数 （4）	
时间	A公司	B公司	A公司	B公司	A公司	B公司	A公司	B公司
20×3.12	6.9	18.6	9.5	25.3	0.570	0.655	1.28	1.12
20×2.12	8.1	18.0	11.7	29.1	0.558	0.574	1.24	1.08
20×1.12	10.0	17.7	16.4	23.9	0.485	0.598	1.26	1.24

在仔细研究了杜邦分解式后，我们发现，A公司的营业净利率在此期间从16.4%急降至9.5%，但B公司在20×3年的营业净利率则为25.3%，几乎与两年前的水平相同。不仅如此，这两家公司拥有非常相近的总资产周转率和权益乘数。那么，是什么导致了B公司与A公司相比的利润优势呢？经营效率可能来源于更高的销售量、更高的价格以及更低廉的成本。显而易见，两家公司在ROE上的巨大差距来源于两家公司在营业净利率上的差异。

2.沃尔评分法

财务状况综合评价的先驱者之一是亚历山大·沃尔。他在20世纪初出版的《信用晴雨表研究》和《财务报表比率分析》中提出了信用能力指数的概念，把若干个财务比率用线性关系结合起来，以此来评价企业的信用水平。沃尔选择了7种财务比率，分别给定了其在总评价中所占的比重，总和为100分；然后确定标准比率，并与实际比率相比较，评出每项指标的得分；最后求出总评分。一般来说，总分越高，说明企业的财务状况越好。用沃尔评分法对M公司的财务状况评分的结果见表10-5。

表10-5   M公司财务状况评分结果（沃尔评分法）

财务比率指标	比重（%）（1）	标准比率（2）	实际比率（3）	相对比率（4）=（3）÷（2）	评分（5）=（1）×（4）
流动比率	25	2.00	2.33	1.17	29.25
净资产/负债	25	1.50	0.83	0.55	13.75
资产/固定资产	15	2.50	3.33	1.33	19.95
销售成本/存货	10	8.00	12.00	1.50	15.00
销售额/应收账款	10	6.00	10.00	1.67	16.70
销售额/固定资产	10	4.00	2.66	0.67	6.70
销售额/净资产	5	3.00	1.63	0.54	2.70
合计	100				104.05

沃尔评分法既有优点也有缺点。其优点是：①简单易行；②基本上能反映企业财务状况，并且可以通过各项指标实际值和标准值的比较分析，找出影响企业财务状况的主要因素，为进一步改善企业财务状况提供依据。其缺点是：①指标选取上，未能证明为什么要选择7个指标，而不是更多或更少些，或者选择别的财务比率；②未能证明每个指标所占比重的合理性；③如果某一个指标严重异常，会对评分结果产生不合逻辑的重大影响。因此，在具体的实际应用中，可以借鉴其基本做法，并根据实际情况对所选取的指标及各项指标的权重进行调整。

（五）公司财务分析中应注意的问题

1.财务报表数据的准确性、真实性与可靠性

财务报表是按会计准则编制的，它们合乎规范，但不一定反映该公司的客观实际。例如：

（1）报表数据未按通货膨胀或物价水平调整；

（2）非流动资产的余额，是按历史成本减折旧或摊销计算的，不代表现行成本或变现价值；

（3）有许多项目，如科研开发支出和广告支出，从理论上看是资本支出，但发生时已列作了当期费用；

（4）有些数据基本上是估计的，如无形资产摊销，但这种估计未必正确；

（5）发生了非正常的或偶然的事项，如财产盘盈或坏账损失，可能歪曲本期的净利润，使之不能反映盈利的正常水平。

2.财务分析结果的预测性调整

公司的经济环境和经营条件发生变化后，原有的财务数据与新情况下的财务数据不具有直接可比性。比如，某公司由批发销售为主转为以零售为主的经营方式，其应收账款数额会大幅下降，应收账款周转率加快，但这并不意味着公司应收账款的管理发生了突破性的改变。因此，在进行公司财务指标比率分析后，对公司的财务情况下结论时，必须预测公司经营环境可能发生的变化，对财务分析结果进行调整。再如，市场消费习惯改变后，如果产品不转型，将会失去一大部分市场，或者行业的低进入壁垒使许多新兴公司加入该行业，这些都会在现有的基础上降低公司的盈利能力。

3.公司的增资行为对财务结构的影响

公司的增资行为一般会改变负债和所有者权益在公司资本总额中的相对比重，因此公司的资产负债率和权益负债比率会相应地受到影响。

（1）股票发行增资对财务结构的影响，包括配股增资和增发新股的影响，具体分析如下：

① 配股增资对财务结构的影响。公司配股融资后，由于净资产增加，而负债总额和负债结构都不会发生变化，因此公司的资产负债率和负债权益比率将降低，减少了债权人承担的风险，而股东所承担的风险将增加。

② 增发新股对财务结构的影响。增发新股后，公司净资产增加，负债总额以及负债结构都不会发生变化，因此公司的资产负债率和负债权益比率都将降低。

（2）债券发行增资对财务结构的影响

发行债券后，公司的负债总额将增加，同时总资产也增加，资产负债率将提高。此外，公司发行不同期限的债券，也将影响到公司的负债结构。

（3）其他增资行为对财务结构的影响。除了股权融资和发行债券外，公司还有其他的增资方式，如借款等。如果公司向银行等金融机构以及向其他单位借款，就形成了公司的负债，公司的负债权益比率和资产负债率都将提高。

4.阅读财务报表附注

财务报表中所规定的内容具有一定的固定性和规定性，只能提供定量的会计信息。财务报表附注是财务报表的补充，主要对财务报表不能包括的内容或者披露不详尽的内容作进一步的解释说明。详尽地阅读财务报表附注，能更深地理解和使用会计信息。

财务报表附注主要包括以下内容：公司基本情况、财务报表的编制基础、重要会计政策及会计估计（其中包括重要会计政策及会计估计变更）、税项、合并财务报表项目注释、研发支出、合并范围的变更、在其他主体中的权益、政府补助、与金融工具相关的风险、公允价值的披露、关联方及关联交易、股份支付、承诺及或有事项、资产负债表日后事项、其他重要事项（包括前期会计差错更正、债务重组、资产置换、年金计划、终止经营等）、母公司财务报表主要项目注释、补充资料（包括当期非经常性损益明细表、净资产收益率及每股收益等）。其中，存货流转假设、损失准备计提方法和比例、长期投资核算方法、固定资产折旧方法、收入确认方法、或有事项、关联交易、非正常的营业状况等因素会在一定程度上影响公司的各项财务指标对公司的偿债能力、营运能力和盈利能力的反映。在进行公司财务分析时，一般应特别关注以下财务报表附注内容：

（1）重要会计政策变动。包括报表合并范围的变化，折旧方法及其他资产摊销政策的变更，长期、重大供销合同利润的确认，特别收入的确认等。

（2）关联交易的性质与金额。包括与关联方之间的应收款项或应付款项。这一附注信息往往能在一定程度上反映出大股东非正常占用上市公司资金的问题，揭示关联风险。

（3）分析性附表。附表所反映的是财务报表中某一项目的明细信息，包括项目资金构成情况及年度内的增减来源及金额。一般可从应收账款账龄表、营业收入明细表、营业外收支明细表等重要附表中判断公司相关业务是否稳定及持续，从而对公司收益的质量作出判断。

四、公司重大事件分析

证券投资中的公司分析除了前述需要进行公司基本分析和公司财务分析之外，还需要进行公司重大事件分析。一些重大事件的发生和相关信息的披露往往会对公司的生产经营产生很大的影响，也会使公司本身及相关公司的证券价格产生一定的波动。

（一）关于重大事件的规定

《上市公司信息披露管理办法》中规定：发生可能对上市公司证券及其衍生品种交易价格产生较大影响的重大事件，投资者尚未得知时，上市公司应当立即披露，说明事件的起因、目前的状态和可能产生的影响。

（二）主要重大事件对公司证券价格的影响

1.资产重组

资产重组可以促进资源的优化配置，有利于产业结构的调整，增强上市公司的市场竞争力。但是很多公司面临着资产重组以后进行整合的难题，可能存在地点规模的制约、传统契约关系的束缚、企业文化的冲突等不利因素的影响，从而导致其经营和业绩得不到持续明显的改善。因此，资产重组类股票短期内价格可能大幅上涨，但长期来看，投资的不确定性比较大。

此外，分析资产重组对公司的影响要区分报表性重组和实质性重组。报表性重组一般不进行大规模的资产置换或合并；而实质性重组一般要将被并购企业50%以上的资产与并购企业的资产进行置换，或者是双方资产进行合并。

2.关联交易

关联交易是公司运作中经常出现而又容易发生不公平结果的交易，可以降低商业谈判等方面的交易成本，促进生产经营渠道的畅通，提供扩张所需的优质资产，有利于实现利润的最大化，并且可以运用行政力量保证商业合同的优先执行，从而提高交易效率。但是，由于关联交易方可以运用行政力量撮合交易的进行，从而有可能使交易的价格、方式等在非竞争的条件下出现不公正情况，容易成为企业调节利润、避税和一些部门及个人获利的途径，往往使中小投资者利益受损，也容易导致债权人利益受到损害。在分析时，还要特别注意关联交易可能给上市公司带来的隐患，如资金占用、信用担保、关联购销等可能带来的问题。

此外，对于资产重组中的关联交易，因其透明度较低，更需进行较长时期的仔细的跟踪分析，并且需要结合资产重组的目的、阶段、重组方的实力以及重组后的整合等因素作具体分析。

3.会计政策和会计估计

会计政策及会计估计的变更的影响主要包括两个方面：一是可以更好地反映企业经营状况，提高财务报告的准确性和透明度，也可以为企业管理层提供更可靠的决策依据，有助于规避风险和合理安排经营活动；二是会影响公司的资产负债表和利润表，可能对财务报告造成重大影响，而且通过自发性会计政策变更的调整也可能操控企业的利润。这些都可能引起公司证券价格的波动。

4.税收政策

税收政策的变更会对公司的经营业绩产生一定的影响。比如，企业所得税实现统一税率25%，有利于上市公司进行公平竞争。另外，统一所得税税率对原来不同税率的企业影响是不一样的。原来税率是33%的企业，税率降低后，税后利润增加，在一定程度上会刺激公司扩大投资，有利于促进公司的经营发展和其证券价格的上涨；而原来实行15%、24%的企业受到的影响则正好相反。

此外，税收优惠政策使得公司税负降低，从而提高了利润，有利于公司投入更多资金进行研发和创新，也有利于公司的经营发展和其证券价格的上涨。

理论应用 ☑

视频10-4

宏观经济数据和宏观经济政策查询方法

综合练习 ☑

1.关于GDP变动对证券市场的影响，下列说法中错误的是（   ）。

A.持续、稳定、高速的GDP增长情况下，证券市场将呈现上升走势

B.伴随高通胀的GDP增长情况下，证券价格会上升

C.GDP呈现由负增长转向正增长的趋势，证券市场将由下跌转为上升

D.对失衡的GDP高速增长进行调控有效，GDP仍以适当速度增长，证券市场

将呈平稳渐升态势

2. 关于扩张性财政政策对证券市场的影响，下列说法中正确的是（　　　）。

A. 增加税收，会减少微观经济主体的收入，抑制投资需求和消费支出，从而使证券价格上涨

B. 扩大财政支出，会减少社会总需求，使得证券价格下跌

C. 增加国债发行，会增加社会货币流通量，使整个证券市场价格水平趋于上涨

D. 增加财政补贴，会扩大社会总需求，刺激供给，从而使证券价格总体水平趋于上涨

3. 一般性货币政策工具不包括（　　　）。

A. 法定存款准备金政策

B. 再贴现政策

C. 股票回购、增持专项再贷款

D. 公开市场业务

4. 收入政策是国家为实现宏观调控总目标和总任务在（　　　）方面制定的原则和方针。

A. 生产　　　B. 流通　　　C. 分配　　　D. 消费

5. 下列（　　　）不属于描述行业基本状况的指标。

A. 行业景气指数

B. 采购经理指数

C. 中经产业景气指数

D. 行业集中度指数

6. 下列属于垄断竞争型行业的特点的是（　　　）。

A. 生产者众多，各种生产资料可以完全流动

B. 生产的产品是同质的

C. 生产者可自由进入或退出这个市场

D. 生产者对其产品的价格有一定的控制能力

7. （　　　）是证券投资区域分析中影响上市公司证券价格的最重要因素。

A. 政治因素　　　　　　　　B. 经济因素

C. 社会文化因素　　　　　　D. 技术因素

8. 下列（　　　）不是现金流量表中的主要内容。

A. 生产活动产生的现金流量

B. 经营活动产生的现金流量

C. 筹资活动产生的现金流量

D. 投资活动产生的现金流量

9. 关于公司偿债能力分析，下列说法中错误的有（　　　）。

A. 流动比率和速动比率都是反映短期偿债能力的指标

B.速动比率是从流动资产中扣除存货部分，再除以流动负债得到的比值

C.资产负债率是资产总额除以负债总额得到的百分比

D.资产负债率是反映长期偿债能力的指标

10.按照杜邦分析法，净资产收益率主要影响因素不包括（　　）。

A.营业净利率

B.总资产周转率

C.存货周转率

D.权益乘数

课程思政 ☑

视频10-5

如何识别和持续跟踪白马成长股

思维导图

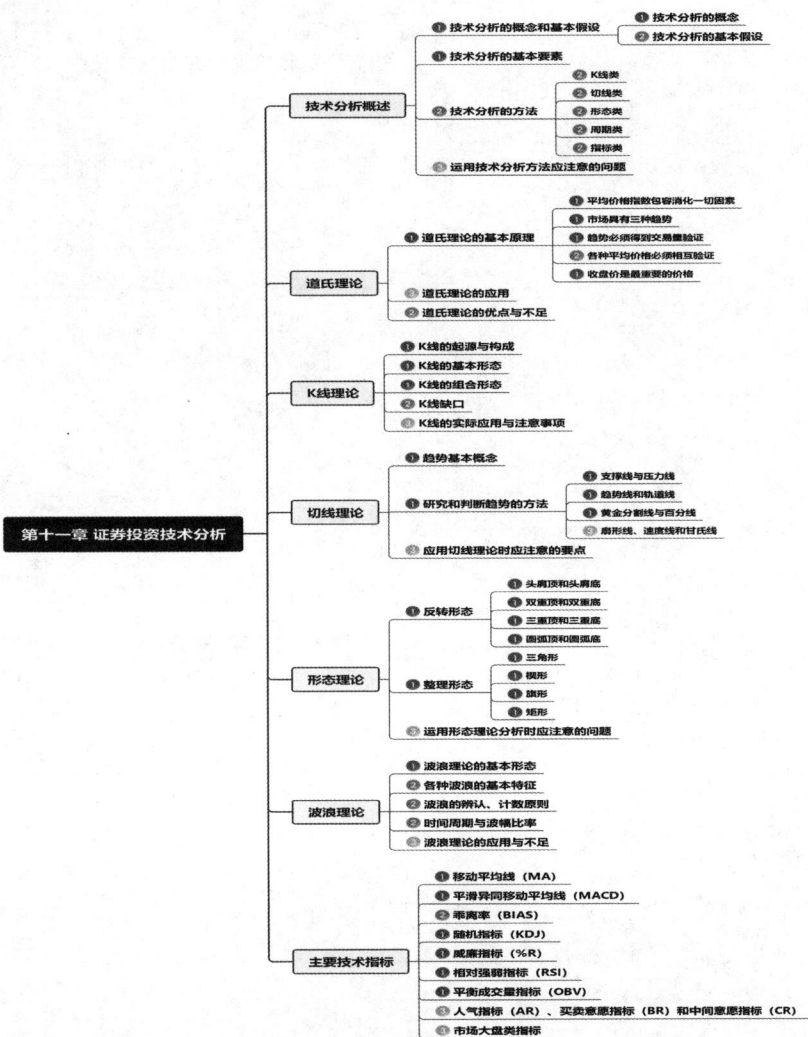

①掌握；②熟悉；③了解。

1.掌握技术分析的概念和基本要素；K线理论、切线理论和形态理论的基本原理；常用的技术分析指标。

2.熟悉技术分析的基本假设和方法；道氏理论和波浪理论的基本原理。

3.了解技术分析的基本假设；技术分析方法使用中注意事项及其局限。

1.坚持客观公正原则，尊重市场，遵循社会主义市场运行规律；

2.树立社会主义核心价值观，坚持正确的证券投资理念和职业操守，培养法治意识、诚信意识。

第一节 技术分析概述

一、技术分析的概念和基本假设

（一）技术分析的概念

技术分析是直接针对证券市场的行情变化分析证券价格走势的一种方法。所谓技术分析，是指直接从证券市场的交易记录入手，依据证券市场过去和现在的行情，应用数学和逻辑的方法，采用图形、图表及指标等技术分析工具，结合股票交易数量和投资心理等市场因素，对交易价格、交易量、时间、空间等之间的关系进行分析，从而预测证券市场未来变化，帮助投资者判断行情并选择投资机会和方式的一种方法。

股票技术分析和基本分析都认为股价是由股票市场供求关系决定的。基本分析主要是根据对影响供求关系各种因素的分析来预测股价走势，而技术分析则是根据股价本身的变化来预测股价走势。技术分析认为，所有股票的供需量及其背后起引导作用的各种因素，包括股票市场上每个人对未来的希望、担心、恐惧等，都集中反映在股价和交易量上。

（二）技术分析的基本假设

技术分析注重市场本身的活动，其基本假设是技术分析的理论基础。这些基本假设一共有三个。

1.市场行为涵盖一切信息

这条假设是进行技术分析的基础。其主要思想是：任何一个因素对证券市场的影响最终都必然体现在证券价格的变动上。外在的、内在的、基础的、政策的和心理的因素，以及其他所有因素的变化，都已经在市场行为中得到了反映。作为技术分析人员，他们应关心这些因素的变化对市场行为的影响效果，而不必关心导致这些因素变化的原因究竟是什么。因而只需判断市场中这种受到影响后的价格变化结果，就可以判断未来市场变化的结果。

2.价格沿趋势运动

这条假设是进行技术分析最根本、最核心的因素。"趋势"概念是技术分析的核心。其主要思想是：证券价格的变动是有一定规律的，即证券价格有保持原来运动方向的惯性，而证券价格的运动方向是由供求关系决定的。一般来说，如果一段时间内股票价格一直是持续上涨或下跌的，那么此后一段时间内，如果不出意外，股票的价格也会按这一方向继续上涨或下跌，除非供求关系发生了根本改变。正是基于此假设，技术分析师们才花费大量心血，试图找出股票价格变动的规律。

3.历史会重演

这条假设是从人的心理因素方面考虑的，包括理性及非理性因素。其主要思想是：证券市场的某个市场行为给投资者留下的阴影或快乐是会长期存在的，并且在共同的集体性行为中会表现出某种相似性。因而在进行技术分析时，一旦遇到与过去某一时期相同或相似的情况，投资者便会与过去的结果相比较，以过去已知的结果作为预测未来的依据。

二、技术分析的基本要素

证券市场中，价格、成交量、时间和空间是进行技术分析的基本要素。其中，价格、成交量是直接分析要素，时间和空间是间接分析要素。技术分析的核心内容就是对这些要素及它们之间的相互关系进行分析，本质上是通过对价格和成交量要素的分析，判断时间和空间要素变化的结果。

三、技术分析的方法

技术分析的方法有很多，一般来讲，可将其分为K线类、切线类、形态类、周期类和指标类五大类。

（一）K线类

K线类技术分析方法是利用K线对价格的记录信息的多面性，通过研究单根K线、K线组合等情况，来推测证券市场多空双方力量对比的优势状况，进而判断市场所处的状态及未来走势的一种方法。K线所包含的价格信息包括开盘价、最高价、最低价和收盘价四个价格。K线图是进行各种技术分析的重要图表。一般使用由单根K线、两根K线或三根K线构成的形态来进行分析，如果使用若干根K线所形成的组合，其形态种类则不计其数且复杂多变，很难形成共有的形态特征。从基本的K线组合构成的形态上看，可以将形态分成两类，即反转形态和持续整理形态。

（二）切线类

切线类技术分析方法是根据不同画法的切线判断趋势变化的方法。切线主要指按一定的原则和方法，用根据一定时期内股票价格的数据绘制成的图中画出来的直线来表示趋势变化，而变化的趋势意味着价格变化方向的改变。切线按支撑、压力动态和静态的变化结果划分，可以分成水平切线和斜切线两类。切线的主要作用表现为：一方面反映股票价格变化趋势；另一方面起支撑和压力的作用。

切线的画法最为重要，画得好坏直接影响预测结果。目前，证券市场中常用的切线有趋势线、支撑压力线、轨道线、黄金分割线、甘氏线、角度线等。

（三）形态类

形态类技术分析方法是根据一段时间内证券价格形成的图表中所呈现的轨迹形态来判断变化趋势的方法。这类方法可分为反转形态和持续整理形态两类。常见的股价形态有M头、W底、头肩顶、头肩底、三角形等。包含了一切信息的价格所呈现出的形态是市场中价格变化的重要表达，是证券市场对各种信息综合处理之后的具体表现。从股价形态上，投资者可以推测出证券市场处在一个什么样的环境之中。

（四）周期类

周期类技术分析方法是通过分析价格变化所呈现出的周期性变化来进行分析、研究及预测的方法。周期类方法包含的种类很多，波浪理论就是其中的代表。波浪理论的创立人和奠基人是艾略特，他认为，就像大海的潮汐一样，证券市场中证券价格的变化也呈现一定的规律性。人们一旦发现了证券价格变化的规律，便可用来指导自己的证券投资活动。

（五）指标类

指标类技术分析方法是指考虑市场行为的各个方面，运用数学公式，建立数学模型，得到一个能够体现证券市场的某个方面内在实质的数字，这个数字叫指标值。指标的数值之间呈现一定的规律性，可以直接反映出证券市场所处的状态，为投资者的操作提供指导。指标类判断价格变化的方法有三种，即数值、形态和背离。

目前，证券市场上的技术指标有很多种。其中，较为常用的有相对强弱指标（RSI）、随机指标（KDJ）、平滑异同移动平均线指标（MACD）、乖离率指标（BIAS）、趋向指标（DMI）、能量潮（OBV）、心理线（PSY）等。而且，随着时间的推移，新的技术指标还在不断地被推出和使用。

以上五类技术分析方法分别从不同的角度分析和研究了证券市场。尽管这些分析方法不尽相同，但它们的目的是相同的，都是判断证券价格所处的位置和未来最可能的发展趋势。因此，在运用上，这些指标并不互相排斥，可以综合使用。

四、运用技术分析方法应注意的问题

就技术分析方法的本质而言，它是对市场中的价格、成交量等市场行为直接进行分析，因而可以在分析中独立使用，并且有着直接且更能反映市场真实走势的结果。当然，孤立地使用技术分析方法也存在一定的局限性，例如市场行为存在时滞性等。因此，结合基本分析方法使用技术分析方法是大多数交易者的共同选择。

在运用技术分析方法进行证券投资时，应注意以下两个方面。

一是技术分析必须与基本面分析结合起来使用。从一般意义上讲，决定股票价格高低的根本因素应该是基本面。如果一个国家的经济发展态势良好，企业的盈利就会增加，企业股票的价格就应上涨。技术分析只是人们对证券市场以往走势的一种规律性的总结，分析的是证券市场的表象，而基本面分析才是实质。因此，在进行证券投资时，必须将技术分析与基本面的分析结合起来使用。

二是注意多种技术分析方法的综合使用，切忌片面地使用某一技术分析方法。尽管这些技术分析方法的目的相同，但它们是从不同的角度、不同的位置、不同的时间对证券市场进行描述，单独使用一种技术分析方法，就会存在很大的局限性和片面性。投资者必须将各种分析方法进行综合运用，力争得到一个对多空双方力量对比的合理描述，正确地指导自己的投资活动。

第二节 道氏理论

道氏理论是技术分析的鼻祖。道氏理论的创始人是美国道·琼斯公司的创办人查尔斯·亨利·道，他创立了著名的道·琼斯平均指数。这一理论是依据纽约证券交易所工业股票价格指数和铁路股票价格指数来预测股价变动趋势的方法。道在《华尔街日报》上发表有关股市的文章，经过后人整理，成为如今的道氏理论。

一、道氏理论的基本原理

（一）平均价格指数包容消化一切因素

这是技术分析理论的基本前提之一，只是这里使用了平均价格指数代替个股价格。这一原理表明，所有可能影响供求关系的可知因素都必须由市场来表现。即使是"天灾"，例如地震或其他自然灾害，当其发生后，也会很快被市场通过价格变化消化吸收掉。道氏理论既适用于市场平均指数，也适用于个别股票。道氏理论认为收盘价是最重要的价格，并利用收盘价计算平均价格指数。

（二）市场具有三种趋势

在讨论趋势特点与分类之前，必须弄清楚什么是道氏理论所认为的趋势。道氏理论的趋势定义是，只要相继上冲的价格波峰和波谷都对应地高过前一个波峰和波谷，那么市场就处于上升趋势；如果相继下冲的价格波谷和波峰都对应地低于前一个波谷和波峰，那么市场就处于下降趋势。

道氏理论把趋势分为三类——主要趋势、次要趋势和短暂趋势，并用大海来比喻这三种趋势，把它们分别与潮汐、浪涛和波纹对应。

1.主要趋势（大趋势）

道氏理论最关心的是主要趋势。主要趋势体现市场价格波动的最基本的方向，是指连续一年或一年以上的证券价格的变化趋势，可分为上升趋势和下降趋势。大趋势主要包括三个阶段，即积累阶段、大众参与阶段以及派发阶段。

第一阶段称为积累阶段，以熊市末尾牛市开端为例，此时所有经济方面的所谓坏消息已经最终为市场所包容消化，于是那些最机敏的投资商开始精明地逐步买进；第二阶段是大众参与阶段，商业新闻趋暖还阳，绝大多数技术性的顺应趋势的投资人开始跟进买入，于是价格快步上扬；第三阶段为派发阶段，即最后一个阶段，报纸上好消息连篇累牍，大众投资者积极跟风，活跃买卖，投资性交易量日益增长。

2.次要趋势

次要趋势是对主要趋势的调整，是沿着基本趋势方向演进中产生的重要回撤，通常持续三周到数月不等。它们可以是在一个牛市中发生的中等规模的下跌或回调，也可以是在一个熊市中发生的中等规模的上涨或反弹。这类中等规模的调整通常可回撤到介于先前趋势整个进程的1/3～2/3之间的位置。常见的回撤约为一半，即50%。

3.短暂趋势

短暂趋势很少超过三周，通常少于6天，其重要程度较低，且易受人为操纵。

（三）趋势必须得到交易量验证

道氏理论认为交易量分析是第二位的，但可以作为验证股价走势图表信号的背景资料和旁证。当价格沿着大趋势发展的时候，交易量也应该相应递增，如果趋势向上，那么在价格上涨的同时，交易量应不断增加；当价格下跌的时候，交易量应不断减少。在一个下降趋势中，情况正好相反，当价格下跌时，交易量会随之增加；当价格上涨时，交易量则萎缩。

（四）各种平均价格必须相互验证

具体而言，道氏理论是指工业股指同铁路股指应相互验证，意思是除非两个平均价格都同样发出看涨或看跌信号，否则就不可能发生大规模的牛市或熊市。两个市场倒也不必同时发出上涨或下跌的信号，不过在时间上越近越好。如果两个平均价格的表现相互背离，那么就认为原先的趋势依然有效。

（五）收盘价是最重要的价格

在证券市场一天的交易过程中，通常有开盘价、最高价、最低价和收盘价四种价格。道氏理论只看重收盘价，因为收盘价是市场对当天股价的最后评价，大部分人根据这个价位作出买卖的委托。这又是一个经过时间考验的道氏理论规则。

二、道氏理论的应用

道氏理论在实践中被广泛应用，其中使用最多的是通过趋势分析来划分趋势各个阶段，依据各阶段特点，决定投资者在各阶段的操作策略，争取在实战中获得利润最大化。另外，投资者也可通过各种指数的互证来判断多头市场和空头市场，从而形成在多头市场持股待价而沽，在空头市场持币静观其变的长线投资策略。

三、道氏理论的优点与不足

道氏理论力求在大趋势发生后及时揭示大牛市和大熊市的降临，以便捕捉大趋势中发生重要运动的中腹部分。从实践来看，多年来道氏理论在辨别主要牛市和熊市上是成功的，但同时，道氏理论也存在许多不足。

（1）道氏理论只能侧重于长期的分析而不能作出短期分析，更不能指明最佳的买卖时机。即使是长期趋势，实际变动也未必如道氏理论所表述的那样典型，使得人们很难加以区分。

（2）道氏理论发出的信号具有滞后性。即使是对长期趋势的预测，道氏理论也无法预先精确地指明证券价格变动的高峰和低谷，而要等证券价格变动数周甚至是数月以后，在两个股价平均数明显突破上一次高峰或者低谷后才能发出趋势转变的信号。而且，两种指数的波动也不可能完全同步，用两者相互确认来判断趋势，有明显滞后性。

（3）道氏理论只推断股市的大趋势，却不能推断大趋势里的升幅或者跌幅将会到哪个程度。

（4）道氏理论过于强调股价平均数，但并非所有股票都和平均数同涨同跌。因此，道氏理论对选股没有帮助。

当然，由于道氏理论已存在100多年了，对于今天来说，有些内容确实需要更新。在道氏理论后出现了许多新技术和方法，在一定程度上弥补了道氏理论的不足。接下来的小节中我们会逐一加以介绍。

第三节 K线理论

视频 11-1

K线理论

一、K线的起源和构成

K线又称日本线，起源于日本的德川幕府时代。当时的米市商人用它来衡量一天中米价的变动情况。后来被引用到证券市场中，经过上百年的运用和完善，形成了一套完整的K线分析理论，成为重要的技术分析方法。

K线是一条柱状的线条，由影线和实体组成，影线在实体上方的部分叫上影线，在实体下方的部分叫下影线。一条K线反映四个价格：开盘价、收盘价、最低价和最高价。其中，在一个交易期内，第一笔交易成交的价格叫开盘价，最后一笔交易成交的价格叫收盘价；最高价和最低价分别指在一个交易期内成交的最高价和最低价。

实体表示一日的开盘价和收盘价，上影线的上端顶点表示一日的最高价，下影线的下端顶点表示一日的最低价。在这四个价格中，收盘价最重要，很多的技术分析方法都只关注收盘价，而不理会其他三种价格。人们在说到目前某只股票的价格时，往往说的是收盘价。

根据开盘价和收盘价的关系，K线又分为阳线和阴线两种，收盘价高于开盘价时为阳线，收盘价低于开盘价时为阴线。由这四个价格构成的K线如图11-1所示。

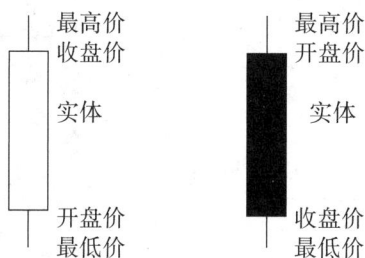

图11-1　K线

二、K线的基本形态

K线有多种形态，可反映市场多方与空方力量的对比。使用一条K线对多方与空方优势的衡量，主要依靠上下影线和实体的长度来确定。

一般来说，上影线越长，下影线越短，阳线实体越短或阴线实体越长，表明空方越占优势；上影线越短，下影线越长，阴线实体越短或阳线实体越长，表明多方越占优势。上影线长于下影线，空方力量更强，说明上方压力大；下影线长于上影线，则多方力量更强，说明下方有支撑。

单根K线的主要形态可以分为以下14种。

（一）光头光脚大阳线

开盘价为最低价，收盘价为最高价，实体较长，表示多方势头强劲，空方毫无抵抗力。而且实体越长，表明多方力量越强。此形态常出现在股价脱离底部的初期、回调结束后的再次上升以及高位的拉升阶段，有时也在股价严重超跌后的反弹中出现，如图11-2所示。

（二）光头光脚大阴线

开盘价为最高价，收盘价为最低价，实体较长，表示卖方占绝对优势，多方毫无抵抗力。此形态常出现在头部形成后跌势的初期、反弹结束之后或最后的打压过程中，如图11-3所示。

图11-2　大阳线

图11-3　大阴线

（三）光头光脚小阳线

与光头光脚大阳线相比，实体较短，股价窄幅波动，表示买方力量逐渐增强，多头暂时占优。此形态经常出现在上涨初期、回调结束或股价横盘的时候，如图11-4所示。

（四）光头光脚小阴线

与光头光脚大阴线相比，实体较短，股价窄幅波动，表示卖方力量逐渐增强，空头暂时占优。此形态经常出现在下跌初期、反弹结束或盘整的时候，如图11-5所示。

图11-4　小阳线　　　　　　　　　　图11-5　小阴线

（五）光脚阳线

开盘价为最低价，收盘价高于开盘价但低于最高价。这是上升受阻型，表示多方在上攻途中遇到阻力。上影线越长，表示上档压力越大；阳线实体越长，表示多方力量越强。此形态经常出现在上涨途中、上涨末期或股价从底部启动后遇到的成交密集区，如图11-6所示。

（六）光脚阴线

开盘价高于收盘价但低于最高价，收盘价为最低价。股价先涨后跌，且跌破开盘价后一路下行，收于最低价。阴线实体越长，表示空方力量越强。此形态经常出现在阶段性的头部、庄家拉高出货或震仓洗牌时，如图11-7所示。

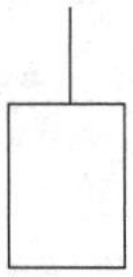

图11-6　光脚阳线 　　　　　　　　　图11-7　光脚阴线

（七）光头阳线

开盘价低于收盘价但高于最低价，收盘价为最高价。股价先跌后涨，且突破开盘价后一路上行，收于最高价。股价在低位获得支撑，卖方力量受阻。此形态经常出现在市场底部区域或市场结束调整时，如图11-8所示。

（八）光头阴线

开盘价为最高价，收盘价低于开盘价但高于最低价。这是下跌抵抗型，股价下跌后获得支撑，表示股价急跌后受到买方反抗，可能会有反弹出现。此形态经常出现在下跌中途或市场顶部附近，如图11-9所示。

图11-8　光头阳线　　　　　　　　　图11-9　光头阴线

（九）常规阳线

常规阳线有上下影线。表明上有压力，下有支撑，但买方力量占优。此形态经常出现在市场底部或股价上升途中。上影线长表示上方阻力大，下影线长说明下档

支撑强，如图11-10所示。

（十）常规阴线

常规阴线也有上下影线。表明上有抛盘，下有接盘，但空方力量占优。K线实体越长，表示空方做空的力量越大。此形态经常出现在市场顶部或股价下跌途中，如图11-11所示。

图11-10　常规阳线　　　　　　图11-11　常规阴线

（十一）十字星形

开盘价等于收盘价，并处于交易区间的中间，表示多空双方争夺激烈，即将分出胜负。此形态经常出现在市场顶部或底部，是市场将要出现转折点的典型形态，如图11-12所示。

（十二）T字形

T字形又称蜻蜓线，开盘价、收盘价、最高价相等，下影线表示下方有一定的支撑。此形态经常出现在市场底部，有时也会出现在顶部，是市场的转折信号，如图11-13所示。

（十三）倒T字形

倒T字形又称墓碑线，开盘价、收盘价、最低价相等，上影线表示上方有一定的压力。如果上影线很长，则有强烈的下降含义。此形态经常出现在市场的顶部，偶尔也会出现在市场的底部，如图11-14所示。

（十四）一字形

开盘价、收盘价、最低价、最高价都相等，一般是开盘后直接达到涨停板或跌停板，表示多方力量或空方力量占绝对优势，涨跌停板全天未被打开，如图11-15所示。

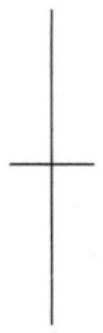

图11-12　十字星形 　　　图11-13　T字形 　　　图11-14　倒T字形　　　图11-15　一字形

投资者如果从涨跌概率的角度对单一K线进行归类，可分为两类：一是后市可能上涨的形态，包括光头光脚大阳线、光头阳线、光头阴线、T字形、十字星形和一字形；二是后市可能下跌的形态，包括光头光脚大阴线、光脚阳线、光脚阴线、倒T字形、十字星形和一字形。

三、K线的组合形态

一根K线记载的是一只股票或指数在一个特定交易时间段内价格变动的情况。若将各个交易时间段的K线按时间顺序排列在一起，就组成了该只股票或指数的历史变动图形，即K线图。分析K线图所表示的市场交易动态，可以看出买卖双方力量的强弱及竞争的态势，并反映出上涨、下跌、盘整三种基本行情变化的信息。

单根K线只反映单个周期的交易情况，不能说明市场趋势的持续或转折等信息。实践中，投资者通过研究多K线组合在一起构成的K线组合形态，可以分析市场多空力量的强弱，判断股价的后期趋势，进而决定自己的操作方向及买卖时点。K线组合形态可分为反转组合形态和持续组合形态。这里列举12种典型的反转组合形态和4种持续组合形态。

（一）早晨之星

早晨之星是典型的底部反转形态，通常出现在下跌市场的中期底部或大底部。早晨之星由三根K线组成，第一根K线是长阴线，长实体加强了下降趋势；第二根K线是带上下影线的十字星，与第一天最低价之间有一个向下跳空缺口，收盘价与开盘价持平；第三根K线是长阳线，长度至少升到第一根阴线实体1/2处，如图11-16所示。

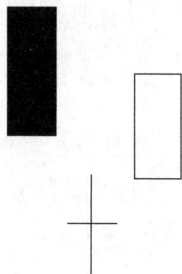

图11-16　早晨之星

早晨之星的含义为，黑暗已经过去，曙光即将来临，股价将见底回升，是买进信号。

（二）黄昏之星

黄昏之星是典型的顶部反转形态，与早晨之星正好相反，通常出现在连续大幅上涨的中期顶部或数浪上涨后的大顶部。

黄昏之星由三根K线组成，第一根K线是长阳线，长实体加强了上升趋势；第二根K线是带上下影线的十字星，通常伴随向上跳空缺口；第三根K线是长阴线，延至第一根阳线实体1/2处，如图11-17所示。

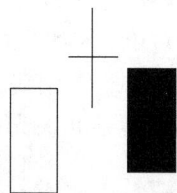

图11-17　黄昏之星

黄昏之星的出现预示着黑夜已经降临，上涨行情即将结束，投资者应尽快抛股离场。

（三）射击之星

射击之星一般出现在连续上涨之后，是市场见顶反转的信号。市场连续上涨之后，跳空向上开盘，出现了新的高点，最后收盘在较低的位置，留下长长的上影线，上影线长度是实体长度的三倍以上，如图11-18所示。

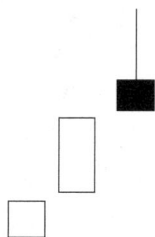

图11-18　射击之星

射击之星是市场失去上升动力的表现，是主力出货的常见图形。一般来说，之后如要突破射击之星创出的高点，往往需要很长的时间。这时，投资者应尽快退场观望，以免高位被套。

（四）锤头

锤头是一个小实体（阳线力度大于阴线）下面带有长长的下影线，长度通常为实体部分的两倍以上，似锤子带着锤把的形状，如图11-19所示。锤头的出现预示着下跌趋势即将结束，表示市场在用锤子夯实底部，是比较可靠的底部反转形态。

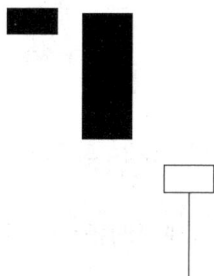

图11-19　锤头

（五）吊颈

吊颈是在高位出现的小实体，并带有长长的下影线，长度通常为实体部分的两倍以上，如图11-20所示。它表示上涨趋势已经结束，主力正在出货，是市场见顶反转的信号（K线实体可以是阳线也可以是阴线，阴线力度大于阳线）。

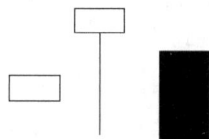

图11-20　吊颈

（六）穿头破脚

穿头破脚有底部和顶部两种形态，是市场中最为强烈的反转信号，如图11-21所示。顶部类似于"崩盘"，而底部多为"井喷"。

（顶部） （底部）

图11-21 穿头破脚

顶部穿头破脚俗称"阴包阳"，是指股价经过较长时间上升后，当天股价高开低走，收出一根长阴线，并将前日阳线全部覆盖，表明主力资金将股价推至高处后，高开制造假象，吸引跟风盘，随后大肆出货，将跟风者"一网打尽"。

底部穿头破脚俗称"阳包阴"，是指股价经过一段时间下跌后，当天股价低开高走，收出一根长阳线，并将前日阴线全部覆盖，表明主力资金杀跌引出割肉盘，随后将股价推高，一举收复前日失地，市场开始快速攀升。

（七）乌云盖顶

乌云盖顶也属于拉高出货的顶部反转形态，预示着暴风雨即将来临的前夜，乌云压城城欲摧。乌云盖顶与顶部穿头破脚类似，只是在图形上阴线的收盘仅切入到阳线2/3（超过一半）处，如图11-22所示，具有一定的不确定性，"杀伤力"也次于顶部穿头破脚。

图11-22 乌云盖顶

（八）双飞乌鸦

双飞乌鸦是指在市场的高位出现了两根并排的阴线（第一根为假阴线，第二根阴线收盘价通常低于第一根阴线收盘价或最低价），像两只乌鸦在摇摇欲坠的枯枝上乱叫，预示祸不单行，市场将大幅下跌，如图11-23所示。此形态说明牛市已被遏制，股价将反转下跌。

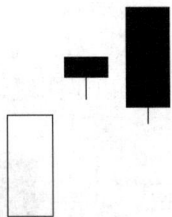

图11-23 双飞乌鸦

（九）双针探底

双针探底是指两根有一定间隔的K线，都带有较长的下影线，下影线的位置非常接近，如图11-24所示。这是常见的底部反转形态。

图11-24　双针探底

双针探底出现在股价连续下跌之后，表示股价已经经过两次探底，下档有较强支撑，底部确认有效。

（十）身怀六甲

身怀六甲是指在高位长阳线或低位长阴线之后，在实体中间部位出现的小阳线或小阴线，好像前一天K线怀中的胎儿，如图11-25所示。人们常把小阳线称为上涨孕，小阴线成为下跌孕。此形态一般预示着市场上升或下跌的力量已经衰竭，有改变既有趋势的迹象。

图11-25　身怀六甲

身怀六甲常出现在涨势或跌势的后期。由于反转的速度较慢，许多投资者会以为市场处于修整状态而未能及时采取措施。投资者此时可观察成交量，如果前日成交量放大后又突然急剧萎缩，则市场反转的可能性大。

（十一）三个白武士

三个白武士又被称为"红三兵"，是指三根连续上升的阳K线，收盘价一日比一日高，如图11-26所示。此形态表示多头力量聚集，武士稳扎稳打，步步紧逼。

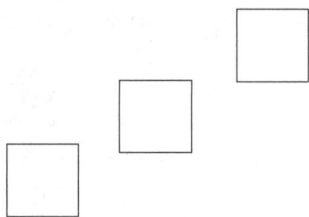

图11-26　三个白武士

三个白武士一般出现在市场见底回升的初期。每日收盘价为当天最高点，但开盘价均在前一天的实体之内，因而总体升幅不大，是稳步向上的推高。这时投资者应逢低建仓，及时跟进以免踏空。市场底部出现此形态，常表示后市将加速上涨。

（十二）三只黑乌鸦

三只黑乌鸦又被称为"黑三兵"，是"红三兵"的反面"副本"，是指三根连续下跌的阴K线，收盘价一日比一日低，如图11-27所示。此形态表示空方力量在逐渐加强，后市看淡。

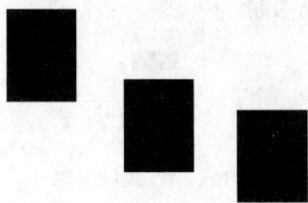

图11-27　三只黑乌鸦

三只黑乌鸦一般出现在市场见顶之后，每日的收盘均出现新低点，而每日的开盘价却在前一天的实体之内。下跌的节奏较为平缓，空方在慢慢杀跌，后市有可能加速下滑。这时投资者应果断决策，争取在第一时间平仓离场。

（十三）上升三部曲

上升三部曲是一种持续组合形态，是指一根长阳线后接三根较小阴线，再接一根大阳线的组合，如图11-28所示。这是典型的震荡洗牌手法，表示后市将继续上涨。

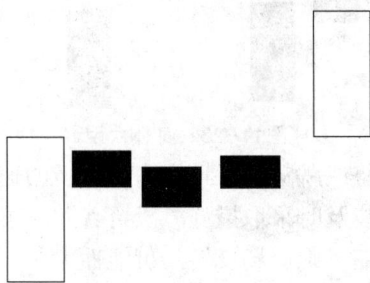

图11-28　上升三部曲

上升三部曲不是转势信号，而是表明升势将继续的持续整固信号。通常第一天为急升长阳，随后是三根小阴，实体都包含在第一天阳线之内，成交量萎缩；接着又一根阳线拔地而起，收盘价创出新高，市场重归升途。投资者应在整理结束时建仓或加码买进。

（十四）下跌三部曲

下跌三部曲也是持续组合形态，是指一根长阴线后接三根小阳线，再接一根大阴线的组合，如图11-29所示。此形态反映市场极度虚弱，股价大跌小涨，空方占有绝对优势。

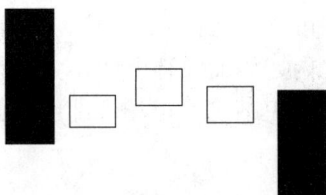

图11-29　下跌三部曲

下跌三部曲发生在市场下跌途中。第一天为急跌长阴，随后出现三根细小的反弹阳线，实体都包含在第一个阴线之内；接着又一个阴线破位而下，击穿市场多日形成的盘整巩固区间，市场重新步入下跌的轨道。

（十五）两阳夹一阴

两阳夹一阴属于上升中继形态，是指在上升途中一根阴线被夹在两根阳线中间，主力震荡洗盘的图形，如图11-30所示。

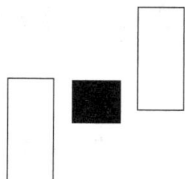

图11-30　两阳夹一阴

两阳夹一阴是常见的持续上升形态，表示股价在攀升过程中不断遭到卖方打压，但逢低介入的买方众多，股价回档有限且顽强上涨。擅长短线操作的投资者可利用冲高和回档之际做短差，但前提是不能丢掉筹码。

（十六）两阴夹一阳

两阴夹一阳属于下跌抵抗形态，是指在下跌途中一根阳线被夹在两根阴线之间，主力震荡出货的图形，如图11-31所示。

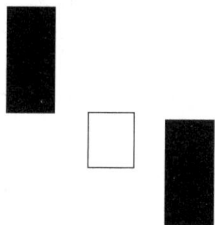

图11-31　两阴夹一阳

两阴夹一阳是常见的持续下跌形态，表示股价在下跌过程中不断受到买方抵抗，但逢高出货的卖方众多，股价反弹高度有限且跌势不止。投资者应利用反弹机会逢高卖出，等股价跌到底部后再重新进场承接。

四、K线缺口

缺口是指股市中的跳空行情，也就是股价快速变动所形成的一段没有交易的价格范围。从日K线图看，缺口是指股票某天的最低成交价高于前一天最高价或某天的最高成交价低于前一天最低价的情形。缺口对股价的后期走势有很大的影响，对缺口进行正确分析，可以使投资者抓住好的投资机会。

（一）普通缺口

普通缺口一般指在横盘整理中偶然出现的跳空，并且很快就会被补回来，对趋势的研究判断作用不大。

（二）突破缺口

突破缺口是指当一个密集的反转或整理形态完成后突破盘局时产生的缺口。突破缺口越大表示未来的变动越强烈。

（三）持续性缺口

持续性缺口一般会在股价突破后远离形态至下一个反转或整理形态的中途出现，因此能大概预测股价未来移动的距离，又被称为量度缺口。量度方法是从突破点开始，到持续性缺口始点的垂直距离，就是未来股价将会达到的幅度。

（四）竭尽缺口

竭尽缺口又称消耗性缺口、衰竭缺口，是伴随快速、大幅的股价波动而出现的。在急速的上升或下跌中，股价的波动并非渐渐出现阻力，而是越来越急，这时价格的跳升（或跳空下跌）可能发生，此缺口就是消耗性缺口，通常在恐慌性抛售或消耗性上升的末段出现。

（五）除权除息缺口

除权除息缺口的出现不是由股价的涨跌引起的，而是由上市公司实施利益分配活动，按规定对股价进行处理而出现的一种缺口。

五、K线的实际应用与注意事项

（一）K线的实际应用

K线的实际应用包括两方面：一是利用K线组合判断大势走向；二是利用K线组合判断个股走势。投资者在实际操作中，通常使用K线的组合形态作为判断依据。

（二）应用K线时的注意事项

在实际应用K线时，应注意以下几点：一是单根K线分析的出错率是比较高的；二是K线方法只能作为战术手段，不能作为战略手段；三是投资者要善于使用周K线，周K线对指导中线投资操作有比较好的效果；四是K线组合分析要根据实际情况进行修改和调整，而且通常要考虑成交量因素并与其他方法相结合使用。

第四节 切线理论

在股票市场中，有这样一句俚语：要"顺势而为"，不"逆势而动"。这充分说明趋势分析在股票投资中具有重要作用。切线理论是趋势分析较为实用的方法，可帮助投资者识别趋势。

视频11-2

趋势线和轨道线

一、趋势的基本概念

（一）趋势的定义

简单地说，趋势就是股票价格的运动方向。一般来说，股票市场中股票的价格变动不是朝一个方向直来直去，中间肯定会有曲折，从图形上看就是一条曲折蜿蜒的折线，每一个折点处就形成了一个波峰或波谷，从这些波峰或波谷的相对高度，就可以看出股票价格的变动趋势。"证券价格沿趋势运动"，正是技术分析的基本假设之一。

（二）趋势的方向

股票价格的变动方向即"趋势"有三种：上升方向（上升趋势）、下降方向（下降趋势）和水平方向（无趋势或横向趋势）。

在图形中，随着时间的推移，如果后面的峰和谷都高于前面对应的峰和谷，则股价的趋势是上升的，也就是股市中常说的一底比一底高，或底部抬高。

在图形中，随着时间的推移，如果后面的峰和谷都低于前面对应的峰和谷，则股价的趋势是下降的，也就是股市中常说的一顶比一顶低，或顶部降低。

在图形中，随着时间的推移，如果后面的峰和谷与前面对应的峰和谷相比没有明显的高低之分，几乎是呈水平方向延伸，这时的趋势就是水平方向。

二、研究和判断趋势的方法

（一）支撑线与压力线

支撑线主要起阻止股价继续下降的作用。当股价下降到某一个价位时，股价就会停止下跌或者减速下跌，这个阻止股价继续下跌或暂时阻止股价继续下跌的价位就叫支撑线。

压力线主要起阻止股价继续上升的作用。当股价上升到某一个价位时，股价就会停止上涨或者减缓上涨，这个阻止股价继续上涨或暂时阻止股价继续上涨的价位就叫压力线。

无论在上升行情中还是下跌行情中，都存在着支撑线和压力线。只不过在上升行情中，人们更关注压力线，更关心股价能涨到什么价位；在下跌行情中，人们更关注支撑线，更关心股价会跌到什么价位。支撑线与压力线不是一成不变的，是可以相互转换的。当支撑线（压力线）被有效突破后，便转换为压力线（支撑线），如图11-32所示。

在实际应用过程中，确定支撑位与压力位的方法有两种。一是股价前期的成交密集区。股价在上升过程中，遇到了前期的成交密集区，意味着前期这些投资者面临着解套的可能，所以投资者可能会卖出股票，从而对股价的继续上升造成影响；反之亦然。二是心理价位。心理价位一般是指，股指或股价在整数位会得到一定的支撑或压力。

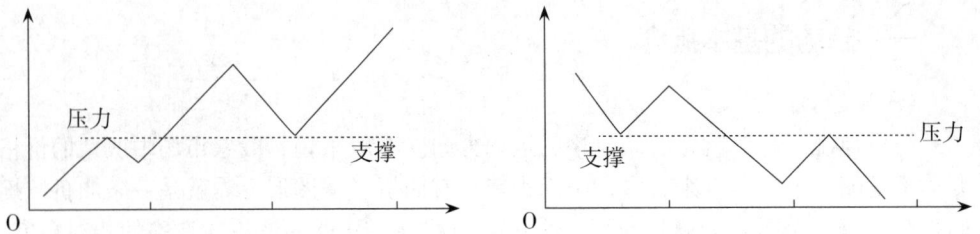

图11-32　压力线和支撑线

（二）趋势线和轨道线

1.趋势线

趋势线是用来衡量股票价格变化方向的，由趋势线的方向可以明确地判断出股票价格的运动趋势。趋势线有上升趋势线和下降趋势线两种。在上升趋势中，将两个上升的低点连成一条直线，就得到上升趋势线，如图11-33所示。在下降趋势中，将两个下降的高点连成一条直线，就得到下降趋势线，如图11-34所示。上升趋势线起支撑作用，是支撑线的一种；下降趋势线起压制作用，是压力线的一种。

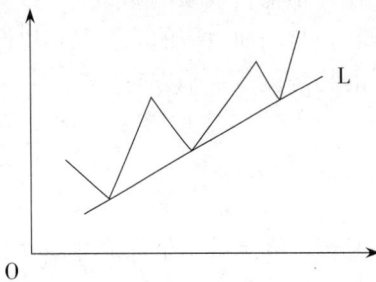

图11-33　上升趋势线

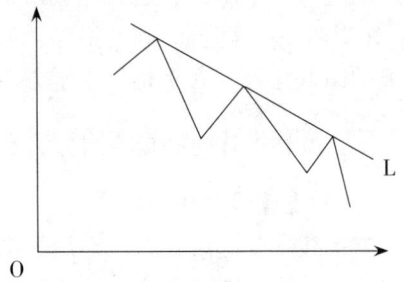

图11-34　下降趋势线

一般来说，趋势线有两种作用：

（1）对股价未来的变化起约束作用，使股价总保持在这条趋势线的上方（上升趋势线）或下方（下降趋势线）。

（2）一旦趋势线被有效突破，就说明股价未来的走势要反转。判断趋势线是否被有效突破的标准有两条：一是看突破时的成交量，向上突破要有很大的成交量配合，向下突破则不一定有较大的成交量配合。二是看突破的幅度，从突破口算起，通常要有3%以上的幅度才可以成为有效突破。此外，趋势线被突破后，股价往往会发生反抽，回到趋势线附近，再次确认趋势线的支撑和压力作用，验证突破的有效性。越重要、越有效的趋势线被突破，其反转的信号越强烈。被突破的趋势线也将发生角色转变，原来的支撑线将变为压力线，原来的压力线将变为支撑线。

在实际应用趋势线的过程中，要从众多条趋势线中，进行筛选，保证趋势线的有效性，具体的方法有两种：

（1）必须确认趋势的存在。也就是说，在上升趋势中，必须具有两个依次上升的低点；在下降趋势中，具有两个依次下降的高点。只有这样，将两个点连成的直线才能成为趋势线，才能确认趋势的存在。

（2）连接两点所形成的趋势线必须得到第三个点的验证才能说明这条趋势线是有效的。一般来说，所画的趋势线被触及而不被突破的次数越多，其作为趋势线的有效性越强，用它进行预测的准确性越高。此外，这条趋势线延续的时间越长，越有效。

2.轨道线

轨道线是趋势线的延伸。在趋势线的基础上，找出一高（低）点作一条平行于趋势线的切线，就组成了股价的运行轨道（上轨线是压力线，下轨线是支撑线），它的主要功能是反映股价变化的方向和变化的幅度。投资者可以在压力线附近卖出股票，在支撑线附近买入股票。轨道线如图11-35和图11-36所示。

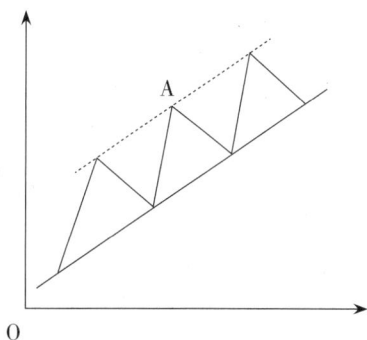

图11-35　轨道线（上涨）　　　　　　图11-36　轨道线（下跌）

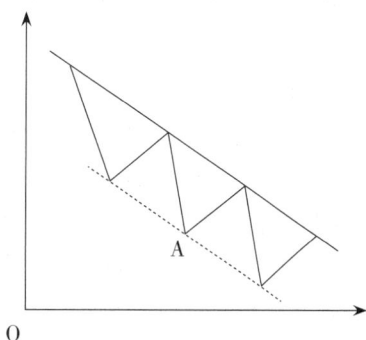

（三）黄金分割线与百分线

1.黄金分割线

黄金分割线是利用黄金分割定律预测未来股价变动的一种切线。黄金分割是一个古老的数学方法，对它的各种神奇作用和魔力，数学上至今还没有明确的解释，只是发现它屡屡在实践中发挥意想不到的作用。

黄金分割线的具体操作方法如下所述。

第一步，记住若干个黄金分割的特殊数字：

0.191	0.382	0.618	0.819
1.191	1.382	1.618	1.809
2	2.618	4.236	

在这些数字中，0.618、1.618、4.236最为重要，股价极容易在由这三个数字产生的黄金分割线处产生支撑和压力。

第二步，找到一个点。这个点是上升行情结束、调头向下的最高点，或者是下降行情结束、调头向上的最低点。

第三步，画黄金分割线。具体方法是：用第二步选定的点的价位和上升行情各个数据的乘积，在图上作出水平切线，如图11-37所示。

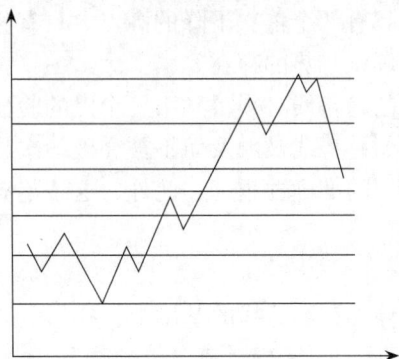
图11-37 黄金分割线

黄金分割线勾画出了股价的压力区和支撑区,在股市的实际操作过程中,股价常常在这些区域里遇到阻力和支撑,表现出了其独特的魅力。

2.百分线

画百分线的出发点是人们的心理因素和一些股价整数位的分界点。在百分线的使用过程中,可以分为上升过程中的百分线和下跌过程中的百分线两种情况。百分线的作用与黄金分割线的作用一样,都是在持续上升一段时间或下跌一段时间后,为股价可能回落或反弹提供几个最为可能的位置。

(1)上升过程中的百分线。当股价持续向上,涨到一定程度时,肯定会遇到压力。遇到压力后,就要向下回落。确定回落的位置很重要。上升过程中的百分线就是以这次上涨开始的低点和开始向下回落的最高点两点之间的差,分别乘以几个特定的百分数,就可以得到未来支撑位可能出现的位置。

几个特定的百分数分别是:1/8,1/4,1/3,3/8,1/2,5/8,2/3,3/4,7/8。在这些百分数中,1/4,1/2,2/3这三个支撑位非常重要。在很大程度上,回落到这三个位置是人们的一种心理倾向。如果没有回落到1/4,1/2,2/3以下,就好像没回落到位;如果回落到1/4,1/2,2/3,人们自然会认为回落的深度已经到位。

例如:假设股票A在2025年3月25日从每股12元开始上涨,在2025年4月25日涨到每股22元,即每股上涨了10元,然后开始回落。用百分线确定的回落中的支撑位由高到低分别为:

12+7/8×10=20.75(元/股)
12+3/4×10=19.50(元/股)
12+2/3×10=18.67(元/股)
12+5/8×10=18.25(元/股)
12+1/2×10=17.00(元/股)
12+3/8×10=15.75(元/股)
12+1/3×10=15.33(元/股)
12+1/4×10=14.50(元/股)
12+1/8×10=13.25(元/股)

(2)下跌过程中的百分线。研究和判断下跌行情中的反弹情况,百分线同样适用，其使用方法相同，只是在反弹过程中，百分线确定了各个压力位置（压力位置依次由低到高）。

（四）扇形线、速度线和甘氏线

这三种切线的共同特点是找到一点（通常是下降的低点和上升的高点），然后以此点为基础向后画出很多条射线，这些射线就是未来可能成为支撑线和压力线的直线。

1. 扇形线

扇形线与趋势线有很紧密的联系，初看起来像趋势线的调整。扇形线丰富了趋势线的内容，明确给出了趋势反转的信号。

趋势要反转必须突破层层阻力。要反转向上，必须突破多条压在头上的压力线；要反转向下，必须突破多条横在下面的支撑线。稍微的突破或短暂的突破都不能被认为是反转的开始，必须消除所有阻止反转的力量，才能最终确认反转的来临。

扇形线就是一种判断趋势反转的有效信号。

扇形线依据三突破的原则。在上升趋势中，先以两个低点画出上升趋势线后，如果价格向下回落，跌破了刚画的上升趋势线，则将新出现的低点与原来的第一个低点相连接，画出第二条趋势线，如图11-38所示；如果第二条趋势线又被向下突破，则同前面一样，将新的低点与前面最初的低点相连接，画出第三条上升趋势线。依次变得越来越平缓的这三条趋势线形如张开的扇子，扇形线由此而得名。下降趋势线的画法与上升趋势线相同，只是方向正好相反，如图11-39所示。

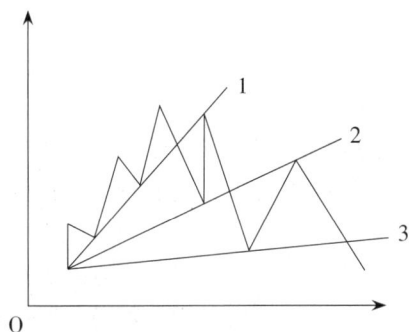

图11-38　扇形线（上升）　　　　　图11-39　扇形线（下降）

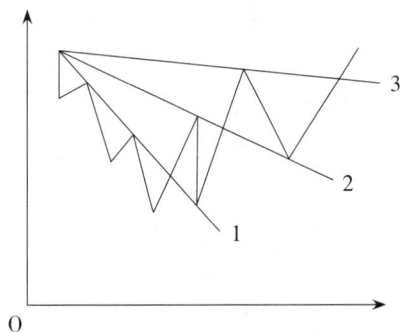

图11-38和图11-39中连续画出的三条直线一旦被突破，它们的支撑和压力的角色就会相互转换，这一点是符合支撑线和压力线的普遍规律的。

扇形线的基本结论为：如上所画的三条趋势线一经突破，则趋势将反转。

2. 速度线

同扇形线考虑的问题一样，速度线也适用于判断趋势是否将要反转。不过，速度线给出的是固定的直线，而扇形线中的直线是随着股价的变动而变动的。另外，速度线又具有一些百分线的思想，它是将每个上升或下降的幅度分成三等份进行处理，因此，有时速度线也被称为三分法。

速度线的画法：

首先找到一个上升或下降过程中的最高点和最低点，将高点和低点的垂直距离分成三等份。然后连接低点（在上升趋势中）与1/3分界点和2/3分界点，或连接高点（在下降趋势中）与1/3分界点和2/3分界点，得到两条直线，这两条直线就是速度线。如图11-40和图11-41所示。

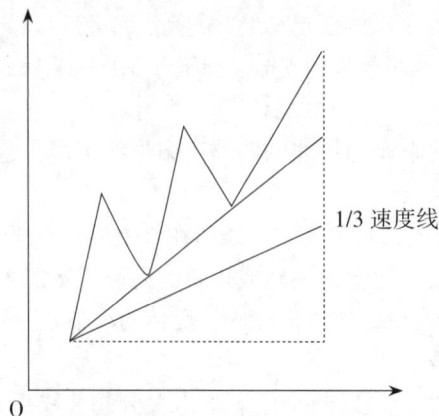

图11-40　速度线（上升）　　　　　　　图11-41　速度线（下降）

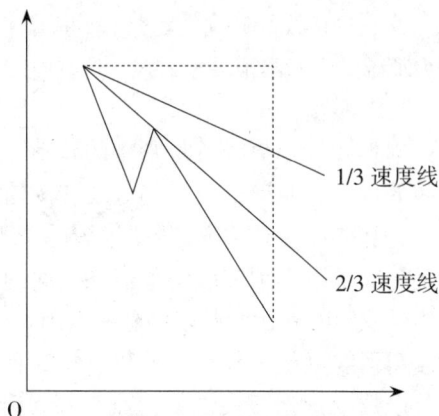

与其他切线不同，速度线可能随时变动，一旦有了新高或新低，速度线则随之发生变化，尤其是新高或新低离原来的高点或低点相距较远时，更是如此。

在使用速度线时，观察价格变化，价格折返（或回弹）至速度线附近，一般会得到支撑（或压力）；一旦速度线被突破，其原来的支撑线和压力线的作用将互相变换位置，这也符合支撑线和压力线的一般规律。

速度线最为重要的功能是判断一个趋势是被暂时突破还是长久突破（转势），其基本的原则如下：

（1）在上升趋势的调整之中，如果向下折返的程度突破了位于上方的2/3速度线，则股价将试探下方的1/3速度线。如果1/3速度线被突破，则股价将一泻而下，预示着这一轮上升趋势的结束，也就是转势。

（2）在下降趋势的调整之中，如果向上反弹的程度突破了位于下方的2/3速度线，则股价将试探上方的1/3速度线。如果1/3速度线被突破，则股价将一路上行，预示着这一轮下降趋势的结束，也就是股价将进入上升趋势。

3.甘氏线

甘氏线分为上升甘氏线和下降甘氏线两种，是由William D. Gann创立的一套独特的方法。甘氏线是从一个点出发，依一定的角度，向后画出的多条射线，因此也被称为角度线。通常，乘号前面的数字表示时间单位数量，后面的数字表示价格单位数量。比如1×2表示时间变动1个单位时价格变动2个单位；4×1表示时间变动4个单位时价格变动1个单位，相当于时间平均变动1个单位时价格变动1/4个单位。上升甘氏线如图11-42所示，以左下角为顶点向右上方散射；下降甘氏线则以左上角为顶点，向右下方散射。

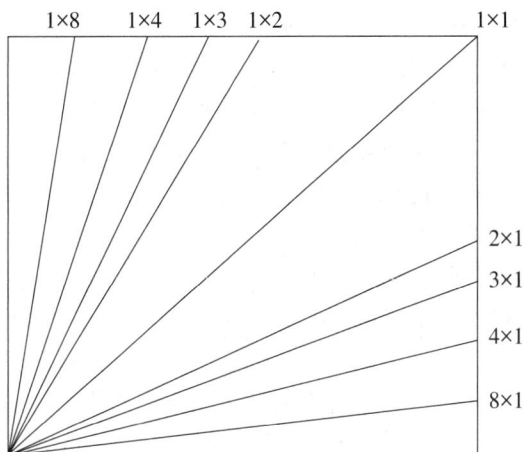

图11-42 甘氏线

每条射线都有支撑和压力的功能，最重要的是45°线、63.75°线和26.25°线（分别对应图中1×1、1×2和2×1）。这三条线分别对应百分线中的50%线（1/2）、62.5%线（5/8）和37.5%线（3/8）。其余的角度线虽然在股价的波动中也能起一些支撑和压力的作用，但重要性不大，都很容易被突破。

画甘氏线的方法是首先找到一个点，然后以此点为中心作图。

当价格由高点向下运行到某一显著低点后，如果反转进入上涨趋势，则可选择该显著低点为中心，画如图11-42所示的上升甘氏线。价格上升依次突破各压力线，上升速度逐渐加快；当价格突破45°线后，反转向下再次突破45°线时，容易进入下降趋势，主要上涨趋势反转。

当价格由低点向上运行到某一显著高点后，如果反转进入下跌趋势，则可选择该显著高点为中心，画下降甘氏线。价格下降依次突破各支撑线，下降速度逐渐加快；当价格突破45°线后，反转向上再次突破45°线时，容易进入上升趋势，主要下跌趋势反转。

需要注意的是，一旦被选中的点被新的高点或低点取代，则甘氏线也要随之改变。

三、应用切线理论时应注意的要点

（一）支撑和阻力位是否会突破

支撑和阻力位是否会突破需要根据当时具体的多空双方力量对比来进行判断，实际中经常只能确定大概的位置。例如，在上升回调过程中得到某个支撑线，支撑住了就可买入，向下突破就不应买入，甚至要"逃命"，这就要求准确判断支撑线是否被突破。如果投资者认为价格到了预计的支撑价位，即使有下降的可能也可以冒险买入，因为综合各方面因素判断下降空间已不大了，冒险也是值得的，如果坐等就有可能会失去机会。

（二）支撑线和阻力线的多样性

用各种方法得到的切线都提供了支撑和阻力可能出现的位置。这些价格是在某一特定情况下的参考价位。实际投资中往往只有一条支撑线或阻力线，一般触及点越多越有效，而且有时支撑或阻力会发生互换。各种切线仅供参考，不能当成万能的工具而完全依赖。切线理论仅是市场分析的方法之一，要同时考虑多种因素，运用多种方法才能提高正确投资的概率。

（三）使用黄金分割线和百分线的主观因素

在具体使用这两种支撑阻力线时，会受到使用者主观因素的影响。一是高点和低点的选择。价格波动会出现多个高点和低点，应该选择成交密集区的低点，时间最好在一个月以上；高点应该等到价格已经下降了相当程度之后才能确定，这样可以忽略很多的"小高点"，同时不要求在高点有成交密集区。二是数字的选择。市场复杂多变，应根据实际情况和价格的历史情况，结合其他方法来确定具体的数字。三是资金投入量比例的选择。应在相对比较可信的线上使用较大的资金比例，在把握不大的线上使用较小的资金比例。

第五节 形态理论

形态理论是依据价格变化的轨迹所形成的几何图形来分析股票价格未来变动趋势的一种方法。所谓价格形态，是指证券价格图上的不同类别的形状或构造。它具有预测股票价格走势的功能。价格形态分为反转形态和整理形态两种类型。

一、反转形态

视频 11-3

反转形态

反转形态预示着多空双方的力量将发生根本性的改变，这种形态形成之后，股票将改变原来的运动方向，即由上涨变为下跌，或者由下跌变为上涨。反转形态的规模，包括空间和时间跨度，决定了随之而来的市场动作的规模，也就是说，形态的规模越大，新趋势的市场动作也越大。在底部区域，市场形成反转形态要较长的时间，而在顶部区域，则经历的时间较短，但其波动性远大于底部形态。

需要注意的是，交易量是确认反转的重要指标，而在向上突破时，交易量更具参考价值。

常见的反转形态有头肩顶和头肩底、双重顶和双重底、三重顶和三重底、圆弧顶和圆弧底。

（一）头肩顶和头肩底

头肩顶和头肩底统称为头肩形态，在股票市场中是一种常见的反转形态，一旦形成将带来明显的大势反转行情。

这种形态一般由三部分组成，即一个头部和两个肩部，如图11-43所示。把头部两侧的低（高）点进行连线（BD线），称为颈线。当股价由右肩开始下跌（上涨），突破颈线时，表明形态已经形成，大势将要反转。

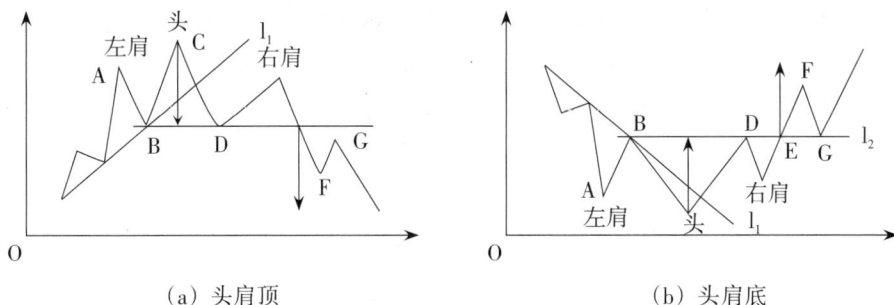

（a）头肩顶　　　　　　　　　　　　　（b）头肩底

图11-43　头肩顶和头肩底

形成头肩顶形态一般要经历以下几个阶段。

1.形成左肩

股价持续上涨一段时间之后，过去在任何时间买进股票的人都有利可图，于是开始获利沽出。随着股价的上涨，风险不断加大，买进股票的人开始减少，股价开始回落，在达到高点时成交量最大。

2.形成头部

股价经过短暂的回落之后，又重新开始新一轮的上涨，伴随着成交量的放大，股价会突破上一次的高点。不过，在头部最高点的成交量明显少于左肩的成交量。

3.形成右肩

股价再创新高之后，由于成交量萎缩，导致股价开始下跌。股价跌到上次回落的低点附近获得支撑又开始回升，可是投资者的情绪显著减弱，成交量较左肩和头部明显减少，股价无法达到头部的高点便告回落，于是形成了右肩。

4.突破颈线

当股价从右肩开始回落，市价跌破颈线的3%时为有效突破，意味着完整的头肩顶形态已经形成，股价开始下跌。从头部的最高点到颈线的垂直距离便是股价由突破右肩颈线开始将要下跌的幅度。

一般来说，头肩顶的形状呈现出三个明显的高峰，其中左右两个峰的高点几乎相等，位于中间的一个高峰较其他两个峰的高点略高。在成交量方面，呈现阶梯形下降趋势，即左肩高点的成交量大于最高点的成交量，最高点的成交量大于右肩高点的成交量。

头肩底和头肩顶的形状一样，只是整个形态倒过来而已。形成左肩时，股价下跌，成交量相对增加，接着为一次成交量较小的次级上升。然后股价又开始下跌，且跌破前期低点，创出新低，成交量随着股价的下跌而增加，形成头部；从头部低点回升时，成交量也随之增加。当股价回升到上次反弹的高点时，股价再一次回落，这时的成交量明显少于左肩和头部，股价跌到左肩的水平时，便止跌开始回升，此时形成右肩。股价的回升伴随着成交量的增大，当股价突破其颈线阻力时，成交量更显著增加，整个形态便告成立。

（二）双重顶和双重底

双重顶（底）就是市场上众所周知的M头和W底，也是一种常见的、极为重要的反转形态。与头肩形态相比，它没有头部，只有两个等高的峰或谷，具体形状如图11-44所示。

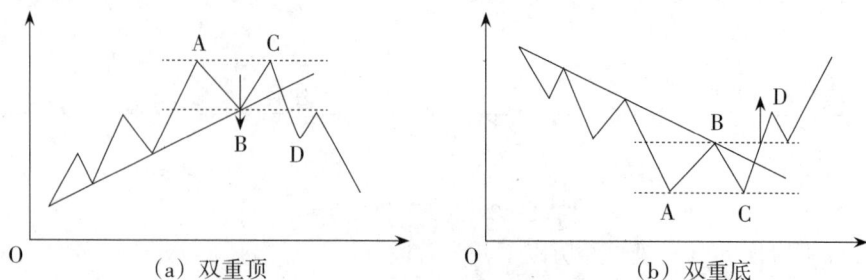

图11-44 双重顶和双重底

从图11-44中可以看出，双重顶（底）有如下特征：一是有两个高度几乎相同的高点（低点），两个高点（低点）的差距不超过3%；二是第二个高点（低点）的成交量明显小于第一个高点（低点）的成交量；三是只有股价有效突破颈线时，才形成一个完整的双重顶（底）形态。

下面以M头为例说明双重顶形态形成的过程。

在上升趋势过程的末期，股价在达到了第一个高点A之后，进行正常的回落，受到上升趋势线的支撑，回调到B点附近停止。接着继续上升，但由于买力不足，导致上升高度不足，在C点（几乎与A点等高）遇到压力，股价又开始下跌，这样就形成了A和C两个顶的形状。

M头形成以后，股价有两种可能的走势：一种是未突破B点的支撑位，股价在A、B、C三点形成的狭窄范围内上下波动，演变成矩形整理形态；另一种是突破B点的支撑位，股价继续向下（这种情况才是双重顶反转突破形态）。

以B点作平行于A和C连线的平行线，就得到一条非常重要的直线——颈线。一个真正的双重顶反转突破形态的出现，除了必要的两个相同高度的高点以外，还应该向下突破B点（颈线）的支撑。

一旦双重顶反转突破形态形成，就可以用它对后势下跌的幅度进行预测。下跌的幅度为：从B点算起，股价将至少跌到与形态高度相等的距离。形态高度是指从A点或C点到B点的垂直距离。

（三）三重顶和三重底

三重顶（底）形态是头肩形态的一种变体，由三个一样高或三个一样低的顶和底组成。与头肩形态的区别是：头的价位回缩到与肩差不多相等的位置，有时甚至高于或低于肩部一点。与双重顶相比，三重顶形态只是多了一个顶，而且各顶分得很开、很深。具体形态如图11-45所示。

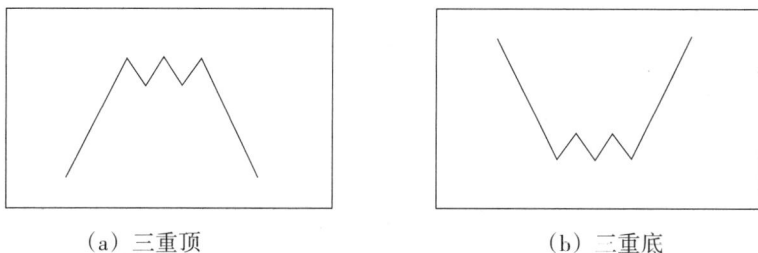

(a) 三重顶 　　　　　　　　　　(b) 三重底

图11-45　三重顶和三重底

三重顶（底）形态的特征为：一是具有三个等高（等低）的点（三个点的价格不一定完全相等，在3%之内即可）；二是三个点的成交量逐渐减少（增加）；三是峰顶与峰顶、谷底与谷底之间持续的时间不必相等。

在三重顶形态中，当第三个顶出现时，成交量非常小，就显示出下跌的征兆；而三重底在第三个底部上升时，成交量大增，即显示出股价具有突破颈线的趋势。

（四）圆弧顶和圆弧底

圆弧形态也是一种典型的反转形态。将股价在一段时间内的顶部高点用折线连接起来，每一个局部的高点都考虑到，有时可以得到一条类似圆弧的弧线，盖在股价之上，这种股价形态被称为圆弧顶形态；反之，当股价在下跌的过程中，将每个局部的低点连接在一起得到一条弧线，托在股价之下，这种股价形态被称为圆弧底形态。具体的形态如图11-46所示。

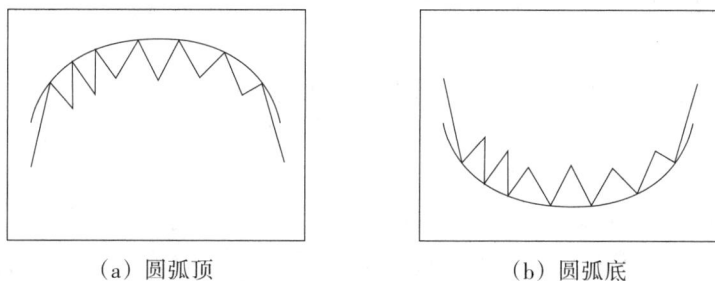

(a) 圆弧顶 　　　　　　　　　　(b) 圆弧底

图11-46　圆弧顶和圆弧底

圆弧顶和圆弧底形态多为一些机构大户炒作股票形成的结果。这些机构有足够的股票，如果一下抛得太多，手里的股票不可能全出手，只能一点一点地往外抛，形成众多来回拉锯的局面，直到手中的股票接近抛完时，才会大幅打压股票，使股价大幅下跌，这样便形成了圆弧顶的形态。如果这些人手里有很多资金，一下子买得很多，股价会上升得很快，会提高投资成本，为此，他们会逐渐地分批建仓，使股价来回地拉锯，直到买到足够数量的股票时，才会用少量的资金把股价（轻而易举）抬到一个高位，这样便形成了圆弧底的形态。

应该注意，圆弧形态的形成是一个渐进的过程。成交量在形态形成的过程中起着很重要的作用。无论是圆弧顶还是圆弧底，在它们的形成过程中，成交量都是两头多，中间少。越靠近顶部或底部成交量越少，到达顶或底时成交量最少。在突破后的一段，都有相当大的成交量。

二、整理形态

视频 11-4

整理形态

整理形态通常表示价格的盘整动作，是当前趋势的暂时停顿，盘整结束后，股价仍会沿着原来的方向运动。股价在运动过程中，经过一段时间的快速变动后，不再继续原趋势，而是在一定范围内上下窄幅波动，待时机成熟后仍向原趋势前进，这种运行所留下的轨迹称为整理形态。整理形态的主要类型有三角形整理形态、楔形整理形态、旗形整理形态、矩形整理形态等。

（一）三角形

三角形主要分为对称三角形、上升三角形和下降三角形三种形态。第一种形态有时也称为正三角形，后两种形态合称为直角三角形。

1.对称三角形

对称三角形大多发生在一个大的趋势的进行途中。对称三角形由一系列的价格变动组成，其变动幅度逐渐缩小，也就是说，每次变动的最高价低于前次的价格水平，而最低价则高于前次的价格水平，呈一压缩图形。把短期的高点和低点分别用直线连接起来，形成两条相聚的趋势线，上面的直线向下倾斜，下面的直线向上倾斜，就可以形成一个对称的三角形。

对称三角形左边那条测量高度的线称为基线（AG），右边两条线相交处称为顶点（O）。对称三角形成交量，随着股价变化幅度的逐渐减少而递减。当股价突然跳出三角形时，成交量随之变大。

一般情况下，对称三角形属于整理形态，即形态完成后，股价会继续沿着原来的趋势运动。只有在股价朝一个方向明显突破后，才可以采取买卖行动。如果股价向上冲破阻力（必须得到大成交量的配合），就是一个短期买入信号；反之，若是往下跌破，便是一个短期卖出的信号。

从三角形的起始点到两条边交点（三角形顶点），可以计算出三角形的横向宽度。一般在横向宽度的1/2～3/4的某一点为突破的位置。而突破后，上升（下降）的高度可以用以下两种方法进行测量。

方法一：如图11-47所示，从G点到A点的距离是突破后未来股价至少要达到的高度。AG连线长度称为对称三角形的高度。

方法二：如图11-48所示，过A点作平行于下边直线的平行线（图中的斜虚线），该条平行线相当于轨道线，决定了股价今后至少要达到的位置。

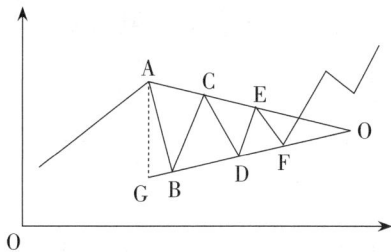

图11-47　测上升高度（方法一）

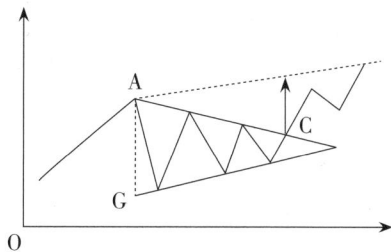

图11-48　测上升高度（方法二）

2.上升三角形

上升三角形是对称三角形的变形。对称三角形由两条倾斜的直线构成，将上面逐渐向下倾斜的直线变成水平方向就得到了上升三角形，如图11-49所示。

在三角形形态中，上边的直线起压力作用，下边的直线起支撑作用。在对称三角形中，压力和支撑都是逐步加强的。上边是越压越低，下边是越撑越高，看不出多空双方谁弱谁强。在上升三角形中，由于上边是水平的，说明压力不变，向上倾斜的下边说明支撑越来越强。因此，上升三角形比对称三角形有更强的上升"意思"，多方比空方更积极。上升三角形形态形成后，股价会向上突破，上升三角形一般会出现在上升趋势中。

上升三角形突破后上升高度的测算与对称三角形上升幅度的测算方法相同。

3.下降三角形

下降三角形同上升三角形，正好相反，它是一种看跌形态，一般出现在下跌趋势中。它的基本内容同上升三角形完全相似，只是方向相反，如图11-50所示。

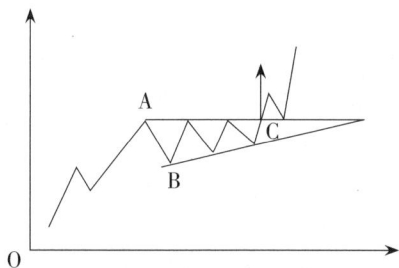

图11-49　上升三角形

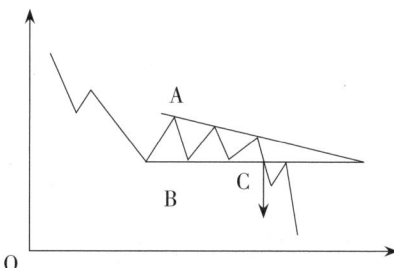

图11-50　下降三角形

（二）楔形

楔形形态是指股价在两条收敛的直线中变动。与三角形形态不同，楔形形态两条边的斜率同正或同负。楔形有两种类型。一种是下降楔形，如图11-51所示。在几何形态上，下降楔形的特征是收敛的两条边斜率同时为负，向下倾斜；在市场中，下降楔形的特征是高点一个比一个低，低点也一个比一个低，成交量逐渐减少。下降楔形一般出现在上升趋势中。股价经过一段时间的上升之后，出现获利回吐，虽然下降楔形的低点在不断下移，似乎说明市场的承接力不强，但新的回落浪较上一个回落浪波幅较小，说明沽售力量不强，而成交量的减少进一步证明了市场卖压的减弱。另一种是上升楔形，如图11-52所示。它的几何特征是收敛的两条边斜率同时为正，向上倾斜；其市场特征为高点、低点不断抬高，但成交量不断减少。上升楔形一般出现在下跌趋势中。

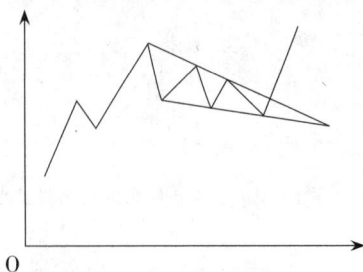

图11-51　下降楔形　　　　　　　图11-52　上升楔形

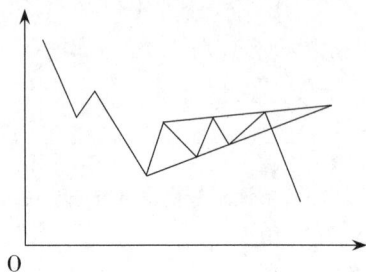

（三）旗形

旗形形态就像一面挂在旗杆顶上的旗帜，通常出现在一个急速的大涨或大跌之后。股价经过一连串紧密的短期波动后，形成一个与原来运动趋势相反的、稍微倾斜的平行四边形。这就是旗形走势。成交量在旗形的形成过程中，是显著减少的。

旗形形态分为上升旗形和下降旗形两种类型。旗杆向上倾斜、旗面微向下倾斜的称为上升旗形，如图11-53所示。它通常出现在一个陡峭的飙升之后。下降旗形正好相反。当股价出现急速或垂直的下跌之后，接着形成一个波动狭窄而又紧密、稍微向上倾斜的价格密集区，就像一条上升通道，这就是下降旗形，如图11-54所示。

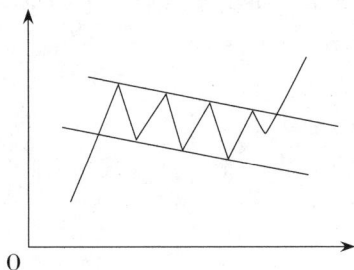

图11-53　上升旗形　　　　　　　图11-54　下降旗形

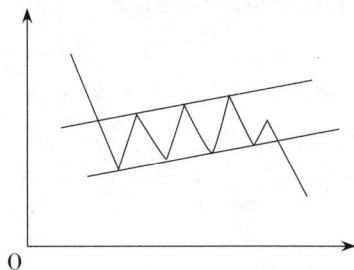

（四）矩形

矩形形态又称箱形形态，也是一种典型的整理形态。它是指股价在两条水平线中波动，作横向延伸运动。

在矩形形态形成的初期，多空双方各不相让。空方在价格涨到某一位置时抛压，多方在股价跌到某一位置时买进，时间一长，就形成了两条明显的上下分界线。随着时间的推移，多空双方"战斗"的热情会逐步减退，市场趋于平淡。

如果原来的趋势是上升的，那么经过一段时间的矩形整理后，多方会占优势并采取主动，使股价向上突破矩形的上边界，继续保持原来的运动趋势，如图11-55

所示；如果原来的趋势是下降的，那么经过一段时间的矩形整理后，空方会占优势并采取主动，使股价向下突破矩形的下边界，继续保持原来的运动趋势，如图 11-56 所示。

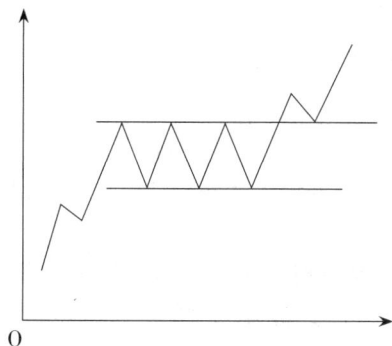

图11-55　上升趋势　　　　　　　　图11-56　下降趋势

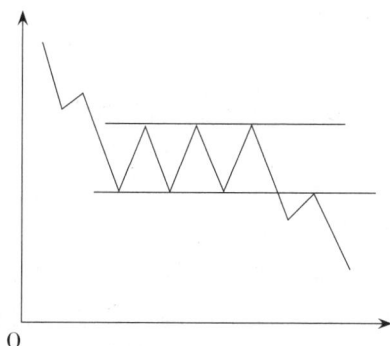

从图形中可以看出，矩形在其形成的过程中有可能演变成三重顶（底）的形态。两种形态的区别是，矩形形态是一种整理形态，形态完成后，会继续原来的趋势；三重顶（底）的形态是一种反转形态，形态完成后将改变原来的趋势。面对两种走势方向完全相反的形态，如何进行准确的判断就显得非常重要。具体的操作方法有两种：一种是密切关注形态形成过程中成交量的变化，如果股价在上升趋势中出现了暂时的停顿，且上升的量大于下降的量，则可能是矩形形态，如果在高点的成交量逐渐减少，则可能是三重顶形态。另一种判断的方法是等形态完全形成，判断准确后，再采取行动。

与其他形态不同，矩形形态为投资者提供了进行短线操作的机会。如果在矩形形态形成的早期就能够预计股价将进行矩形调整，那么投资者就可以在矩形的下边界线附近买进股票，在矩形形态的上边界线附近卖出股票，获得价差收入。

三、运用形态理论分析时应注意的问题

（一）形态识别的多样性

形态的识别是相对的，考察的角度不同，时间区间不同，对同一位置的某一个形态可能有不同的结论。例如，在某个局部或顶部的头肩形态被认为是反转形态，但如果放宽时间区间，它可能仅是一个更大的波动过程中的中途整理形态，比如是个三角形或楔形。这是对波动趋势"层次和级别"的判断问题，应尽可能使用包含信息更多的宽时间区间进行多角度考察。

（二）形态突破的真伪判断

在实际操作中，形态理论要等到形态完全明确后再运用，这就要判断形态是否真正实现突破。投资者要将颈线、支撑线、阻力线、黄金分割线、百分线等作为参考线，主要关注成交量的变化，从多方面判断、验证形态的突破情况。

（三）形态理论与其他方法的结合使用

形态理论不能作为主要的战略手段，在使用时还要结合切线理论、波浪理论、K线理论、技术指标等理论方法，对证券市场进行多方面的判断与验证，以作出相对正确的投资决策。

第六节 波浪理论

波浪理论是技术分析大师艾略特于1939年发表的价格趋势分析工具，是运用最多、最难掌握的分析工具。

艾略特认为，无论是股票价格的变化还是商品价格的波动，都与大自然的潮汐一样，具有相当程度的规律性。价格的波动，同大海的潮汐一样，一浪跟着一浪，周而复始，呈现出周期性循环趋势。投资者可以根据这些规律性的波动预测价格未来的走势，指导自己的投资活动。波浪理论主要研究波浪运行的形态、浪与浪之间的比率、时间周期三个方面的问题。

一、波浪理论的基本形态

视频11-5

波浪理论基本形态

波浪理论认为，一个价格的波动周期，完成从"牛市"到"熊市"的一个循环，总计有8浪，包括5个上升波浪和3个下降波浪。

在波浪理论中，把与股价运动方向相同的波浪称为"推动浪"，与股价运动方向相反的波浪称为"调整浪"。如图11-57所示，第1、3、5、A、C波浪为推动浪，而2、4、B浪为调整浪。其中第2浪为第1浪的调整浪，第4浪为第3浪的调整浪，B浪为A浪的调整浪。

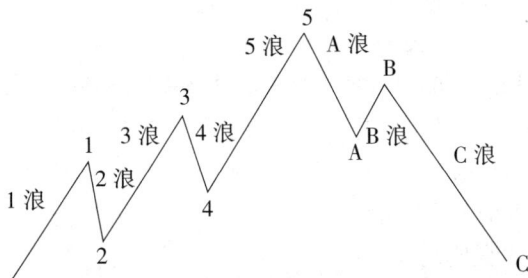

图11-57　股价波浪

应当注意，一个完整周期有上升趋势和下降趋势；而趋势是分层次的，处于层次较低的几个浪可以合并成一个较高层次的大浪，而处于层次较高的一个浪又可以细分成几个层次较低的小浪。对更大级别的整个大循环来讲，低级别第1浪至第5

浪是一个大的"推动浪"，A、B、C 三浪则为一个大的"调整浪"。但无论趋势是何种规模，浪的基本形态结构是不会变化的。

例如，从 1 浪到 5 浪我们可以认为是一个大的上升趋势，而从 A 浪到 C 浪可以认为是一个大的下降趋势。此时如果 1 浪到 5 浪被看作更大周期中的 1 浪，而 A 浪到 C 浪被看作更大周期中的 2 浪，那么之后一定还会有上升的过程，只不过时间可能要等很长，但最终会形成一个更大的 8 浪结构。

二、各种波浪的基本特征

各种波浪的基本特征是由波浪理论大师罗伯·派瑞特概括总结的。

（一）第 1 浪

几乎半数以上的第 1 浪，是属于大底形态的。由于此段行情的上升出现在空头市场跌势后的反弹时期，缺乏多头的氛围，空头卖压很重，其后的第 2 浪通常回档颇深。

另外半数的第 1 浪，出现在长期盘整底部完成之后，通常此段行情会有较大的上升幅度，但第 1 浪的涨幅通常是五浪中最短的行情。

（二）第 2 浪

通常这一浪下跌的幅度会很大，几乎吃掉第 1 浪的涨幅。当行情跌至接近底部（第 1 浪起涨点）时，开始产生惜售心理，成交量逐渐缩小，结束第 2 浪的调整。

（三）第 3 浪

第 3 浪的涨势可以确认是最大、最具有爆发力的行情。这段行情不仅持续时间长，涨幅也是五浪中最大的。此时市场内投资者的信心不断恢复，成交量大幅增加。尤其在突破第 1 浪的高点时，为道氏理论中的买入信号。

这段行情的走势非常激烈，一些图形上的压力，轻而易举地被突破，甚至产生跳空，出现狂飙的局面。由于涨势过于激烈，第 3 浪经常出现"延长波浪"的情况。

（四）第 4 浪

第 4 浪经常以复杂的形态出现，也经常出现倾斜三角形的走势。此浪的低点常高于第 1 浪的高点。

（五）第 5 浪

在股票市场中，第 5 浪的涨势通常小于第 3 浪，且常有失败的情况，即涨幅不见得大。但在期货市场，情况则恰好相反，第 5 浪经常会是最长的波浪，且常常出现"延长波浪"。在第 5 浪中，第二、三类（效益一般类和较差类）的股票常是市场内的主导力量，其涨幅常大于第一类股票。

（六）第 A 浪

在 A 浪中，市场内的投资者大多数认为行情尚未反转，此时仅为一个暂时回档的现象。实际上，A 浪的下跌，在第 5 浪通常已有警告信号，如量价背离或技术指标的背离等。

（七）第 B 浪

B 浪通常成交量不大，一般而言是多头的"逃命线"，然而经常以上升的形态出现，很容易使投资者误认为是另一波段的涨势，从而形成"多头陷阱"。

（八）第 C 浪

C 浪的特点通常是跌势最强烈、跌幅最大、持续时间也长的一浪。它和推动浪的第 3 浪相类似，只是运动方向不同。

三、波浪的辨认、计数原则

在波浪理论中，准确地划分与判断波浪的类型是很重要、很复杂的，它能很好地指导投资者的操作。因此在划分波浪的阶段时，应遵循以下原则。

（一）交替原则

交替原则是指"调整浪"的形态是以交替的方式进行的——通常以单式与复式两种方式交替出现，如图 11-58 所示。

若第 2 浪是"单式"调整浪，那么第 4 浪便会是"复式"调整浪；若第 2 浪是"复式"调整浪，那么第 4 浪便会是"单式"调整浪。

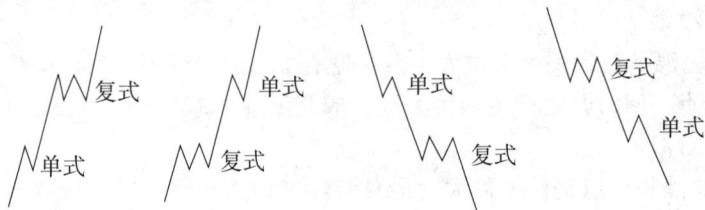

图 11-58 调整浪

（二）调整浪的形态影响后市行情

在调整浪中，出现下列浪形，说明是强势调整，股价将会有很大的涨升空间。

（1）顺势调整，如图 11-59 所示。

（2）三重浪，如图 11-60 所示。

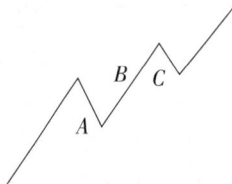

图 11-59 顺势调整

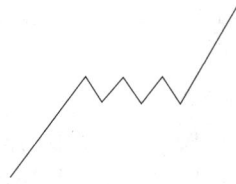

图 11-60 三重浪

（三）主要浪识别原则

主要浪识别的原则包括：

（1）第 4 浪的低点不能低于第 1 浪的高点。

（2）第 3 浪的波幅通常是最长的，而且绝不是最短的一个推动浪。

（四）波幅相等原则

在第 1 浪、3 浪、5 浪三个推动浪中，最多只有一个浪会出现延长浪，而其他两个推动浪的长度则大约相等。即使不相等，仍符合黄金分割的比例数字。

需要注意，在较大级数的价格波动周期中，浪与浪之间的关系不能单纯以波动幅度的绝对数来计算，而须改用百分比来计算波幅。

（五）轨道趋势原则

艾略特认为，股票价格的走势应该在两条平行的轨道之内运动。轨道的绘制方法如下，如图11-61所示。

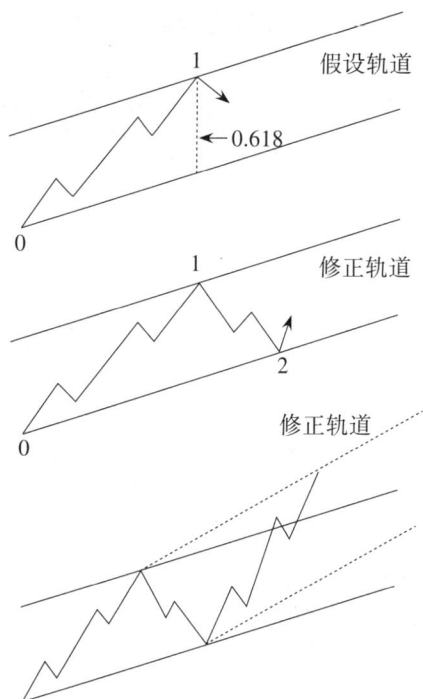

图11-61　轨道的绘制

轨道的绘制须在第1浪完成之后，即有了第1浪的起涨点"0"与第1浪的高点"1"，然后根据第1浪的涨幅乘以0.618得到"2"的位置。有了0、1、2三个点之后，将0与2两点之间连接一条直线，过1点作一条平行线，即得到一个"轨道趋势"。

如果第2浪的低点无法触及前面假设的支撑线，则必须对其进行修正。

当第3浪开始发动时，若不能达到或超过上面的平行线，则仍然要加以修正。

第4浪的下跌调整若有误差，也须重新修正轨道线。当依据2、4两点与3的平行轨道画出之后，即为最后的轨道线。

四、时间周期与波幅比率

（一）斐波那契神奇数字

艾略特在研究各种浪形在时间及波幅变化之间的相互关系时，主要依据了斐波那契神奇数字。

斐波那契神奇数字由这样一系列数字组成：

1，2，3，5，8，13，21，34，55，89，144，233，377，610，987，1 597……

构成斐波那契神奇数字系列的基础非常简单，由1，2，3开始，产生无限数字系列，而3，实际上为1与2之和，以后出现的一系列数字，全部依照上述简单的原则，后面的数字等于前面相邻两个连续出现的数字之和。例如3加5等于8，5加8等于13，8加13等于21……直至无限。从表面上看，此数字系列很简单，但背后却隐藏着无穷的奥妙。这个数列被称为斐波那契数列。斐波那契数列有如下一些特性。

（1）任何相连的两个数字之和都等于后一个数字，例如：

2+1=3

3+2=5

5+3=8

8+5=13

……

（2）除了最前面3个数（1，2，3），任何一个数与后一个数的比值均接近0.618，而且越往后，其比值越接近0.618。例如：

3÷5=0.6

8÷13=0.61538461…

21÷34=0.61764705…

……

（3）除了最前面3个数外，任何一个数与前一个数的比值均接近1.618。有趣的是，1.618的倒数约为0.618。例如：

13÷8=1.625

21÷13=1.61538461…

34÷21=1.61904761…

……

（4）除了最前面3个数外，任何一个数与其后面第二个数的比值均接近0.382，而且越往后，其比率越接近0.382。

（5）除了最前面3个数外，任何一个数与其前面第二个数的比率，接近2.618，有趣的是，2.618的倒数约为0.382。

（二）时间周期

用斐波那契神奇数字可以预测股价在哪个时间点上可能出现头部或底部。具体方法是：选择一个阶段中具有代表性的顶或底，按照时间向后推，股价很有可能在3，5，8，13，21，34……时间点上出现底或顶。

（三）波幅比率

在波浪理论中，每一波浪之间的比例（包括波动幅度与时间长度的比例）均符合"黄金率"：0.191，0.236，0.382，0.5，0.618，0.764，0.809，1.00，1.618，2.618……这个"黄金率"可以从两个方面预测波幅变化的情况。

1. 预测各类波之间的波幅比例关系

波幅除了遵循"波幅相等原则"之外，还经常符合下列规律：

（1）第2浪的调整幅度约为第1浪涨幅的0.382倍、0.5倍、0.618倍；

（2）第3浪的波动幅度通常等于第1浪的涨幅与1加上某一黄金分割率的乘积，常为第1浪的1.618倍或2.618倍；

（3）第4浪的调整幅度通常是第3浪涨幅的0.236倍或0.382倍；

（4）第5浪的涨幅也可能为第1浪涨幅的1倍或1.618倍；

（5）第1浪至第5浪完整波浪幅度，约为第1浪涨幅的3.236倍；

（6）在调整浪中，A浪与C浪之间的比例亦吻合黄金率的比例数字，通常C浪为A浪的1.618倍；某些情况下，C浪的底部点经常低于A浪的低点，但长度仅为A浪长度的0.618倍。

2. 黄金率预测是正常的盘整还是下跌

（1）在多头市场中，上涨幅度的测量。下跌行情结束时，反转上升的反压点及目标位等于最低点加上最低点与黄金率的乘积，即：

反转上升的反压点＝低点×（1+黄金率）

（2）在多头市场中，回档幅度可用下列公式计算：

回档幅度＝高点−上升幅度×黄金率

（3）在空头市场中，下跌幅度可用下列公式计算：

下跌的目标位＝高点×黄金率

（4）在空头市场中，反弹高度可用下列公式计算：

反弹的高度＝低点+下跌幅度×黄金率

五、波浪理论的应用与不足

（一）波浪理论的实际应用

波浪理论指明了股市在一个大的周期内运行的全过程，有助于投资者对大势进行分析和预测。投资者了解了当前股市所处的位置，就可以依据波浪的数目和走势采取相应的操作策略。

但是波浪理论易懂难精，不同的人常常会得出不同的结论，能够掌握且熟练使用它的人并不多。很多投资者花费很大的精力去数浪，却常常发现结果与事实相距甚远。这就需要我们在实践中依据市场的变化，不断修正自己的预测，对当前波浪的形态和时间周期作出更准确的判断。

（二）波浪理论的不足之处

波浪理论是一种比较复杂的技术分析理论。如果拿过去很长一段时间的股价资料来作分析，就可以发现股价走势确实是按照波浪理论的规律运行的，但大多数技术分析人士在波浪运行过程中都不能准确识别当前处于第几大浪和第几小浪，而事后又恍然大悟。正如对事物过去的描述都很完整，而对其未来的预测却经常出现偏差一样，这正是波浪理论的盲点和难以克服的缺陷。

除此之外，波浪理论还存在着以下几点不足：（1）波浪理论主要研究的是股价指数的走势，而对个股价格缺乏论证；（2）波浪的层次和起始点很难准确把握；（3）波浪理论只考虑价格形态上的因素，忽视了成交量的影响；（4）波浪理论对时间因素不够重视。

第七节 主要技术指标

一、移动平均线（MA）

视频11-6

移动平均线

移动平均线（MA）是用统计学的计算方法，将一定时期内证券的价格（或指数）进行平均，然后将各个点连成一条直线，据此分析判断证券价格（或指数）变动趋势的一种技术分析方法。

（一）移动平均线的计算方法

移动平均线的计算方法有算术移动平均法、加权移动平均法和指数平滑移动平均法。这里只介绍常用的算术移动平均法。其计算公式为：

$$MA（N）=（C_1+C_2+C_3+\cdots+C_t）\div N$$

式中：C_t 为第 t 日的收盘价，$t=1$，2，$\cdots$，N；N 为移动平均线的时间周期。

计算实例见表11-1。

表11-1　　　　　　　　　　　5日移动平均线的计算实例

日期	收盘价	5日MA	日期	收盘价	5日MA
1	11.98		7	12.00	12.22
2	12.05		8	12.25	12.21
3	12.29		9	12.10	12.18
4	12.27		10	12.50	12.19
5	12.45	12.21	11	12.68	12.31
6	12.08	12.23	12	12.45	12.40

（二）移动平均线的特点

移动平均线的基本思想是消除股价随机波动的影响，寻求股价波动的趋势。它具有如下特征。

1.追踪趋势

移动平均线能够表示股价的波动趋势，并追随这个趋势，不会轻易改变。如果从股价的图表中能够找出上升或下降趋势线，那么，MA的曲线将与趋势线的方向保持一致，消除股价在这个过程中的起伏对趋势的影响。

2.滞后性

当股价运行趋势发生改变时，由于MA的追踪趋势特性，MA的变化往往比较迟缓，掉头速度落后于趋势的变化，这是MA的一个极大的弱点。由于MA具有滞后性，导致当MA发出反转信号时，股价调头的幅度已经很大了。

3.稳定性

从MA的计算方法就可以知道，要比较大地改变MA的数值，无论是向上还是向下，都比较困难，当天的股价必须有很大的变动。因为MA的变动不是一天的变动，而是几天的变动，一天的大的变动被几天的价格平均，变动就会变小而显示不出来。

4.助涨助跌性

当股价突破了MA时，无论是向上突破还是向下突破，股价都有继续向突破方向再走一程的"愿望"，这就是MA的助涨助跌性。

5.支撑线和压力线的特性

MA的上述四个特性，使得它在股价走势中起支撑线和压力线的作用。MA被突破实际上是支撑线和压力线被突破。

（三）移动平均线的应用

1.葛兰威尔法则

（1）平均线由下降逐渐转为水平或上升，股价从平均线的下方向上突破平均线，为买进信号。

（2）股价趋势走在平均线之上，股价下跌并未跌破平均线且立刻反转上升，为买入信号。

（3）股价虽然跌破平均线，但又立刻回升到平均线之上，此时平均线仍然持续上升，为买进信号。

（4）股价突然暴跌，跌破平均线，且远离平均线，则有可能反弹，此时也为买进信号。

（5）平均线从上升逐渐转为盘局或下跌，而股价向下跌破平均线，为卖出信号。

（6）股价虽然向上突破平均线，但又立刻回跌至平均线以下，此时平均线仍然持续下降，为卖出信号。

（7）股价趋势走在平均线下，股价上升并未突破平均线且立刻反转下跌，为卖出信号。

（8）股价突然暴涨，突破平均线，且远离平均线，则有可能反抽回跌，为暂时卖出信号。

葛兰威尔法则是一种使用单根平均线，依据股价与平均线之间的关系判断趋势的方法。

2.多种均线的配合使用

移动平均线按时间周期的长短，可以有多种类型，如1分钟、5分钟、30分钟、

60分钟、5日、10日、30日、60日等。一般而言，可以把移动平均线分为短期移动平均线、中期移动平均线和长期移动平均线。其中，周期在10日以下的移动平均线称为短期移动平均线，周期在10日至60日之间的称为中期移动平均线，周期在60日以上的称为长期移动平均线。

在我国的股市中，通常把200天移动平均线看作年线。如果股价在年线之上，行情为多头市场，如果股价在年线之下，则属于空头市场。

长期移动平均线与短期移动平均线配合使用，可以帮助投资者获取实际盈利。一般来讲，短期移动平均线代表的是短期内多空价位的平衡点，变动速度较快；而长期移动平均线代表的是较长时间内的平衡点，变动速度较慢从而稳定。因此，投资者可以利用快、慢不同速度的移动平均线的位置和相互交叉来决定买进或卖出的时机。具体情况如图11-62所示。

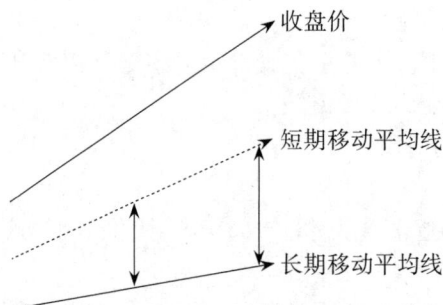

图11-62　利用移动平均线判断买卖时机

当现行行情价位站稳在长期与短期移动平均线之上时，为买进时机；跌破短期移动平均线时，为暂时性的卖出信号；当股价跌破长期移动平均线时，则为卖出信号。

此外，投资者还可以把快、慢移动平均线的交叉，作为买进或卖出的信号。当快速移动平均线从下向上穿破慢速移动平均线时，称为黄金交叉，是一个显著的买进信号；反之，当快速移动平均线从上向下穿破慢速移动均线时，称为死亡交叉，是一个显著的卖出信号。

二、平滑异同移动平均线（MACD）

平滑异同移动平均线（MACD）的基本原理是运用快速与慢速移动平均线及其聚合与分离的征兆功能，加以双重平滑运算，研究和判断买进或卖出的时机。

（一）MACD的计算方法

1.计算平滑系数

MACD的一个最大的优点，就在于其指标的平滑移动。对于那些剧烈波动的市场，这种平滑移动的特性能够对价格波动作较缓和的描绘，从而提高指标的实用性。不过，在计算平滑移动平均值（EMA）前，必须首先求得平滑系数。具体的计算方法为：

　　α=2÷（N+1）

　　其中，α为平滑系数；N为周期单位数。

　　例如：12日EMA的平滑系数α（12）=2÷（12+1）=0.1538；26日EMA的平滑系数α（26）=2÷（26+1）=0.0741。

　　2.计算平滑移动平均值（EMA）

　　当日平滑移动平均值EMA的计算公式为：

EMA=α×当日收盘价（指数）+（1-α）×前一日的EMA

　　3.计算离差值（DIF）

DIF=快速EMA-慢速EMA

　　在MACD的计算过程中，通常采用12日的平滑移动平均线为快速线，26日的平滑移动平均线为慢速线，则公式变为：

DIF=EMA（12）-EMA（26）

　　4.计算MACD的值

　　MACD的值实际上就是DIF的9日平滑移动平均值。计算公式为：

MACD=当日的DIF×（2÷10）+前一日的MACD×（8÷10）

　　（二）MACD的应用法则

　　MACD的应用法则包括：

　　（1）DIF和MACD均为正值时，属于多头市场。DIF向上穿破MACD是买入信号；DIF向下穿破MACD只能认为是回落，投资者可以获利了结。

　　（2）DIF和MACD均为负值时，属于空头市场。DIF向下穿破MACD是卖出信号；DIF向上穿破MACD只能认为是反弹，投资者可以做短线买入。

　　（3）DIF从下向上穿破0轴（由负值变正值）时，为买入信号，实质是12日的EMA与26日的EMA产生了黄金交叉；DIF从上向下穿破0轴（由正值变负值）时，为卖出信号，实质是12日的EMA与26日的EMA产生了死亡交叉。

　　（4）背离信号。当股价（指数）不断创出新低，但MACD指标未创新低，称为"底背离"，是买入信号；当股价（指数）不断创出新高，但MACD指标未创新高，称为"顶背离"，是卖出信号。

　　MACD的优点是去掉了MA频繁出现的买入和卖出信号，用起来比MA更有把握。与MA一样，MACD的缺点是在证券市场没有明显趋势，进入盘整状态时，失误的时候较多；另外，对未来行情的上升和下跌的幅度不能提供有益的帮助。

三、乖离率（BIAS）

　　乖离率（BIAS）是依据葛兰碧移动平均八大法则派生出来的一项技术分析指标。它是以股价在波动过程中与移动平均线偏离程度作为买卖依据的一种技术分析方法。它的基本原理是：一旦股价远离移动平均线，股价必然会向移动平均线回归。因此，利用乖离率数值的大小能判断出股票价格波动的顶部与底部。

（一）乖离率的计算方法

乖离率描述的是股价与移动平均线相距的远近程度。其计算公式为：

$$N日的乖离率 = \frac{当日收盘价 - N日移动平均价}{N日移动平均价} \times 100\%$$

用字母和符号表示为：

$$BIAS(N) = \frac{C_t - MA(N)}{MA(N)} \times 100\%$$

式中：分子为股价（收盘价）与移动平均线的绝对距离，可正可负；除以分母后，就是相对距离。

在BIAS计算公式中，含有参数的项只有一个，即MA。这样，MA的参数就是BIAS的参数。也就是说，依据5天的移动平均线，计算出来的就是5日乖离率；依据10天的移动平均线，计算出来的就是10日乖离率。

（二）BIAS的应用法则

1.依据BIAS的取值大小和方向进行判断

从公式中可以看出，乖离率有正负值之分。当股价在移动平均线之上时，其乖离率为正；反之，则为负；当股价与移动平均线一致时，乖离率为0。随着股价走势的强弱和升跌，乖离率周而复始地穿梭于0点的上方和下方，其值的高低对股价未来的走势有一定的预测功能。

一般而言，当股价持续上涨，正乖离率达到一定的百分比时，表明短期多头获利回吐的可能性较大，是卖出信号；当负乖离率降到某一百分比时，表明空头回补的可能性较大，是买入信号。至于乖离率达到何种程度为正确的买入或卖出信号，目前股市中没有明确统一的标准，投资者可以根据经验和对行情强弱的判断得出结论。

2.依据BIAS的曲线形状进行判断

（1）BIAS形成从上到下的两个或多个下降的峰，而此时股价还在继续上升，产生顶背离，这是卖出的信号。

（2）BIAS形成从下到上的两个或多个上升的谷，而此时股价还在继续下跌，产生底背离，这是买入的信号。

四、随机指标（KDJ）

随机指标（KD或KDJ）是期货市场和股票市场常用的技术分析工具之一，在图表上由%K和%D两条线组成。随机指标主要研究一段时间内股票的高低价位与收盘价格之间的相互关系，即通过计算当日或最近日数的最高价、最低价和收盘价变化的波动幅度，反映价格走势的强弱和超买超卖现象。KDJ指标具有随机波动特征，适合判断中短期的行情波动。

（一）随机指标的计算方法

随机指标可以选择任何一种周期作为计算基础。这里以9日KDJ为例，说明一下 KDJ 线的计算方法。

首先，计算出最近 9 日内的未成熟随机值 RSV（row stochastic value），计算公式为：

$$RSV（9）=\left[（C-L_9）÷（H_9-L_9）\right]×100$$

式中：C 为第 9 日的收盘价，L_9 为最近 9 日内的最低价，H_9 为最近 9 日内的最高价。

然后，计算 %K 值和 %D 值。其中，%K 值为 RSV 的 3 日平滑移动平均值，而 %D 值为 %K 值的 3 日平滑移动平均值，计算公式为：

%K=当日 $RSV×1/3+K_{t-1}×2/3$

%D=当日 %K 值 $×1/3+D_{t-1}×2/3$

式中：$t=1$，2，…；%K 值和 %D 值的初始值，可以假定为 50。

将一段时间内的 %K 值和 %D 值分别连线，就得到了相应的 %K 线和 %D 线。通常情况下，还会引入另外一个参数 J，计算公式为：J=3×D+2×K。因此 KD 线有时又称为 KDJ 线。

（二）随机指标的应用法则

从随机指标的计算过程可以看出，%K 值和 %D 值的取值范围应为 0 ~ 100。实际应用时，一般来讲 %K 线为白色的线，%D 线为黄色的线，J 线为粉色的线。

1.超买区与超卖区的判断

%K 值在 80 以上，%D 值在 70 以上为超买区，是卖出信号；%K 值在 20 以下，%D 值在 30 以下为超卖区，是买入信号。

2.背离判断

背离信号也适用于随机指标。当股价走势一峰比一峰高，而 %K 值却一峰比一峰低，此为顶背离，是卖出信号；当股价走势一底比一底低，而 %K 值却一底比一底高，此为底背离，是买入信号。

3.%K 值与 %D 值交叉、突破判断

当 %K 值大于 %D 值时，表明当前是一种上涨趋势，因此当 %K 线从下向上突破 %D 线时，是买入信号；反之，当 %D 值大于 %K 值时，表明股价处在下跌趋势，因此 %K 线从上向下跌破 %D 线时，是卖出信号。

%K 线与 %D 线的交叉突破，在 80 以上或 20 以下较为准确。当这种交叉突破在 50 左右发生，走势又陷入盘局时，买卖信号视为无效。

4.%K 线形状的判断

当 %K 线倾斜度趋于平缓时，是短期转势的警告信号。这种情况在热门股及指数中准确度较高，而在冷门股中准确度较低。

五、威廉指标（%R）

威廉指标（%R）是由 Larry Williams 于 1973 年首创的，主要是通过衡量当天的收盘价在近一段时间内全部价格范围内所处的位置判断市场状况。

（一）威廉指标的计算方法

$$n日的\%R = \frac{H_n - C_t}{H_n - L_n} \times 100$$

式中：C_t表示当天的收盘价，H_n和L_n分别表示最近n日内（包括当天）出现的最高价和最低价。

由公式可知，%R只有一个参数，即计算周期的选取。如果计算出来的%R数值较大，则说明当天的价格在这段时间内处在一个相对较高的位置，要提防回落；如果%R数值较小，则说明当天的价格在这段时间内处在一个相对较低的位置，要注意反弹；如果%R数值居中，在50左右，则价格上下的可能性均有。

（二）威廉指标的应用法则

与随机指标一样，威廉指标的变化范围为0～100。与随机指标不同的是，威廉指标的值越小，市场的买气越重；反之，其值越大，市场卖气越浓。一般来讲，威廉指标应用法则包括：

（1）当%R指标达到80时，市场处于超卖状态，股价走势随时可能见底。因此，80的横线一般称为买进线，投资者在此可以伺机买入；相反，当%R指标达到20时，市场处于超买状态，走势可能随时见顶，因此20的横线被称为卖出线。

（2）当%R从超卖区向上爬升时，表示行情趋势可能转向。一般情况下，当%R突破50中轴线时，市场行情由弱变强，是买进信号；相反，当%R从超买区向下跌落，跌破50中轴线时，市场行情由强变弱，是卖出信号。

（3）"背离"形态适用于%R。%R进入高位后，一般要回头，如果此时股价还在继续上升，产生顶背离，是卖出信号；%R进入低位后，一般要反弹，如果这时股价还在继续下跌，产生底背离，是买进信号；如果%R连续几次撞顶（底），局部形成双重或多重顶（底），则是卖出（买进）的信号。

六、相对强弱指标（RSI）

相对强弱指标（RSI）与随机指标（KDJ）一样，也是股市中常用的一种技术分析指标。RSI以特定时期内股价的变动情况来推测价格未来的变动方向，并根据股价涨跌幅度显示市场的强弱。

（一）相对强弱指标的计算方法

首先，确定RSI的参数。RSI的参数是指计算RSI数值的时间长度。一般来讲，常用的RSI参数有5日、9日、14日等。

其次，计算RSI数值。这里以14日为例具体介绍RSI(14)的计算方法。

先找到包括当天在内的连续15天的收盘价，用每一天的收盘价减去上一天的收盘价，可以得到14个数字。这14个数字中有正（收盘价比前一天高）、有负（收盘价比前一天低）。令：

A＝14个数字中正数之和

$B=14$个数字中负数之和×（-1）

这样，A和B值都为正数，按下列公式可以算出RSI数值：

$$RSI(14) = \frac{A}{A+B} \times 100$$

从数学上看，A表示14天中股价向上波动的大小，B表示股价向下波动的大小，A+B表示股价总的波动幅度。RSI指标实际上表示的是向上波动幅度占总的波动幅度的百分比。如果RSI数值较大，则说明市场处于强势；如果RSI数值较小，则说明市场处于弱势。

很显然，RSI的计算值涉及收盘价，并且可以选择不同的时间参数。RSI的取值介于0至100之间。

（二）相对强弱指标的应用法则

1.不同参数的两条或多条RSI曲线配合使用

与移动平均线一样，天数越多的RSI考虑的时间范围越大，结论越可靠，但反应速度较慢。参数小的RSI，称为短期RSI；参数大的RSI，称为长期RSI。不同参数的多条RSI配合使用法则可以完全照搬MA的使用法则，具体如下：

（1）短期RSI大于长期RSI，则属于多头市场；

（2）短期RSI小于长期RSI，则属于空头市场。

2.依据RSI取值大小判断行情

将RSI的取值范围（0～100）分成四个区，根据RSI取值落入的区域进行操作。具体的方法见表11-2。

表11-2 　　　　　　　　　　依据RSI取值大小判断行情

RSI值	市场特征	投资操作
80 ～ 100	极强	卖出
50 ～ 80	强	买入
20 ～ 50	弱	卖出
0 ～ 20	极弱	买入

"极强"与"强"的分界线和"极弱"与"弱"的分界线是不明确的，换言之，这两个区域之间不能画一条截然分明的分界线，这个分界线实际是一个区域。这个分界区域的划定与以下两个因素有关。

（1）RSI的参数。不同的参数，其区域的划分也就不同。一般而言，参数越大，分界线离中心线50越近，离100和0就越远。

（2）选择的股票。不同的股票，由于其活跃程度不同，RSI所能达到的高度也就不同。一般而言，越活跃的股票，分界线离50越远；越不活跃的股票，分界线离50就越近。

3. 从 RSI 的曲线形状判断行情

股价形态理论中的各种头部或底部形态类型均适用于 RSI 曲线。不过要求头部形态要出现在较高的位置，底部形态要出现在较低的位置。

此外，与形态理论紧密相关的趋势线也适用于 RSI 曲线。RSI 在一波一波的上升和下降过程中，也会提供画趋势线的机会。这些起支撑作用和压力作用的切线一旦被突破，就是投资者应该采取行动的信号。

4. 从 RSI 与股价的背离方面判断行情

当 RSI 处于高位，并形成一峰比一峰低的两个峰，而此时，股价却对应的是一峰比一峰高，形成顶背离，是卖出的信号；反之，RSI 在低位形成一底比一底高，而股价却是一底比一底低，形成底背离，是买入信号。一般来讲，用 RSI 与股价的背离信号来研究和判断行情的转向的成功率较高。

七、平衡成交量指标（OBV）

平衡成交量（OBV）指标又称为 OBV 能量潮指标。OBV 指标是按一定的方法将成交量与股票数值化，绘成量能变化趋势线，结合股价的变动趋势，从股价的变动与成交量的增减关系推测市场气氛的一种技术指标。OBV 指标是由美国的投资专家葛兰威尔创造的，它的理论基础是：市场价格的变动必须有成交量的配合，没有成交量的配合，市场价格的变动难以继续。

（一）平衡成交量指标的计算方法

OBV 值的计算方法非常简单。当天收盘价高于前一天的收盘价时，成交量记为正值；当天的收盘价低于前一天的收盘价时，成交量记为负值；若当天收盘价等于前一天的收盘价，成交量记为零。将一段时间内经过处理的成交量进行累加，即为 OBV 值。用公式表示为：

当日 OBV =前一日的 OBV ±当日成交量

然后将累计所得的成交量逐日定点连接成线，与股价变化曲线并列在一张图表中，观察其变化。

（二）平衡成交量指标的应用法则

平衡成交量指标的应用法则包括：

（1）当股价上升时，OBV 线却下降，显示买盘无力，股价将要回落。

（2）当股价下跌时，OBV 线却上升，显示买盘旺盛，股价有望反弹。

（3）OBV 线缓慢上升，显示买盘渐强，是买进信号。

（4）OBV 线急速上升，显示买盘力量将尽，为卖出信号。

（5）OBV 线由正值转为负值时，为下跌趋势，是卖出信号，反之为买进信号。

（6）OBV 线与价格趋势的背离具有十分重要的意义。当股价小幅下跌，而 OBV 却大幅持续增加，可以断定为机构在建仓；反之，当 OBV 大幅增加，而股价小幅上涨或滞涨时，可以断定为机构在出货。

八、人气指标（AR）、买卖意愿指标（BR）和中间意愿指标（CR）

这三个指标是描述多空双方力量对比的指标，它们从不同的角度对多空双方的力量进行了描述，各具特色，一般是将三个指标结合起来使用。它们属于情绪指标，反映市场人气的变化。

（一）人气指标（AR）

1.人气指标的计算

人气指标（AR）又称买卖气势指标，是反映市场当前情况下多空双方"斗争"结果的指标之一。市场人气旺则多方占优，买入活跃，股价上涨；反之，人气低落，交易稀少，人心"思逃"，股价就会下跌。为此，AR指标选择每一交易日的开盘价为均衡价（就是多空双方都能接受的价位），配合这个交易日中的最高价和最低价，来分别计算多空双方的力量强度。

多方的强度=H-O

空方的强度=O-L

式中：H为当日的最高价；L为当日的最低价；O为当日的开盘价。

为了避免使用一天的多空双方的强度可能带来的偶然性和片面性，可以将若干天的多空强度进行综合。选择的天数就是AR指标的参数。现以26天的AR指标为例，其计算公式为：

$$AR(26) = \frac{P_1}{P_2} \times 100$$

式中：$P_1 = \sum (H - O)$，为26天的多方强度总和；$P_2 = \sum (O - L)$，为26天的空方强度总和。

从式中可以看出，AR表示26天以来多空双方总的强度的比值。AR值越大表示多方的强度越大，AR值越小表示空方的强度越大。多空双方强弱的分界线为100，大于100说明多方占优势，小于100说明空方占优势，等于100说明多空双方力量相当。

2.人气指标的应用法则

（1）从AR指标的数值上判断大势所处的状态。一般来说，当AR数值在80~120时，为盘整状态，也就是说没有明显的趋势。当AR数值大于200时，表明股价可能已接近天价，可能要回落，投资者可以考虑卖出。当AR数值小于60时，说明股价已经很低，可以考虑买进。

（2）从AR指标的数值与股价的背离判断大势。一般来说，AR到达极高点并回头时，如果股价还在上涨，这就是顶背离，是卖出获利的信号；如果AR到达低谷并回头向上时，而股价还在下跌，这就是底背离，是买入的信号。

（3）AR指标与BR指标配合使用。这个内容将在介绍BR指标时介绍。

（二）买卖意愿指标（BR）

买卖意愿（BR）指标同AR指标一样，也是反映当前情况下多空双方相互"较

263　　　第十一章　证券投资技术分析

量"结果的。其基本的构造思想与AR指标相同，所不同的是它们选择的多空双方的均衡点不同。AR指标以当日的开盘价为均衡点，而BR指标以前一天的收盘价为均衡点。

选择前一天的收盘价为均衡点，不仅能准确反映当天多空双方的"战斗"结果，更为重要的是，还能反映收盘后多空双方由于隔了一夜所产生的力量积蓄而引起的向上和向下跳空的缺口。从这个意义上讲，BR比AR指标更能全面地反映证券市场中的暴涨和暴跌。BR指标可以单独使用，也可以同AR指标结合使用。

1.BR指标的计算

在BR指标中，多空双方的力量计算方法分别为：

多方强度=$H-C_Y$

空方强度=C_Y-L

式中：H为今日的最高价；L为今日的最低价；C_Y为昨日（上一交易日）的收盘价。

同AR指标一样，为了避免偶然性和片面性，在计算BR指标时，应选择多日的多空双方强度。所选择的天数就是BR指标的参数。

以26日为参数，BR指标的计算公式为：

$$BR(26) = \frac{P_1}{P_2} \times 100$$

式中：$P_1 = \sum(H - C_Y)$，为26天的多方强度总和；$P_2 = \sum(C_Y - L)$，为26天的空方强度总和。

由公式可以看出，BR指标也是反映多空双方26日以来的强度的比值。BR指标越大，多方力量越强；BR指标越小，空方力量越强。多空双方的分界线是100，100以上多方占优势，100以下空方占优势。

2.BR指标的应用法则

（1）从BR指标数值上判断大势所处的状态。除了上面论述的100为多空双方的分界线之外，一般认为，当BR数值在70~150时，股票处于整理状态，多空双方的优势都不明显，谁都没有足以击垮对方的力量。当BR数值大于300时，说明多头的力量已经强到了头，应注意股价调头向下；当BR数值小于40时，说明空方力量已经到了尽头，应注意股价向上反弹。

（2）从BR指标与股价的背离方面判断趋势。当BR达到顶峰并回头时，如果股价还在上涨，这就形成了顶背离，是卖出的信号；当BR达到谷底并回头向上时，而股价还在继续下跌，就形成底背离，是买入的信号。

（3）AR指标与BR指标结合使用。AR和BR都急剧上升，说明股价离顶峰已经不远了，持股者应考虑卖出获利；如果AR从下往上突破BR，并且处在低位，是逢低买入的信号；如果BR急剧上升，而AR指标未配合上升，而是盘整或小回，是逢高出货的信号。

（三）中间意愿指标（CR）

中间意愿（CR）指标是同AR指标和BR指标极为相似的指标。不仅计算方法相似，构造原理相同，而且应用法则也相似。唯一的区别是各自选取的多空双方的均衡点不同。CR指标选取前一日的中间价为均衡点。

1.CR指标的计算

在CR指标的计算过程中，每日多空双方的力量强度是按下面的方法进行描述的。

多方强度=$H-M_Y$

空方强度=M_Y-L

式中：H为当日的最高价；L为当日的最低价；M_Y为昨日（上一个交易日）的中间价。

中间价其实也是一个技术指标，它是由开盘价、最高价、最低价和收盘价这四个价格通过加权平均得到的。目前可以采用的中间价的计算方法有四种：

（1）$M_Y=（2C+H+L）/4$；

（2）$M_Y=（C+H+L+O）/4$；

（3）$M_Y=（C+H+L）/3$；

（4）$M_Y=（H+L）/2$。

这四种计算方法对四种基本价格的重视程度是不同的。采用中间价作为均衡价主要是为了消除采用收盘价作为均衡价所可能产生的偏差。

同AR和BR指标一样，为了避免偶然性和片面性，在计算CR指标时，应选择多日的多空双方强度。所选择的天数就是CR指标的参数。

以26日为参数，CR指标的计算公式为：

$$CR(26) = \frac{P_1}{P_2} \times 100$$

式中：$P_1=\sum(H-M_Y)$，为26天的多方强度总和；$P_2=\sum(M_Y-L)$，为26天的空方强度总和。

CR指标越大，多方力量越强；CR指标越小，空方力量越强。

2.CR指标的应用法则

同AR和BR指标一样，CR指标的上升与下降反映的也是多空双方力量的消长。反过来，多空双方力量对比的变化，也会在CR指标的数值上有所体现。

（1）从CR指标的取值方面判断大势。一般来讲，CR指标的取值越低，买入越安全，低于90时，买入一般较为安全。CR指标取值较大时，应考虑卖出，这时候应参考AR和BR指标的表现。

（2）从CR指标的背离方面判断趋势。同AR和BR指标一样，只要指标与股价在底部或顶部形成背离，就是采取行动的信号。

九、市场大盘类指标

大多数技术指标都是既可应用到个股，又可以应用到综合指数。而这里介绍的三个指标只能用于综合指数，反映市场大盘变动趋势，不能用于个股。

（一）腾落指数（ADL）

腾落指数（advance-decline line，简称ADL），就是上升下降曲线的意思，是利用简单的加减法计算每天股票上涨的家数和下降的家数的累积结果，与综合指数相互对比，对大势的未来趋势进行预测。

1.腾落指数的计算

假设已知上一个交易日的ADL取值，当天所有的股票上涨的家数为N_A，下降的家数为N_D，持平的家数为N_M；这里的涨跌判断标准是以当日的收盘价与上一日收盘价比较。当天的ADL值如下：

当日ADL=前一日ADL+N_A-N_D

由上式推出：

当日$ADL = \sum N_A - \sum N_D$

式中：$\sum N_A$为从开始交易的第一天算起，所有交易日上涨家数的总和；$\sum N_D$为从开始交易的第一天算起，所有交易日下跌家数的总和。

2.腾落指数的应用法则

（1）大盘涨跌与ADL的趋势相同，后市维持原趋势的可能性极大。

（2）ADL与大盘走势相背离，为转势信号。

（3）大盘处于多头市场时，ADL在呈上升趋势，突然急速下跌，接着又立即扭转向上，显示多头市场可能再创新高；大盘处于空头市场时，ADL在呈下降趋势，突然急速上升，接着又立即回头向下，显示空头市场可能再创新低。

腾落指数简单易懂，能够直观地反映市场的整体趋势和资金流向。它不受个别大市值股票波动的影响，能够较好地消除市场操纵的影响。但由于腾落指数只反映市场整体趋势，不提供具体的买卖信号，因此需要与其他指标结合使用以提高决策的准确性。

（二）涨跌比率（ADR）

涨跌比率（advance-decline ratio，简称ADR），又称为回归式腾落指数，是依据股票的上涨家数和下跌家数的比值，来推断市场中多空力量的对比，从而判断市场实际状况的指标。

1.涨跌比率的计算

$$ADR(N) = \frac{P_1}{P_2}$$

式中：$P_1 = \sum N_A$，为N日内股票上涨家数之和；$P_2 = \sum N_D$，为N日内股票下跌家数之和；N为选择的天数，是ADR的参数。

关于ADR的参数的选择，可以选取5，10，25等，通常选取10为计算参数。

2.涨跌比率的应用法则

（1）从ADR的取值判断大势。从公式中可以看出，ADR的取值范围大于0。当ADR在0.5～1.5时，市场处于正常波动状态，多空力量平衡。当ADR小于下限时，是逢低买入的信号；当ADR大于上限时，是逢高卖出的信号。尤其是当ADR>2或ADR<0.3时，表示市场处于极端状态，可能是大势反转的信号。

（2）从背离方面判断走势。当ADR与大盘走势相同时，后市维持原趋势的可能性极大；当ADR与大盘走势相反，出现顶背离或底背离信号时，则是采取行动的信号。

（3）从ADR曲线的形态上判断大势。ADR从低到高超过0.5，并在0.5附近上下来回移动几次，是空头进入末期的信号；ADR从高向低下降到0.75以下，是短期反弹的信号。

（三）超买超卖指标（OBOS）

超买超卖指标（over bought over sold，OBOS）也是运用上涨和下跌的股票家数的差距对大势进行分析的技术指标。

1.超买超卖指标的计算

OBOS同ADR一样，是用一段时间内上涨和下跌的股票的家数的差距来反映当前股市多空双方力量的对比和强弱。ADR选的是两者相除，而OBOS选择的方法是两者相减。OBOS指标计算公式为：

$$OBOS(N) = P_1 - P_2$$

式中：$P_1 = \sum N_A$，为N日内股票上涨家数之和；$P_2 = \sum N_D$，为N日内股票下跌家数之和。

N为选择的天数，是OBOS指标的参数，市场上比较常用的参数是6日、10日、24日等。参数选择较小，OBOS值上下变动的空间就比较小，曲线的上下起伏就比较平稳。

2.超买超卖指标的应用法则

OBOS指标的多空平衡点是0，当市场处于盘整状态时，OBOS的取值应该围绕0的上下来回波动；距离0越远，则力量越大，势头越强劲。参数选择得越大，一般OBOS越平稳。

（1）OBOS指标上升至+1 000时为超买；下降至−1 000时为超卖。

（2）OBOS指标超出+1 500与−1 500区间时，应等待OBOS的走势与股价指数背离时，再采取行动，此时大势可能反转。

（3）形态理论和切线理论中的结论也可用于OBOS曲线。如果OBOS在高位（低位）形成M头（W底），则是卖出（买入）的信号。连接高点或低点的切线也能帮助我们看清OBOS的趋势，进一步验证是否与股价指数的走势发生背离。

（4）本指标应搭配ADR（涨跌比率）、VR（成交量变异率）、BR、AR等指标使用。

OBOS反映的是股市的大趋势，对个股的走势不提出明确的结论，因此，在应用时只可将其作为大势参考指标，不对个股的具体买卖发生作用。

理论应用 ☑ --●

视频 11-7

证券软件中技术分析工具应用指引

综合练习 ☑ --●

1.技术分析的基本假设不包括（　　）。

A.市场行为涵盖一切信息

B.市场总是理性的

C.历史会重演

D.证券价格沿趋势移动

2.道氏理论中股价波动三类趋势的最大区别是（　　）不同。

A.趋势持续时间的长短和趋势波动的幅度大小

B.趋势波动的幅度大小

C.趋势变动方向

D.趋势持续时间的长短

3.下列关于K线的表述中错误的是（　　）。

A.阳线表明收盘价高于开盘价

B.阴线表明收盘价低于开盘价

C.当最高价等于收盘价时，K线没有上影线

D.当最高价等于最低价时，画不出K线

4.根据K线理论，在其他条件相同时，（　　）。

A.实体越长，表明多方力量越强

B.上影线越长，越有利于空方

C.下影线越短，越有利于多方

D.上影线长于下影线，有利于多方

5.在技术分析中，如果某个缺口在3日内回补，通常称此缺口为（　　）。

A.消耗性缺口

B.持续性缺口

C.突破缺口

D.普通缺口

6.一般来说，用于衡量一条支撑线或压力线对当前走势的影响是否重要的因素不

包括（   ）。

    A. 股价在这个区域停留的时间长短

    B. 股价在这个区域中伴随的成交量大小

    C. 股价在这个区域前伴随的成交量

    D. 这个区域产生的时间与当前的时间间距

7. 关于趋势线的说法错误的是（   ）。

    A. 趋势线是被用来判断股票价格运动方向的切线

    B. 下降趋势线是一种压力线

    C. 在上升趋势中，需将股价的三个低点连成一条直线才能得到一条上升趋势线

    D. 上升趋势线被突破后，该趋势线就转化为潜在的压力线

8. 与趋势线平行的切线为（   ）。

    A. 百分线

    B. 压力线

    C. 黄金分割线

    D. 轨道线

9. 一般而言，当（   ）时，股价形态不构成反转形态。

    A. 股价形成头肩底后突破颈线位并上涨一定形态高度

    B. 股价完成旗形形态

    C. 股价形成双重顶后突破颈线位并下降一定形态高度

    D. 股价形成双重底后突破颈线位并上涨一定形态高度

10. 关于双重顶（底）形态的说法错误的是（   ）。

    A. 双重顶（底）形态的颈线是一种趋势线

    B. 双重顶（底）形态是反转形态

    C. 双重顶形态的颈线一旦被突破并得到确认，股价将至少要跌到与形态高度相等的距离

    D. 确认颈线被突破的原则通常是百分比原则和时间原则

11. 股价移动的整理形态不包括（   ）。

    A. 喇叭形

    B. 三角形

    C. 矩形

    D. 旗形

12. 波浪理论考虑的因素不包括（   ）。

    A. 股价形态

    B. 价格指数

    C. 股价高低点相对位置

    D. 股价形态经历的时间

13.关于移动平均线的应用说法错误的是（　　）。

A.当短期平均线向上穿过长期平均线时，形成金叉，通常被视为买入信号

B.移动平均线在股价走势中起支撑线和压力线的作用

C.移动平均线的行动往往过于迟缓，调头速度落后于大趋势

D.在盘整阶段，移动平均线不会发出错误信号

14.MACD指标的"金叉"和"死叉"分别代表（　　）。

A.金叉表示买入信号，死叉表示卖出信号

B.金叉表示卖出信号，死叉表示买入信号

C.金叉和死叉均表示市场趋势的延续

D.金叉和死叉均表示市场趋势的反转

15.关于技术分析指标RSI的说法正确的是（　　）。

A.RSI指标主要用于判断市场趋势的强弱，数值越高表示市场越强

B.RSI指标的取值范围为0到100，当RSI值低于30时，市场处于超卖状态

C.RSI指标的计算公式中只涉及开盘价

D.RSI指标主要用于分析市场的成交量变化

课程思政 ✔️ --●

视频11-8

保持警惕之心　谨防新型骗局

第四篇　证券投资组合管理篇

第十二章
证券投资组合管理

思维导图

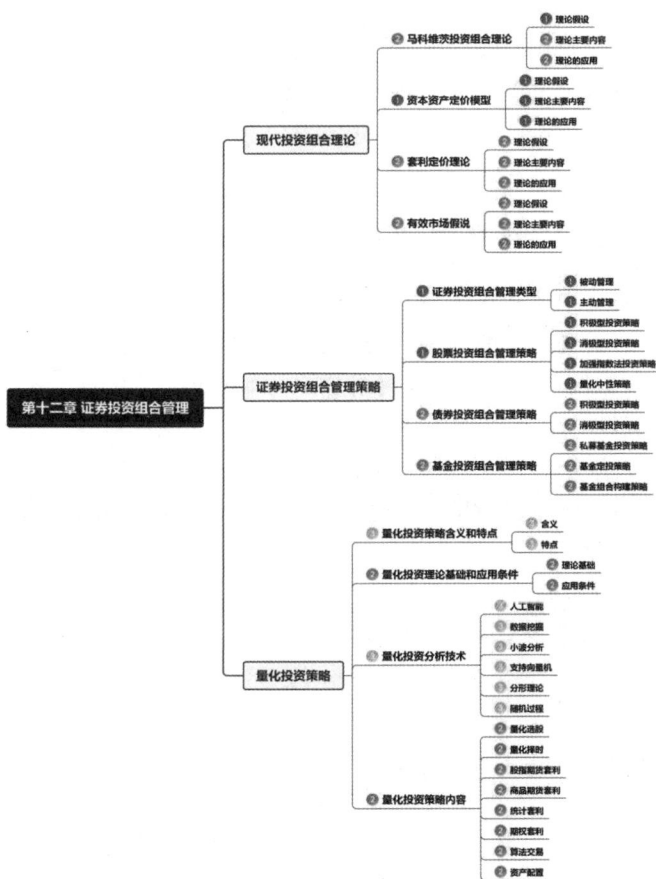

①掌握；②熟悉；③了解。

1.掌握马科维茨投资组合理论假设条件；资本资产定价模型；证券投资组合管理类型；股票投资组合管理策略。

2.熟悉马科维茨投资组合理论主要内容及应用；套利定价理论；有效市场假说；债券投资组合管理策略；基金投资组合管理策略；量化投资理论基础和应用条件；量化投资策略内容。

3.了解量化投资策略含义和特点；量化投资技术。

思政目标

1.通过资产组合和投资策略选择，培养学生证券从业相关的职业道德、职业素质。

2.通过学习了解到专业能力强、严谨求真的投资者能获得超常收益，从而培养学生具备严谨、求真、创新的专业能力和科学精神。

第一节 现代投资组合理论

投资组合管理是指投资管理人按照资产选择理论与投资组合理论对资产进行多元化管理，以实现分散风险、提高效率的投资目的。其中，现代投资组合理论主要由马科维茨投资组合理论、资本资产定价模型、套利定价理论、有效市场假说等部分组成。

一、马科维茨投资组合理论

1952年3月，美国经济学家哈里·马科维茨发表了《证券组合选择》的论文，作为现代证券组合管理理论的开端。马科维茨对风险和收益进行了量化，建立的是均值-方差模型，提出了确定最优投资组合的基本模型。

（一）理论假设

1.理性投资人假定

在给定期望风险水平下对期望收益进行最大化，或者在给定期望收益水平下对期望风险进行最小化。

2.充分有效市场假设

市场中的投资者在当前时刻拥有相同的信息，并对信息作出正确的分析判断，使得市场中资产的价格对相关信息作出充分反映，实现均衡的市场定价。

（二）主要内容

该理论包含两个重要内容：均值-方差模型和最优投资组合模型。

1.均值-方差模型

马科维茨认为人们在进行投资时，本质上是在不确定性的收益和风险中进行选择。他用投资组合的期望收益率（均值）刻画收益，用投资组合中收益率的方差刻画风险，（或标准差）刻画风险，建立均值-方差模型阐述了如何考虑在既定风险水平下最大化期望收益，或在既定收益水平下最小化风险，从而进行投资决策。证券组合的期望收益率和方差的公式如下：

$$E(R_p) = W_1 E(R_1) + W_2 E(R_2) + ... + W_n E(R_n)$$

$$\sigma_P^2 = \sum_{i=1}^{n} \sum_{j=1}^{n} W_i W_j \sigma_{ij}$$

式中：$W_1 + W_2 + ... + W_n = 1$

2.最优投资组合模型

可行集是投资者面临的所有可能的投资组合的集合。对于多种风险证券组合，其形状类似图12-1所示的一个左凸的实心区域。MVP点标注的为最小方差资产组合，以该点为中心可将可行集分成两部分，其中位于上半部分边缘线的投资组合同时满足既定收益水平下风险最小和同等风险水平下收益最高的条件，被称为资产组合的有效集，又称有效边界，如图12-1所示。如果是一种无风险证券和多种风险证券的组合，其有效集为一条直线，如图12-2所示。最优投资组合是投资者效用无差异曲线和投资组合有效边界的切点，如图12-3和图12-4所示。

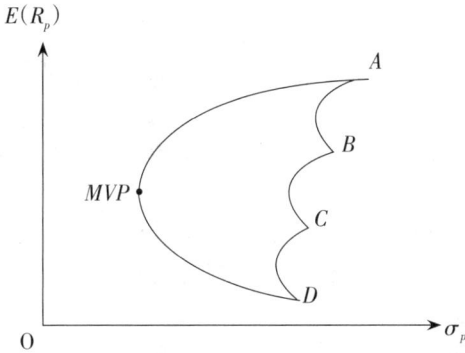

图12-1　多种风险证券组合的可行集和有效集

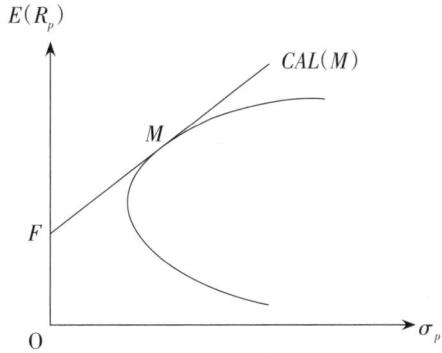

图12-2　一种无风险证券和多种风险证券组合的有效集

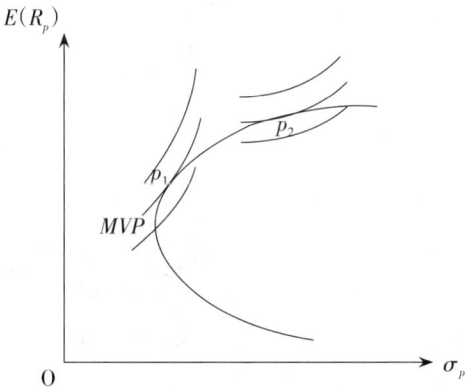

图12-3　多种风险证券组合时投资者的最优投资组合

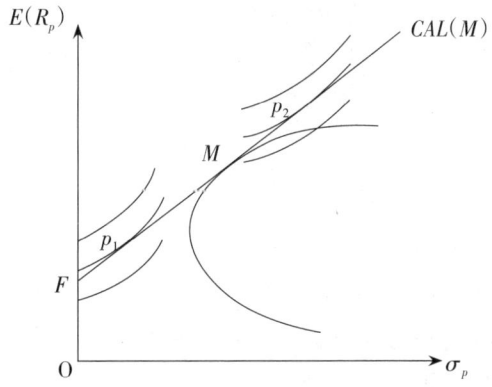

图12-4　一种无风险证券和多种风险证券组合时投资者的最优投资组合

（三）理论的应用

分离定理：最优风险投资组合和投资人主观效用函数无关（相分离）。投资可以分为两步骤：一是锁定两种投资产品——无风险证券和最优风险投资组合；二是将资金以适当比例配置在无风险证券和最优风险投资组合上。

二、资本资产定价模型

资本资产定价模型（CAPM）由威廉·夏普、林特尔等人1964年在资产组合理论和资本市场理论的基础上发展起来，主要研究证券市场中资产的预期收益率与风险资产之间的关系，以及均衡价格是如何形成的，是现代金融市场价格理论的支柱。

（一）理论假设

资本资产定价模型的假设条件包括：

（1）所有投资者的投资期限均相同；

（2）投资者根据投资组合在单一投资期内的预期收益率和标准差来评价这些投资组合；

（3）投资者永不满足，当其面临其他条件相同时，将选择预期收益率较高的投资组合；

（4）投资者都厌恶风险，当其面临其他条件相同时，将选择标准差较小的投资组合；

（5）每个投资者都是价格的接受者，其交易行为不会对证券价格产生实质性影响；

（6）每种资产都是无限可分的；

（7）投资者可以按相同的无风险利率借入或贷出资金；

（8）税收和交易费用均忽略不计；

（9）对于所有投资者来说，信息都是免费的并且是立即可得的；

（10）投资者对于各种资产的收益率、标准差、协方差等具有相同的预期。

（二）主要内容

资本资产定价模型认为，当市场处于均衡状态时，某种资产（或资产组合）的期望收益率是其 β 值的线性函数，即

$$E(R_i) = R_f + [E(R_M) - R_f]\beta_i$$

式中：$E(R_i)$ 为当市场处于均衡状态时第 i 种资产（或资产组合）的期望收益率；R_f 为市场无风险利率；$E(R_M)$ 为当市场处于均衡状态时市场组合的期望收益率；β_i 为第 i 种资产（或资产组合）的贝塔系数，它反映了资产（或资产组合）系统风险的大小。

任意证券或证券组合的期望收益率由两部分构成：一部分是无风险利率 R_f，它是由时间创造的，是对放弃即期消费的补偿；另一部分是对承担风险的补偿 $[E(R_M) - R_f]\beta_i$，称为"风险溢价"，它与承担的系统风险 β 系数的大小成正比。

（三）理论的应用

资本资产定价模型的作用是能够为评估潜在投资项目提供一个基准收益率，能够对不在市场交易的资产作出合理的估价。主要应用于资产评估、资金成本预算以及资源配置等方面。但CAPM在实际运用中也存在一些局限，主要表现在：某些资产或企业的β值难以估计，特别是对一些缺乏历史数据的新兴行业；经济环境的不断变化，使得依据历史数据估算的β值对未来的指导作用大打折扣；CAPM建立在一系列假设上，其中一些假设与实际情况有较大偏差，使得模型有效性受到质疑。

三、套利定价理论

套利定价理论（APT）是由斯蒂芬·罗斯在1976年提出的，是CAPM的拓广，两者都是均衡状态下的模型，不同的是APT的基础是多因素模型。APT认为，套利行为是现代有效率市场（即市场均衡价格）形成的一个决定因素。如果市场未达到均衡状态的话，市场上就会存在无风险套利机会。APT用多个因素来解释风险资产收益，根据无套利原则，得到风险资产均衡收益与多个因素之间存在（近似的）线性关系；而CAPM预测所有证券收益率都与唯一的公共因子市场组合的收益率存在线性关系。

（一）理论假设

套利定价理论的假设条件包括：

（1）投资者都有相同的预期；

（2）当投资者具有在不增加风险的前提下提高回报率的机会时，每个人都会利用这个机会，即个体是非满足的；

（3）投资者是回避风险的，且以效用最大化为目标；

（4）市场是完全的，不考虑交易成本因素的影响；

（5）证券种类众多，并且彼此之间相互独立；

（6）投资者认为任何一种证券的收益率都是一个线性函数。

（二）主要内容

1.单因素模型

证券实际收益率在绝大多数情况下不等于预期收益率，这种偏离就是投资风险。单因素模型假定证券收益率只受1个共同因素的影响，用F_1表示，则有：

$$R_i = \alpha_i + \beta_i F_1 + \varepsilon_i$$

式中：R_i为证券i的实际（随机）收益率；α_i为每个因子为零时证券i的预期收益率；F_1为对证券i收益率有重大影响的因子，比如GDP；β_i为影响因子对证券i收益率的敏感度；ε_i为影响证券i收益率的随机误差项。

2.多因素模型

多因素模型假定证券收益率受k个共同因素的影响，用F_j（$j=1$，2，…，k）表示，则有：

$$R_i = \alpha_i + \beta_{i1}F_1 + \beta_{i2}F_2 + \cdots + \beta_{ik}F_k + \varepsilon_i$$

式中：R_i为证券i的实际（随机）收益率，α_i为每个因子为零时证券i的预期收益率；F_j（$j=1$，2，$\cdots$，k）为对证券i收益率有重大影响的因子，比如GDP和CPI等；β_{ij}（$j=1$，2，$\cdots$，k）为第j个影响因子对证券i收益率的敏感度；ε_i为影响证券i收益率的随机误差项。

3.套利定价模型

套利是指，通过在一个市场上以较低的价格买进并同时在另一个市场上以较高的价格卖出，套利者就能在没有风险的情况下获利。

套利组合是指，套利者可凭之获取无风险利润的一种投资组合。套利组合应符合三个条件：零投资，零风险，正收益。

在一个有效率的市场中，当市场处于均衡状态时，不存在无风险套利机会；对于一个高度多元化的资产组合，只有几个共同因素需要补偿。由此可推导得出套利定价模型：

$$E(R_i) = \lambda_0 + \lambda_1\beta_{i1} + \lambda_2\beta_{i2} + \cdots + \lambda_k\beta_{ik}$$

式中：$E(R_i)$为证券i的预期收益率；λ_0与风险因素F_j（$j=1$，2，$\cdots$，k）无关，相当于无风险利率；λ_j（$j=1$，2，$\cdots$，k）是对F_j具有单位敏感性的因素风险溢价；β_{ij}（$j=1$，2，$\cdots$，k）为第j个影响因子对证券i收益率的敏感度。

（三）理论的应用

套利定价理论明确确定某些因素与证券收益有关，可以预测证券的收益，在实践中用于资本预算、证券估价或投资业绩评估等方面。但APT在实际运用中也存在一些局限，主要表现在：APT认为没有风险的情况下可以利用价格差异进行套利交易，但这种套利策略需要准确的技术分析和快速的交易执行能力；APT认为市场不存在摩擦，但在实际交易中存在交易成本、滑点和流动性等问题；APT认为所有市场参与者都能获取全面信息并在交易中反映，然而证券市场存在信息不对称问题。

四、有效市场假说

有效市场假说（EMH）是由尤金·法玛在1970年提出的，是有关证券价格对影响价格的各种信息的反映能力、程度及速度的解释，是关于市场效率问题的研究。

（一）理论假设

有效市场假说的假设条件包括：

（1）投资者理性；

（2）投资者偏离理性的行为存在独立偏差；

（3）存在无风险套利机会。

（二）主要内容

在一个有效市场上，资产价格迅速充分地反映了与其价值相关的所有信息，价格是资产内在价值最真实的体现，投资者都能获得与风险水平相对应的正常收益，但无法通过既定分析模式或操作方式持续获得超额收益。

投资者获得的信息可以分为三种：历史信息、当前公开的信息和内幕信息。根据资产价格反映信息类型的不同，有效市场可以分为三个层次：弱式有效市场、半强式有效市场和强式有效市场。

1.弱式有效市场

在弱式有效市场中，资产价格迅速充分地反映了所有历史信息如历史价格、成交量等，投资者无法通过分析历史信息持续获得超额收益，此时技术分析方法失效。

2.半强式有效市场

在半强式有效市场中，资产价格迅速充分地反映了所有公开的信息，包括历史信息和当前公开的信息，如公司财务报告和重大事项、国家经济政策等，投资者也无法通过分析当前公开的信息持续获得超额收益，此时基本分析方法也失效。

3.强式有效市场

在强式有效市场中，资产价格迅速充分地反映了所有与价格相关的信息，包括历史信息、当前公开的信息和内幕信息，投资者通过任何投资分析方法都不能持续获得超额收益。

（三）理论的应用

有效市场假说可以应用在投资分析方法和投资策略选择上。根据有效市场的不同层次和分析方法的适用性，选择有效的投资分析方法。根据对该理论是否认同，选择不同的投资策略。如果赞同有效市场假说，则采取消极型投资策略；如果反对有效市场假说，则采取积极型投资策略。

第二节 证券投资组合管理策略

一、证券投资组合管理类型

根据证券组合管理者对市场效率的不同看法，其管理类型可大致分为被动管理和主动管理两种类型。

（一）被动管理

被动管理，又称消极管理，是指长期稳定持有模拟市场指数的证券组合以获得市场平均收益的管理方法。采用此种方法的管理者认为，证券市场是有效市场，凡是能够影响证券价格的信息均已在当前证券价格中得到反映。因此，他们坚持"买入并长期持有"的投资策略。但这并不意味着他们无视投资风险而随便选择某些证券进行长期投资。他们通常购买分散化程度较高的投资组合，如市场指数基金或类似的证券组合。被动管理的策略又可以称为消极型投资策略。

（二）主动管理

主动管理，又称积极管理，指经常预测市场行情或寻找定价错误的证券，并借此频繁调整证券组合以获得尽可能高的收益的管理方法。采用此种方法的管理者认为，市场不总是有效的，加工和分析某些信息可以预测市场行情趋势和发现定价过高或过低的证券，进而对买卖证券的时机和种类作出选择，以实现尽可能高的收益。主动管理的策略又可以称为积极型投资策略。

二、股票投资组合管理策略

（一）积极型投资策略

积极的股票风格管理，是通过对不同类型股票的收益状况作出的预测和判断，主动改变投资组合中增长类、周期类、稳定类和能源类股票权重的股票风格管理方式。

积极型股票投资策略可以分为：以技术分析为基础的投资策略、以基本分析为基础的投资策略和市场异常策略等。

1.以技术分析为基础的投资策略

以技术分析为基础的投资策略是在否定弱式有效市场的前提下，以历史交易数据（过去的价格和交易量数据）为基础，预测单只股票或市场总体未来变化趋势的一种投资策略。

2.以基本分析为基础的投资策略

基本分析是在否定半强式有效市场的前提下，以公司基本面状况为基础进行的分析，其内容包括公司的资本结构、资产运作效率、偿债能力、盈利能力和市场占有率等方面，还可以通过同行业的横向或上下游的纵向比较加深对公司基本面的了解。

3.市场异常策略

（1）小公司效应。小公司效应是指以市场资本总额衡量的小型资本股票，它们的投资组合收益通常优于股票市场的整体表现。

（2）低市盈率效应。低市盈率效应是指由低市盈率股票组成的投资组合的表现要优于由高市盈率股票组成的投资组合的表现。

（3）日历效应。长期的投资实践发现，在每一年的某个月份或每个星期的某一天，市场走势往往表现出一些特定的规律。例如，在过年前的一段时间里，在假期消费心理和大资金回笼的影响下，股价走势往往比较弱。因此，一些有经验的投资经理会选择股价走势通常较好的时期，某月或一个星期的某一天作为买入时点，而在股价走势较弱的月份选择卖出。在具体操作中，很多基金经理可能选择在行情到来之前的预先反应，从而更好地把握投资机会。

（4）遵循内部人的交易活动。通常所说的内部人往往可以利用其特殊地位提前于投资者获得公司尚未公布的信息，或者掌握比普通投资者更多的信息，并以此获得超额回报。因此有些投资者采取跟随内部人的方式实施其投资策略，在有些时候也可以分享一部分超额收益。

（二）消极型投资策略

消极的股票风格管理，是指选定一种投资风格后，不论市场发生何种变化均不改变这一选定的投资风格。

消极型股票投资策略以有效市场假说为理论基础，可以分为简单型和指数型两类策略。

1.简单型消极投资策略

简单型消极投资策略一般是在确定了恰当的股票投资组合之后，在3~5年的持有期内不再发生积极的股票买入或卖出行为，而进出场时机也不是投资者关注的重点。简单型消极投资策略具有交易成本和管理费用最小化的优势，但同时也放弃了从市场环境变化中获利的可能。适用于资本市场环境和投资者偏好变化不大，或者改变投资组合的成本大于收益的情况。

2.指数型消极投资策略

指数型消极投资策略的核心思想是相信市场是有效的，复制一个与市场结构相同的指数组合，就可以排除非系统性风险的干扰而获得与市场相同或相近的投资回报。如果基金管理人希望复制的投资组合的股票数小于目标股票价格指数的成分股股票数目，则可以使用市值法或分层法来构造具体的投资组合。

（1）市值法。市值法是指选择指数成分股股票中市值最大的部分股票，按照其在股价指数所占比例购买，将剩余资金平均分配在剩下的成分股股票中。

（2）分层法。分层法是指将指数的成分股股票根据某个因素（如行业、风险水平β值）分类，然后按照各类股票在股价指数中的比例构造投资组合，随机或按照其他原则选取各类中的具体股票。

（三）加强指数法投资策略

加强指数法是指在资本市场还无法达到强式有效市场的标准时，将指数化管理方式与积极型股票投资策略相结合，在盯住选定的股票指数的基础上做适当的主动性调整。

加强指数法的重点是在复制组合的基础上加强风险控制，其目的不在于积极寻求投资收益的最大化，因此通常不会引起投资组合特征与基准指数之间的实质性背离。

（四）量化中性策略

市场上存在两种选股的方式，一种是主观选股，另一种是量化选股，即借助统计学和数学的方法，对包括宏观经济、上市公司财务指标等基本面因子，以及股票量价、投资者情绪、分析师预期等市场面因子的海量数据进行全面的分析，从中发现可能可以用来推测未来股价走势的指标，构建数量化策略模型并实现交易执行的程序化。优质的量化中性产品在不同的牛熊市环境中均能获得稳健正收益。

三、债券投资组合管理策略

（一）积极型投资策略

1.水平分析

水平分析是一种基于对未来利率预期的债券组合管理策略，其中一种主要的形式为利率预期策略。水平分析法的核心是通过对未来利率的变化就期末的价格进行估计，并据此判断现行价格是否被误定以决定是否买进。对于以债券指数作为评价基准的资产管理人来说，当预期利率上升时，将缩短投资组合的持续期；反之，预期利率下降时，将增加投资组合的持续期。利率预期策略运用的关键点在于能否准确地预测未来利率水平。

2.债券互换

债券互换就是同时买入和卖出具有相近特性的两个以上债券品种，从而获取收益级差的行为。在进行积极债券组合管理时使用债券互换有多种目的，但其主要目的是通过债券互换提高组合的收益率。一般而言，只有在存在较高的收益级差和较短的过渡期时，债券投资者才会进行互换操作。

债券互换类型包括：替代互换、市场间利差互换以及税差激发互换。

（1）替代互换。替代互换是指在债券出现暂时的市场定价偏差时，将一种债券替换成另一种完全可替代的债券，以期获取超额收益。

（2）市场间利差互换。市场间利差互换是不同市场之间债券的互换。投资者进行这种互换操作的动机是投资者认为不同市场间债券的利差偏离了正常水平并以某种趋势继续运行。与替代互换相区别的是，市场间利差互换所涉及的债券是不同的。例如，这种互换可能在国债和企业债之间进行。

（3）税差激发互换。税差激发互换的目的就在于通过债券互换来减少年度的应付税款，从而提高债券投资者的税后收益率。税差激发互换常见类型包括：一是把免税的政府债券换成具有同等风险的应税企业债券，以增加投资者的税后收益率。二是当资本利得税率低于利息收入税率时，把面值接近的高票面利率债券替换成大幅度折价出售的低票面收益率债券，这样也能够获得更高的税后收益率。

3.骑乘收益率曲线

骑乘收益率曲线策略又称收益率曲线追踪策略，可以视作水平分析的一种特殊形式。债券的收益率曲线随时间变化而变化，因此债券投资者就能够以债券收益率曲线形状变动的预期为依据来建立和调整组合头寸。

常用的收益率曲线策略包括：子弹式策略、两极策略和梯式策略。

（1）子弹式策略。子弹式策略是使投资组合中债券的到期期限集中于收益率曲线的一点，形成像"子弹"一样的集中到期结构。如果投资者对某一特定期限的债券收益率有明确的信心，这种策略可以锁定该期限的收益。但由于资金集中在单一期限，如果该期限的债券价格波动较大，投资组合的风险也会较高。

（2）两极策略。两极策略是使投资组合中债券的到期期限集中于两极，即短期债券和长期债券，而忽略中间期限的债券。通过投资短期和长期债券，分散了单一期限的风险。如果收益率曲线是正常的向上倾斜形状，长期债券可能提供较高的收益，而短期债券则提供较好的流动性。

（3）梯式策略。梯式策略是指将投资资金均匀分配到不同到期期限的债券上，形成像"梯子"一样的均匀到期结构。通过投资不同期限的债券，分散了单一期限的风险，投资组合的现金流较为稳定。当市场利率发生变化时，可以通过调整到期债券的再投资方向来优化收益。

（二）消极型投资策略

1. 指数策略

指数策略目的是使所管理的资产组合尽量接近于某个债券市场指数的表现。这种策略虽然可以达到预期的绩效，但往往放弃了获得更高收益的机会或不能满足投资者对现金流的需求。

指数化的方法包括分层抽样法、优化法和方差最小化法。分层抽样法适合于证券数目较小的情况。当作为基准的债券数目较大时，优化法与方差最小化法比较适用，但后者要求采用大量的历史数据。

加强的指数化是通过一些积极的但是低风险的投资策略提高指数化组合的总收益。指数规定的收益目标变为最小收益目标，而不再是最终收益目标。例如，用两种或更多的债券组合成一种新的债券，使之具有相同的修正期限，但拥有更高的曲度。

2. 免疫策略

免疫策略是被许多债券投资者所广泛采用的策略，目的是使所管理的资产组合免于市场利率波动的风险。

（1）满足单一负债要求的投资组合免疫策略。为使债券组合最大限度地避免市场利率变化的影响，组合应首先满足两个条件：一是债券投资组合的久期等于负债的久期；二是投资组合的现金流量现值与未来负债的现值相等。在以上两个条件与其他方面的需求确定的情况下，求得规避风险最小化的债券组合。零息债券的规避风险为零，是债券组合的理想产品。

（2）多重负债下的组合免疫策略。多重负债免疫策略要求投资组合可以偿付不止一种预定的未来债务，而不管利率如何变化。多重负债下的组合免疫策略要求达到三个条件：一是债券组合的久期与负债的久期相等；二是组合内各种债券久期的分布必须比负债的久期分布更广；三是债券组合的现金流现值必须与负债的现值相等。在上述三个条件满足的情况下，用数学规划的方法求得规避风险最小化的债券组合。

（3）多重负债下的现金流匹配策略。现金流匹配策略是按偿还期限从长到短的顺序，挑选一系列的债券，使现金流与各个时期现金流的需求相等，是一种完全免疫策略。这种策略没有任何免疫期限的现值，也不承担任何市场利率风险，但成本往往较高。

四、基金投资组合管理策略

（一）私募基金投资策略

私募基金投资策略分为股票策略、管理期货策略、相对价值策略、事件驱动策略、组合策略、债券策略、宏观对冲策略以及复合策略八大类。

1.股票策略

股票策略是以投资股票类资产为主要收益来源，其投资标的为沪深上市公司股票，以及和股票相关的金融衍生工具（股指期货、ETF期权等）。股票策略是目前国内阳光私募行业最主流的投资策略，约有80%以上的私募基金采用此策略，按照风险暴露的大小排序分别为股票多头、股票多空、股票市场中性三种子策略。

（1）股票多头策略。股票多头是指基金经理基于对某些股票看好从而在低价买进股票，待股票上涨至某一价位时卖出以获取差额收益。

（2）股票多空策略。股票多空策略是在股票投资中配置不同比例的股票多头和空头（融券卖空股票、做空股指期货或股票期权等），构建成符合自己预期收益和风险特征的投资组合，并持续跟踪和调整的投资策略。

（3）股票市场中性策略。股票市场中性策略，指基金经理通过融券、股指期货、期权等工具完全对冲掉股票组合的系统性风险，或是仅留有极小的风险敞口，以期望获得超额收益。

2.管理期货策略

管理期货策略称为商品交易顾问策略，该策略主要投资于商品期货、金融期货、期权与衍生产品、外汇与货币。该策略一般包含期货趋势策略、期货套利策略、复合期货策略三种子策略。

（1）期货趋势策略。期货趋势策略指基金经理通过定性、定量等分析方法，跟踪商品价格涨跌趋势，通过做多、做空双向手段博取收益。此类策略一般呈现高收益、高风险的特征。

（2）期货套利策略。期货套利策略指基金经理通过定性、定量等分析方法利用相同期货品种在不同市场、不同时点的不合理价差，或者相关期货品种不同交易场所的不合理价差来获利。此类策略一般呈现低收益、低风险的特征。

（3）复合期货策略。复合期货策略指基金经理通过多种分析方法和交易手段，获取期货市场涨跌收益。此类策略资金容量大，一般呈现中等收益、中等风险特征。

3.相对价值策略

相对价值策略是一种无风险或者低风险套利。该策略一般包括ETF套利策略、可转债套利策略和分级基金套利策略。

（1）ETF套利策略。当一级市场的ETF份额净值和二级市场交易价格之间存在不合理价差时，就是交易机会的出现。一是折价套利，当ETF二级市场价格小于净值时，投资者便可以在二级市场买进ETF，然后在一级市场赎回ETF份额，再于二级市场卖掉 ETF 篮子中的股票，赚取之间的差价；二是溢价套利，与折价套利相反。

（2）可转债套利策略。可转债套利是指通过转债与相关联的基础股票之间定价的无效率性进行的无风险获利行为。当可转债的转换平价与其标的股票价格产生相对折价时，投资者可以通过将手中的转债立即转换成股票并卖出股票，或者投资者可以立即融券并卖出股票，然后再购买可转债立即转换成股票并偿还先前的融券。

（3）分级基金套利策略。当股票型分级基金基础份额净值大幅高于两类子基金按初始比例得到的整体二级市场价格时，就产生了折价套利机会。投资者可通过在二级市场买入两类子份额并申请将两类子份额合并为场内基础份额，进而在场内赎回基础份额。反之亦然。

4.事件驱动策略

事件驱动型投资策略，就是通过分析重大事件发生前后对投资标的影响不同而进行的套利。该策略主要包含定向增发和并购重组等策略。此类策略一般呈现高风险、高收益特征。

（1）定向增发策略。定向增发指将募集的资金专门投资于定向增发的股票，即主要投资于上市公司非公开发行的股票。定向增发有折价优势，但定增投资者会有12个月的持股锁定期，定增策略的基金相对于股票类的基金流动性较差。

（2）并购重组策略。并购重组策略是通过押宝重组概念的股票，当公司宣布并购重组时对股价形成利好后获利。

5.组合策略

组合策略指将投资理财上的"资产配置"概念，应用于单一基金上，由基金经理人针对全球经济和金融情势的变化，决定在不同市场、不同投资工具的资产配置比重。主要有三种形式的基金类型：一是 FOF（fund of fund），一种专门投资于其他投资基金的基金。二是 MOM（manager of managers），即管理人之管理人模式，是一个分为母基金和子基金两种层面基金产品，母基金募资然后把资金分配给下层子基金管理人管理。三是 TOT（trust of trusts），是投资于阳光私募证券投资信托计划的信托产品。

6.债券策略

债券策略是指专门投资于债券的策略，对债券进行组合投资，寻求较为稳定的收益。在国内，债券策略的投资对象主要是国债、金融债和企业债，也可以有一小部分资金投资于股票市场（可转债、打新股）以增强收益。

7.宏观对冲策略

宏观策略对冲基金是指充分利用宏观经济的基本原理来识别金融资产价格的失衡错配现象，在世界范围内，投资外汇、股票、债券、国债期货、商品期货、利率衍生品及期权等标的，操作上为多空仓结合，并在确定的时机使用一定的杠杆增强收益。此类策略一般呈现较高风险、较高收益特征。

8.复合策略

该策略通过将对冲基金的多种策略组合起来运作对冲基金。通过对多种策略的组合，往往可以平滑单一策略的风险，使得业绩表现趋向于稳定。此类策略一般呈现低风险、低收益特征。

（二）基金定投策略

1.普通定投法

普通定投法是定时定额进行基金投资，即每次（可以按月，也可以按周等）投入固定的资金去购买基金。目前绝大部分基金均支持这种定投方式，投资者可以在自己熟悉的基金购买渠道进行设定。对于普通投资者来说，普通定投法最省时省力，积少成多，分散投资风险。

2.市值定投法

市值定投法是让基金每个月的市值按照固定额度增长。每期要投入基金的金额和当前基金的市值密切相关。如果基金下跌了，那么就需要多投资一部分资金，如果基金上涨了，就可以减少投资。市值定投法的优势在于践行了低买高卖的投资原则。

3.指数均线法

指数均线法是通过对比指数收盘价与指数均线的关系来判断市场的高低点，从而在"低点多投，高点少投"。可以综合180日、250日、500日等均线作为参考。

（三）基金组合构建策略

1.哑铃型策略

哑铃型策略是选择两种不同风险收益特征的基金进行组合。如"股票型基金+债券型基金""大盘基金+中小盘基金""价值型基金+成长型基金"等。哑铃式基金组合的优点在于结构简单，便于投资者管理，组合中不同类型的基金能够形成优势互补。哑铃型的投资组合最经典，适合绝大部分投资者。喜欢基金定投的投资者，哑铃型的投资组合和定投搭配更是好上加好。

2.核心+卫星型策略

核心+卫星型策略是选择核心资产和卫星资产进行灵活组合，其中核心资占比较大，主要投资于相对稳健、长期收益较为稳定的资产，如宽基指数基金、固收类基金等；卫星资产占比较小，主要投资于高弹性、高风险的资产，如行业主题基金、成长风格基金等。

核心+卫星型适合有投资经验的投资者。这个投资组合加大了对"核心"基金的投资力度，需要在对"核心"基金进行筛选的过程中有一定的判断力。

3.金字塔形策略

金字塔形策略是指投资者可以在金字塔的"底端"配置稳健的债券型基金或相对灵活的混合型基金，在"腰部"配置能够充分分享市场收益的指数型基金，在"顶端"配置高成长性的股票型基金。投资者可以根据自己的投资目标与风险偏好，随时调整各类型基金的比例，从而获得较高的收益。对于有一定投资经验的投资者来说，金字塔式的基金投资组合最为灵活。

第三节 量化投资策略

一、量化投资策略含义和特点

（一）含义

量化投资策略是一种主动型投资策略，利用量化分析的方法，通过系统化数据分析和模型构建，挖掘出隐藏在数据中的规律和模式，并将其转化为具体的投资策略，以达到最大化收益和最小化风险的目的。

量化分析是利用统计、数值模拟和其他定量模型进行证券市场相关研究的一种方法，具有"使用大量数据、模型和电脑"的显著特点，是量化投资的关键，为量化投资策略提供理论基础和数据支持。量化分析主要包括以下几个方面：数据收集、数据清洗、数据挖掘、建立模型、模型测试、优化调整。

（二）特点

1.纪律性

严格执行量化投资模型所给出的投资建议，而不是随着投资者情绪的变化而随意更改。

2.系统性

具体表现为"三多"，即多层次、多角度和多数据。多层次是指包括大类资产配置、行业选择、精选个股等多个层次的模型；多角度包括对宏观周期、市场结构、估值、成长、盈利质量、分析师盈利预测、市场情绪等多个角度的分析；多数据就是对海量数据的处理。

3.及时性

依赖于高速计算机和复杂的算法，能够及时快速地跟踪市场变化，不断发现能够提供超额收益的新的统计模型，迅速捕捉市场中的短暂机会。

4.多样性和灵活性

可以应用于多种市场和资产类别，如股票、债券、期货等，并通过不同的模型和算法，灵活应对不同市场的特性，实现投资组合的多样化。

5.准确性

能够准确客观评价交易机会，克服主观情绪偏差，并妥善运用套利的思想。

6.分散化

在控制风险条件下，准确实现分散化投资目标。分散化也可以说是概率取胜。这表现为两个方面，一是不断从历史中挖掘有望在未来重复的历史规律并加以利用，这些历史规律都是有较大概率获胜的策略；二是依靠筛选出证券组合来取胜，而不是依靠一只或几只证券取胜。

二、量化投资理论基础和应用条件

（一）理论基础

1.历史会重演

这是量化投资最根本的理论基础，没有它量化投资就无从谈起。

2.投资实际上是一场关于概率的游戏

利用量化投资，让概率站在自己这边，是投资成功的关键。

3.数据包含一切

价格包含了基本面因素、技术面因素和心理因素等所有相关因素，所以在历史数据基础上分析、计算出来的量化投资策略成功率是比较高的，在量化投资界"一切用数据说话"。

（二）应用条件

量化投资的核心在于提取与证券未来收益率相关的信息。这需要市场满足两个条件：一是市场是有效的，即与收益率、定价相关的信息最终会反映在价格中；二是与证券定价相关的信息不能立即、完全地反映在价格中，而是需要一定的时间。

三、量化投资分析技术

量化投资分析涉及很多数学和计算机方面的知识和技术，主要有人工智能、数据挖掘、小波分析、支持向量机、分形理论和随机过程等。

（一）人工智能

人工智能是研究使用计算机来模拟人的某些思维过程和智能行为的学科，主要包括计算机实现智能的原理、制造类似于人脑智能的计算机，使计算机能实现更高层次的应用。人工智能的很多技术可以用于量化投资分析中，包括专家系统、机器学习、神经网络、遗传算法等。例如，可以通过 AI 建模的方式，将机器行业专家的成功经验转化为投资策略，并不断吸收历史经验与人类建议，持续进行优胜劣汰；也可以积极运用新的数据、新的方法，充分利用能获取到的海量数据，根据市场形势快速地对行情作出反应，积极使用机器学习、强化学习、NLP 等前沿技术方法对量化投资策略进行优化迭代。

（二）数据挖掘

数据挖掘是从大量、不完全、有噪声、模糊、随机的数据中提取隐含在其中、人们事先不知道，但又是有用的信息和知识的过程。在量化投资中，数据挖掘的主要技术包括关联分析、分类、预测、聚类分析等。

（三）小波分析

小波就是小的波形。小波分析在量化投资中的主要作用是进行波形处理。任何投资品种的走势都可以看作是一种波形，其中包含了很多噪声信号。利用小波分析，可以进行波形的去噪、重构、诊断、识别等，从而实现对未来走势的判断。

（四）支持向量机

支持向量机（SVM）方法是通过一个非线性映射，把样本空间映射到一个高维乃至无穷维的特征空间中，使得在原来样本空间中非线性可分的问题转化为在特征空间中线性可分的问题。简单地说，就是升维和线性化。这个特点使得SVM特别适合于进行有关分类和预测问题的处理。

（五）分形理论

分形理论本质是一种新的世界观和方法论，它承认世界的局部可能在一定条件下，在某一方面（形态、结构、信息、功能、时间、能量等）表现出与整体的相似性，它承认空间维数的变化既可以是离散的也可以是连续的，因而极大地拓展了研究视野。分形理论在量化投资中主要可以用于金融时序数列的分解与重构，并在此基础上进行数列的预测。

（六）随机过程

随机过程是对一连串随机事件动态关系的定量描述，主要可以分为概率方法和分析的方法两大类。另外，组合方法和代数方法在某些特殊随机过程研究中也有一定的应用。随机过程研究中的马尔科夫过程很适合于金融时序数列的预测，是在量化投资中的典型应用。

四、量化投资策略内容

（一）量化选股

量化选股是利用量化的方法选择股票组合，期望该股票组合能够获得超越基准收益率的投资行为。量化选股策略分为两类：第一类是基本面选股，主要包括多因子模型、风格轮动模型、行业轮动模型；第二类是市场行为选股，主要包括资金流模型、动量反转模型、一致预期模型、趋势追踪模型、筹码选股模型。

（二）量化择时

股市的可预测性问题与有效市场假说密切相关。如果有效市场理论或有效市场假说成立，股票价格充分反映了所有相关的信息，价格变化服从随机游走，则股票价格的预测毫无意义。众多研究发现我国股市远未达到有效市场阶段，因此存在可预测成分，可以通过对历史信息的分析来预测股价。主流的股价预测模型包括灰色预测模型、神经网络预测模型、支持向量机预测模型。

（三）股指期货套利

股指期货套利是利用股指期货市场存在的不合理价格，同时参与股指期货与股票现货市场交易，或同时进行不同期限、不同（但相近）类别股票指数合约交易，以赚取差价的行为，主要分为期现套利和跨期套利两种。

（四）商品期货套利

商品期货套利盈利的逻辑原理是基于以下几个方面：①相关商品在不同地点、不同时间对应都有一个合理的价格差价；②由于价格的波动性，价格差价经常出现不合理的情况；③不合理必然要回到合理；④不合理回到合理的这部分价格区间就是盈利区间。

（五）统计套利

统计套利是利用证券价格的历史统计规律进行套利，是一种风险套利，其风险在于这种历史统计规律在未来一段时间内是否继续存在，主要包括股票配对交易、股指套利、融券套利和外汇套利。统计套利在方法上可以分为两类，一是利用股票收益率序列建模，目标是在组合 β 值等于零前提下实现 alpha 收益，即 β 中性策略；一是利用股票价格序列的协整关系建模，即协整策略。

（六）期权套利

期权套利是同时买进卖出同一标的但不同执行价格或不同到期月份的看涨或看跌期权合约，希望在日后对冲交易部位或履约时获利的交易。期权套利交易策略和方式多种多样，是多种相关期权交易的组合，具体包括水平套利、垂直套利、转换套利、反向转换套利、跨式套利、蝶式套利、飞鹰式套利等。

（七）算法交易

算法交易，也称自动交易、黑盒交易或机器交易，是使用计算机来确定订单最佳的执行路径、执行时间、执行价格及执行数量的交易方法。算法交易广泛应用于对冲基金、企业年金、共同基金以及其他一些大型机构投资者，其使用算法交易对大额订单进行分拆，以降低市场的冲击成本、提高执行效率和订单执行的隐蔽性。根据算法的主动程度不同，可以把算法交易分为被动型算法交易、主动型算法交易、综合型算法交易三大类。

（八）资产配置

资产配置是指资产类别选择、投资组合中各类资产的适当配置及对这些混合资产进行的实时管理。量化投资将传统投资组合理论与量化分析技术相结合，极大地丰富了资产配置的内涵，突破了传统积极型投资和指数型投资的局限，通过比较不同资产类别的统计特征，建立数学模型，进而确定组合资产的配置目标和配置比例。

理论应用 ✓

视频 12-1

基金定投攻略

综合练习 ✓

1.马科维茨投资组合理论假设不包括（　　）。

A.理性投资人假定

B. 投资者在当前时刻拥有相同的信息

C. 投资者认为任何一种证券的收益率都是一个线性函数

D. 投资者对信息都能作出正确的分析判断

2. 关于资本资产定价模型，下列说法中错误的是（　　）。

A. CAPM 是现代金融市场价格理论的支柱

B. 假设条件多且有些与实际情况偏差较大，影响其有效性

C. 认为市场均衡时，某种资产（或资产组合）期望收益率是其 β 值的线性函数

D. 其中的 β 值是无风险利率，与系统风险无关

3. 关于套利定价模型，下列说法中正确的是（　　）。

A. 市场上存在套利机会时的证券价格是均衡价格

B. 证券的预期收益率受到多个共同因素的影响

C. 明确地指出了影响证券收益率的具体风险因素

D. 其假设条件与资本资产定价模型完全相同

4. 关于有效市场假说，下列说法中错误的是（　　）。

A. 假设投资者是非理性的

B. 在弱式有效市场中，技术分析方法失效

C. 在半强式有效市场中，基本分析方法失效

D. 在强式有效市场中，任何投资分析方法都失效

5. 关于证券投资组合管理，下列说法中错误的是（　　）。

A. 被动管理者坚持"买入并长期持有"的投资策略

B. 被动管理者通常购买分散化程度较高的投资组合

C. 主动管理者认为证券市场总是有效的，所以积极主动地进行分析管理，以获取更高收益

D. 主动管理策略又可以称为积极型投资策略

6. 在股票投资组合管理策略中，（　　）是指在资本市场还无法达到强式有效市场的标准时，将指数化管理方式与积极型股票投资策略相结合，在盯住选定的股票指数的基础上做适当的主动性调整。

A. 积极型投资策略

B. 消极型投资策略

C. 加强指数法投资策略

D. 量化中性策略

7. 积极型债券投资组合管理策略不包括（　　）。

A. 水平分析策略

B. 债券互换策略

C. 收益率曲线追踪策略

D. 免疫策略

8. 基金定投策略不包括（　　）。

A. 普通定投法

B. 追踪明星法

C. 市值定投法

D. 指数均线法

9. 量化投资理论基础不包括（   ）。

A. 市场是有效的，与证券价格相关的信息立即完全地反映在价格中

B. 投资实际上是一场关于概率的游戏

C. 数据包含一切

D. 历史会重演

10. 根据算法的主动程度不同，把算法交易分成的类型不包括（   ）。

A. 主动型

B. 被动型

C. 单一型

D. 综合型

课程思政 ☑ ------------------------------------•

视频 12-2

警惕黑中介，小心李鬼 APP

参考文献

［1］中国证券业协会．证券投资顾问业务［M］．北京：中国财政经济出版社，2024.

［2］中国证券业协会．金融市场基础知识［M］．北京：中国财政经济出版社，2024.

［3］中国证券业协会．证券市场基本法律法规［M］．北京：中国财政经济出版社，2024.

［4］中国证券业协会．发布证券研究报告业务［M］．北京：中国财政经济出版社，2024.

［5］中国证券业协会．投资组合管理［M］．北京：中国财政经济出版社，2024.

［6］中国证券业协会．固定收益证券估值与分析［M］．北京：中国财政经济出版社，2024.

［7］中国证券业协会．股票估值与分析［M］．北京：中国财政经济出版社，2024.

［8］中国证券业协会．衍生产品估值与分析［M］．北京：中国财政经济出版社，2024.

［9］中国证券业协会．公司财务［M］．北京：中国财政经济出版社，2024.

［10］中国证券业协会．财务会计和财务报表分析［M］．北京：中国财政经济出版社，2024.

［11］中国证券业协会．中国证券业发展报告（2024）［M］．北京：中国财政经济出版社，2024.

［12］中国证券投资基金业协会．证券投资基金［M］．2版．北京：高等教育出版社，2023.

［13］证券专业资格考试研究组．证券投资顾问业务［M］．成都：西南财经大学出版社，2024.

［14］证券专业资格考试研究组．金融市场基础知识［M］．成都：西南财经大

学出版社，2024.

［15］证券专业资格考试研究组．证券市场法律法规［M］．成都：西南财经大学出版社，2024.

［16］证券专业资格考试研究组．发布证券研究报告业务［M］．成都：西南财经大学出版社，2024.

［17］证券专业资格考试研究组．投资银行业务［M］．成都：西南财经大学出版社，2024.

［18］贺学会．证券投资学［M］．4版．大连：东北财经大学出版社，2024.

［19］李锦生．证券投资学［M］．北京：北京大学出版社，2024.

［20］吴晓求．证券投资学［M］．6版．北京：中国人民大学出版社，2024.

［21］余学斌．证券投资学［M］．4版．北京：科学出版社，2023.

［22］刘元春．证券投资学——理论·实验一体化教程［M］．3版．上海：上海财经大学出版社，2023.

［23］汪昌云，等．投资学［M］．5版．北京：中国人民大学出版社，2023.

［24］贺显南．投资学原理及应用［M］．5版．北京：机械工业出版社，2023.

［25］王德宏．证券投资学——基本原理与中国实务［M］．北京：中国人民大学出版社，2022.

［26］邢天才，王玉霞．证券投资学［M］．6版．大连：东北财经大学出版社，2022.

［27］陈善昂．金融市场学［M］．5版．大连：东北财经大学出版社，2022.

［28］张庆君．金融学［M］．大连：东北财经大学出版社，2019.